PATRICIA DANIELS

DU BIST, WAS DU DENKST

DER VERSTAND UND WIE MAN IHN BEI LAUNE HÄLT

PATRICIA DANIELS

DU BIST, WAS DU DENKST

DER VERSTAND UND WIE MAN IHN BEI LAUNE HÄLT

MIT EINEM VORWORT VON
TODD B. KASHDAN

NATIONAL
GEOGRAPHIC

INHALT

DIE ERFORSCHUNG DES GEISTES

VON TODD B. KASHDAN, PH.D.,
Professor für Psychologie und leitender Wissenschaftler im
Zentrum zur Förderung des Wohlbefindens an der George Mason University

Jeder von uns hat ein persönliches Interesse daran, zu verstehen, wie der menschliche Verstand funktioniert. Zu verstehen, was der Geist ist, wie er arbeitet und wie er unsere Persönlichkeit und Interaktionen mit der Außenwelt prägt, ist für ein erfülltes Leben und die Verbesserung unserer Lebensqualität äußerst hilfreich.

Was Sie in Ihren Händen halten, ist ein Leitfaden zu den neuesten Informationen darüber, was Psychologen und andere Wissenschaftler über den Verstand in Erfahrung bringen konnten – eine eingehende Betrachtung des menschlichen Geistes, der so oft ein Buch mit sieben Siegeln ist. Wir hoffen, dass Ihnen dieser Leitfaden Wege aufzeigt, um etwas über sich selbst und all das zu lernen, was wir in mancher Hinsicht mit allen anderen Menschen gemein haben; die Dinge, die wir nur mit einigen Menschen teilen, und das Besondere, was uns einzigartig macht und von allen Menschen unterscheidet, die je auf Erden wandelten. Es gibt keine einheitliche Strategie, um

zu verstehen, wie der menschliche Geist unsere Persönlichkeit definiert und alltägliche Entscheidungen beeinflusst. Deshalb ist es wichtig, verschiedene Wissensgebiete zu erforschen, um ein Gesamtbild zu erhalten. Einige Kapitel erläutern die biologischen Systeme, welche die organischen Bausteine dafür liefern, wie wir fühlen, denken und uns verhalten, mit Blick auf die evolutionäre Entwicklung. Es wird untersucht, weshalb kreative Menschen sexuell mehr Erfolg haben und inwieweit rassistische Vorurteile durch Mimik beeinflusst werden – Beispiele tief sitzender tierischer Instinkte, die auch heute noch einen großen Einfluss auf uns haben. Inzwischen ist allgemein

anerkannt, dass biologische und evolutionäre Prinzipien Werkzeuge zur Erklärung der Ursprünge einiger der komplexesten psychologischen Phänomene bereitstellen, von der Tugend- bis zur Boshaftigkeit.

Aber dies ist nicht die ganze Geschichte. Im langwierigen Kampf um die Frage, ob unsere Persönlichkeit von Genen oder der Umwelt diktiert wird, haben Wissenschaftler Beweise dafür geliefert, dass es sich in der Regel um eine Mischung aus beidem handelt. Unser Verstand stützt sich auf uralte biologische Impulse, aber auch auf kulturelle und soziale Kontexte. Wenn Amerikaner gebeten werden, den Satz »Ich bin …« zu vervollständigen, erwidern sie normalerweise mit einem persönlichen Attribut, einem Adjektiv wie »energisch« oder »neugierig«. In ostasiatischen Kulturen wie China, Japan und Korea neigen Menschen dazu, sich selbst als grundlegend mit anderen verbunden zu sehen. Wenn sie um die Vervollständigung desselben Satzes gebeten werden, beziehen sie sich eher auf soziale Rollen wie »ein Sohn« oder »ein Student«.

Wie wir auf Schmerzen reagieren, welche Emotionen wünschenswert oder unerwünscht sind, sowie die moralischen Grundlagen, nach denen wir leben, sind Dinge, die jeweils von dem grundlegenden menschlichen Bedürfnis geprägt werden, dauerhafte, sinnvolle

Beziehungen mit anderen einzugehen. Um den Verstand zu verstehen, müssen wir teils die konventionelle Vorstellung von Weisheit infrage stellen. Traditionelle Metriken der Intelligenz erklären kaum, was in der Kindheit und im Erwachsenenalter zum Erfolg führt. Ein ganzer Bereich der Psychologie widmet sich dem Lernen, was für die Kultivierung von Glück sowie die Fähigkeit, zu lieben und geliebt zu werden, für einen Sinn und Zweck im Leben sowie gesunde Gemeinschaften und Gesellschaften am wichtigsten ist. Belohnung und Strafe reichen nicht aus, um eine andere Person zu überzeugen oder zu beeinflussen. Glücklicherweise gibt uns

dieser neue Zweig der Forschung einen Einblick in jene Arten der Motivation, die wirklich Spitzenleistungen, soziale Entwicklung und Wohlbefinden ermöglichen. Diese neuen Ideen dienten als Grundlage für mehrere Bereiche dieses Buches. Es werden neueste Erkenntnisse in Sachen Sex, Mord, Schlaf, Stärke, Psychopathologie, menschliche Beziehungen und Sinn des Lebens vorgestellt. In Anbetracht der Komplexität des menschlichen Geistes erscheint diese Vielfalt angebracht. Möge dieses Buch ein Ausgangspunkt sein, um die Freuden der wissenschaftlichen Forschung über das, was wirklich wichtig ist, zu genießen.

Unser Sinn für die eigene Identität wird von der Evolution und unserer Umwelt bestimmt.

SELBSTGESTALTUNG

VON TODD B. KASHDAN, PH.D.,

Professor für Psychologie und leitender Wissenschaftler im
Zentrum zur Förderung des Wohlbefindens an der George Mason University

1954 veröffentlichten Manford Kuhn und Thomas Mc-Partland die Quintessenz des sogenannten »Twenty-Statements-Tests«.

Auf einem Blatt Papier hatten die Forscher 20 Mal den Satz »Ich bin __« aufgelistet und die Testteilnehmer ergänzten ihn. Bei der Auswertung zeigte sich, dass die Probanden dazu neigten, sich selbst auf vier Arten zu beschreiben: Als physische Wesen (»1,72 Meter groß«), als soziale Wesen (»eine Tochter«), als selbstreflektierende Individuen (»schüchtern«) und als Teil einer größeren Erfahrung (»verbunden mit der Natur«). Mit anderen Worten, fragt man Menschen »Wie bist du?«, zeugen die Antworten von einer einzigartigen Identität – einem Verstand, einem Selbst. Zu Beginn der psychologischen Forschung spalteten sich die Wissenschaftler in Lager auf: Verstand versus Körper, Veranlagung versus Umwelt. Mittlerweile weiß man, dass das

Unser Selbst wird geformt durch eine Mischung aus Eigenschaften, Instinkten und Umwelteinflüssen.

Selbst eine komplexe Mischung aus Eigenschaften, Instinkten, Triebkräften und versteckten Motivationen ist. Sowohl innere als auch äußere Kräfte prägen uns, wobei einige in unseren Genen verankert und andere erlernt sind. In gewisser Weise besitzt der Verstand seine eigene Architektur. Basis ist die Biologie. Die Evolution hat Verhaltensweisen gefördert, die der Menschheit beim Überleben halfen. Ängste, Liebe und soziale Wünsche sind in unseren Genen codiert und in unsere neuronalen Schaltkreise eingebaut. Emotionen und Reaktionen lassen sich auf bestimmte Regionen des Gehirns zurückführen. Phasen des Wachstums entwickeln unsere Intelligenz, Sprache und Emotionen. Auf diesem Fundament ruht unser mentales Gebäude, das der Interaktion mit der Außenwelt dient. Unser Bedürfnis nach Zugehörigkeit treibt unser

Verhalten in sozialen Gruppen an, geleitet von Entscheidungsprozessen, die unterhalb der Bewusstseinsebene liegen können, und von Motiven, die uns zu einem Ziel voran- oder uns von einem anderen abbringen. Persönlichkeitsmerkmale prägen unser Handeln außerdem. Unser geistiges Gebäude beherbergt auch Ängste und Vorstellungen, die unser Leben belasten, aber es gibt Methoden, die es uns ermöglichen, ein stärkeres Selbst zu entwickeln. Egal, wie tief einige unserer Probleme verwurzelt sind, der Verstand hat viele Möglichkeiten, sie zu überwinden. Dieses Buch stellt einige überraschende neue Erkenntnisse darüber vor, warum wir in bestimmten Situationen auf gewisse Weise handeln. Übungen und Tests laden dazu ein, uns selbst ein wenig besser verstehen zu lernen und den Weg zu einem erfüllteren Leben einzuschlagen.

KÖRPER

& GEIST

Um unseren Verstand zu verstehen, müssen wir unseren Körper kennen. Insbesondere lohnt es sich, das Gehirn zu studieren, denn der Verstand ist nichts anderes als unsere grauen Zellen in Aktion. Unsere Bedürfnisse, unsere Bestrebungen, Wünsche und Ängste entspringen den Windungen unseres kompliziertesten Organs. Sie wurden dort durch Millionen von Jahren der Evolution etabliert und sind teilweise nicht unbedingt für die moderne Welt geeignet. In den folgenden drei Kapiteln wird dargestellt, was wir über die biologischen Grundlagen des Verstandes wissen, und worin wir Menschen uns in unserem mentalen und emotionalen Wachstum gleichen oder unterscheiden.

KAPITEL EINS

DIE WISSENSCHAFT DES VERSTANDES

Im Jahr 2005 überlebte eine 23-jährige Frau einen Verkehrs-unfall, erlitt aber schwere Hirnschäden. Noch Monate später blieb sie reaktionslos. Ihre Atmung war normal, sie schlief und erwachte, aber beim Aufwachen zeigte sie kein Bewusstsein für sich oder ihre Umgebung.

Dieser Mangel an Reaktions-fähigkeit brachte ihr eine der traurigsten Diagnosen im medizinischen Lexikon ein: Sie befand sich in einem perma-nenten vegetativen Zustand. Diese Diagnose impliziert, dass der Patient keinen im her-kömmlichen Sinne wahrnehm-baren Verstand mehr besitzt, kein Selbst, das denkt, reagiert und über Gedächtnis sowie Bewusstsein verfügt.

Um zu testen, ob dies bei der Patientin der Fall war, schlossen der britische Neuro-wissenschaftler Adrian Owen und Kollegen sie an einen Magnetresonanztomographen (MRT) an, der den Blutfluss im Gehirn untersuchte. (Ein erhöhter Blutfluss deutet auf Bereiche mit stärkerer Hirn-aktivität hin.) Im Gespräch mit ihrem reaktionslosen Körper baten sie die Frau, sich zwei Szenarien vorzustellen: dass sie Tennis spiele und dass sie durch alle Räume ihres Hauses gehe, beginnend an der Haustür. Die Wissen-schaftler verglichen dann ihre MRT-Scans mit denen von zwölf gesunden Freiwilligen, die gebeten wurden, sich die gleichen Aktivitäten vorzu-stellen. Das Ergebnis: Die gleichen Bereiche des Gehirns wurden bei der Patientin und bei den Probanden stärker durchblutet. Als sie gebeten wurde, sich vorzustellen, wie sie Tennis spiele, leuchtete die supplementär-motorische Rinde der Frau auf, welche die Bewegungen steuert. Ihr para-hippokampaler Gyrus, ein Teil des Gehirns, der für die räum-liche Navigation genutzt wird, wurde aktiv, als man sie bat, mental ihr Haus zu besichtigen. Offensichtlich war sie sich ihrer Umgebung bewusst und in der Lage, zu denken und zu reagieren. Ihr Geist funktio-nierte noch, in einem reglosen Körper. Owen verwendete später ähnliche Methoden, um 54 vegetative und Patienten mit minimalem Bewusstsein zu untersuchen. Die Tennisbilder standen für eine »Ja«-Antwort und die MRT-Bilder des men-talen Hausspazierganges für ein »Nein«. Fünf der Patienten konnten seine Fragen intel-ligent beantworten. Seine Studie und andere konnten zeigen, dass fast 20 Prozent der vegetativen Patienten zumindest für einen Teil der Zeit tatsächlich bewusst und aufmerksam sind.

Owens Forschung im 21. Jahrhundert wirft einige alte Fragen auf: Was ist der Ver-stand? Wo befindet er sich? Wie ist er mit dem Körper verbunden und kann er ohne physische Form existieren? Ist der Verstand dasselbe wie das

Verstand, Gehirn und Körper: Wie unterscheiden sie sich? Wo überschneiden sie sich?

Selbst? Die Frage der Dualität des Geistes geht auf das antike Griechenland zurück. Zum Beispiel glaubte Platon, dass die Seele den Körper als Instrument der Wahrnehmung benutze, aber »sie kehrt in sich selbst zurück, dann geht sie in das Reich der Reinheit, Ewigkeit, Unsterblichkeit und Unveränderlichkeit über.« Ob Sie es nun realisieren oder nicht, aber Sie wägen sich auf der Dualitätsseite der Geist-Körper-Teilung, wenn Sie »mein Körper« oder »mein Gehirn« sagen; dieses Konstrukt setzt voraus, dass Sie eine Wesenheit sind, welche im Besitz eines von Ihnen getrennten, physischen Körpers ist. Heute machen nur noch wenige Psychologen diesen Unterschied. Owens Forschung und eine Vielzahl anderer Studien legen uns nahe, dass der Geist das Gehirn in Aktion ist. Ohne Gehirn haben wir kein Selbst. Denn sogar unsere Sehnsüchte und spirituellen Momente lassen sich auf neuronale Schaltkreise zurückführen. Diese neuronalen Schaltungen, wunderbar kompliziert, haben sich über Millionen von Jahren der Evolution entwickelt. Unser Verhalten wird durch eine Vielzahl von äußeren Einflüssen beeinflusst und kann sicherlich bewusst verändert werden, aber in erster Linie sind wir Geschöpfe, die von einem prähistorischen Gehirn gesteuert werden. Um uns selbst zu verstehen, müssen wir unsere biologische Geschichte verstehen.

Der Verstand ist das Gehirn in Aktion.

DIE ENTSTEHUNG DER PSYCHOLOGIE

Die wissenschaftliche Erforschung des Verstandes hat ihre Wurzeln in der Biologie – insbesondere in den bahnbrechenden Entdeckungen des 19. Jahrhunderts. Die Figur von Charles Darwin thront über dieser Epoche. Mit *Über die Entstehung der Arten* (1859) und *Die Abstammung des Menschen*

»Wir sehen die Dinge nicht, wie sie sind,
wir sehen die Dinge so, wie wir sind.«

ANAÏS NIN, SCHRIFTSTELLERIN

(1871) legte Darwin nicht nur die Prinzipien der Evolution durch natürliche Selektion dar, sondern befähigte die Wissenschaft, den Menschen als Mitglied der Tierwelt zu betrachten, als Organismus, dessen Körper und Gehirn auf biologische Weise erklärt werden kann. Ärzte hatten bereits damit begonnen, die Übertragung von Impulsen entlang der Nerven zu untersuchen und die Lage bestimmter Funktionsbereiche im Gehirn zu lokalisieren. So traf der französische Chirurg Paul Broca 1861 auf einen Patienten, der seine verbalen Fähigkeiten verloren hatte und nur noch »tan« sagen konnte – tatsächlich wurde der Unglückliche unter diesem Namen im Krankenhaus bekannt. Nach »Tans« Tod führte Broca eine Autopsie durch und entdeckte eine Läsion in der linken Gehirnhälfte. Er schloss (zu Recht), dass die Region, die heute als Broca-Areal bekannt ist, für die Spracherzeugung zuständig sei. Viele Pioniere der Psychologie glaubten, dass mentale Prozesse am besten verstanden werden könnten, wenn man das Gehirn als ein Organ studiere, das auf Empfindungen

reagiert und aus ihnen lernt. Der deutsche Wissenschaftler Wilhelm Wundt, der oft als Begründer der modernen Psychologie gilt, gründete in den 1880er-Jahren an der Universität Leipzig ein Labor, in dem er mit Studenten aus aller Welt Experimente in Sachen Sinneswahrnehmung und Lernprozesse durchführte. Wundt lehnte die Technik der Selbstbeobachtung ab, um mentale Prozesse zu untersuchen, da er es für nutzlos und unwissenschaftlich hielt, ein Subjekt zu fragen, was es während eines Experiments gedacht oder gefühlt habe.

Der amerikanische Philosoph und Psychologe William James war einer der vielen Wissenschaftler, die Wundts Labor besuchten. Obwohl er

einen pragmatischen Ansatz begrüßte, war er vom wissenschaftlichen Anspruch her nicht zufrieden. James führte in Amerika den ersten Psychologiekurs in Harvard ein und verfasste 1890 einen umfangreichen Band zu diesem Thema, *The Principles of Psychology*. Dennoch bezeichnete er das Feld als »eine Reihe von rohen Fakten, ein wenig Klatsch und Gerede über Meinungen … aber nicht ein einziges Gesetz in dem Sinne, in dem die Physik uns die Naturgesetze vor Augen führt, nicht ein einziger Satz, aus dem sich jede Konsequenz kausal ableiten lässt. Das ist keine Wissenschaft, sondern lediglich die Hoffnung auf eine.« James war einer der ersten Psychologen, die vorschlugen,

dass Wissenschaftler die Evolutionstheorie auf das Studium des Alltagsverhalten anwenden sollten. »Warum lächeln wir, wenn wir zufrieden sind, und schauen nicht böse drein?«, schrieb er. »Warum können wir nicht zu einer Menge sprechen, als würden wir uns mit einem einzelnen Freund unterhalten? Warum stellt ein bestimmtes Mädchen unseren Verstand auf den Kopf? Der gewöhnliche Mann kann nur sagen: ›Natürlich lächeln wir, natürlich rast unser Herz beim Anblick der Menge, natürlich lieben wir die junge Frau, diese schöne Seele in dieser perfekten Form, so greifbar und geschaffen, um für alle Ewigkeit geliebt zu werden!‹ Und so fühlt wahrscheinlich jedes Tier die speziellen Dinge, die es in Gegenwart bestimmter Objekte zu tun pflegt.«

Andererseits glaubte James auch an den Wert der Selbstbeobachtung, indem er »in den eigenen Verstand schaute und berichtete, was wir dort entdecken«. Unter seinen Beiträgen zum Fachgebiet fand sich der Ausdruck »stream of consciousness« (Strom des Bewusstseins). Immer aufgeschlossen, war James einer der ersten Amerikaner, der die Arbeit von Sigmund Freud würdigte, den er 1909 bei einem Besuch der Clark University in Massachusetts kennenlernte. Freud gab dem Studium des Geistes eine völlig andere Perspektive, ungemein kontrovers und ungemein einflussreich.

» Die Freud'sche Revolution
Sigmund Freud starb 1939. In den Jahrzehnten seit seinem Tod hat die psychologische

Forschung viele seiner Theorien und Therapieansätze infrage gestellt oder widerlegt. Und doch bleibt Freud einer der einflussreichsten Denker der Wissenschaftsgeschichte. Seine Ideen über das Unbewusste, Instinkte, Repressionen, Abwehrmechanismen und mehr sind sogar in die Alltagssprache eingeflossen und prägen unser Urteil über uns selbst und andere. Die herkömmliche Vorstellung einer Therapie ist immer noch die Freud'sche, wobei der Patient auf einer Couch liegend befragt wird und sich der Therapeut in unmittelbarer Nähe Notizen macht. Ausgebildet als Neurologe, begann der junge Freud seine Vorstellungen über das Unbewusste zu entwickeln, als er Patienten mit Hysterie behandelte — eine vage Diagnose, die vorwiegend bei Frauen gestellt wurde und emotionale Extreme sowie psychosomatische Symptome wie Schwäche oder Lähmungserscheinungen beschrieb. Er stützte seine Behandlung auf eine Therapie, die ihm von seinem Mentor, dem Arzt Josef Breuer, beschrieben worden war. Breuers Patientin Anna O. war mit Halluzinationen, teilweiser

Dimensionale Analyse der klassischen Vierfach-Typologie

Wundt (1903)

Melancholisch	EMOTIONAL	Cholerisch
Ängstlich		Schnell aufgewühlt
Besorgt		Egozentrisch
Unglücklich		Exhibitionist
Misstrauisch		Hitzköpfig
Ernst		Histrionisch
Nachdenklich		Aktiv
UNVERÄNDERLICH		ABÄNDERLICH
Phlegmatisch		Sanguinisch
Vernünftig		Verspielt
Mit hohen		Unbeschwert
Prinzipien		Gesellig
Kontrolliert		Sorgenfrei
Hartnäckig	UNEMOTIONAL	Hoffnungsvoll
Unerschütterlich		Zufrieden
Ruhig		

Freud schreckte auch nicht davor zurück, sich selbst zu analysieren – seine eigenen Träume bildeten einen wichtigen Teil seines ersten Buchs (*Die Traumdeutung*), das 1900 veröffentlicht wurde. Freud nannte Träume »den Königsweg zum Unbewussten« und unterschied zwischen dem manifesten Inhalt eines Traums – den tatsächlichen Ereignissen des Traums – und seinem latenten Inhalt – der zugrunde liegenden Bedeutung des Traumes. Spätere Veröffentlichungen, darunter *Zur Psychopathologie des Alltagslebens*, verbreiteten Freuds Theorien in aller Welt. Diese Ideen waren radikal neu. Freud sah den Geist als ein komplexes Energiesystem, angetrieben von den Instinkten der Selbsterhaltung und der Sexualität. Die meisten Bereiche des Verstandes waren seiner Theorie zufolge unbewusst und bestanden aus Erinnerungen, Emotionen und Gedanken, die zu verstörend waren, um bewusst anerkannt zu werden. Viele dieser Erinnerungen stammten für Freud aus den aggressiven, sexualisierten Tagen der frühen Kind-

Lähmung, der Unfähigkeit, Flüssigkeiten zu sich zu nehmen, und anderen Beschwerden zu ihm gekommen. Breuer behandelte sie, indem er sie durch ihre Erinnerungen leitete. In der Therapie erinnerte sie sich daran, dass sie einen Hund aus einem Glas Wasser hatte trinken sehen, ein Akt, der sie damals ekelte, den sie aber vergessen hatte. Nach dem Erinnern des Erlebnisses hatte Anna O. keine Probleme mehr damit, zu trinken. Sie berichtete auch von einem beunruhigenden Traum, in dem sie eine Schlange mit ihrem Arm nicht abwehren konnte; nachdem sie Freud von dem Traum erzählt hatte, konnte sie den ehemals gelähmten Arm wieder bewegen. Es war Anna O., die

die Behandlung »Gesprächstherapie« taufte. Tatsächlich wurde Anna durch die Methode nicht geheilt, obwohl ihre Symptome vorübergehend nachließen. Erst ein späterer Aufenthalt in einem Sanatorium brachte dauerhafte Besserung. Dennoch war die Verbindung zwischen verborgenen Erinnerungen und Krankheit für Freud offensichtlich, und er begann, seine Patienten gesprächstherapeutisch zu behandeln. Während er mit seinen Patienten arbeitete, entwickelte er seine grundlegenden Analysemethoden, die den Gebrauch von freier Assoziation und Traumdeutung einschlossen, um verdrängte Erinnerungen wiederzufinden und emotionale Konflikte aufzudecken.

»Die Interpretation der Träume ist der Königsweg

zu den unbewussten Aktivitäten des Verstandes.«

SIGMUND FREUD, PSYCHOANALYTIKER

heit, in denen das Kind mündliche, anale und andere Stadien durchlebe, um ein reifes Stadium zu erreichen. Freud sah die Kindheit vom Es dominiert, dem primitiven, genusssüchtigen Teil des Geistes. Später entwickle sich Freud zufolge das Ego, um das Es zu bändigen, und schließlich das Über-Ich, die Strukturen der Gesellschaft miteinbeziehend. Kritiker aus Freuds Zeit waren von seiner Betonung der Sexualität brüskiert. Dennoch erkannten sich zahlreiche Patienten in seinen Beschreibungen von inneren Konflikten und versteckten Aggressionen

wieder. Gesprächstherapien brachten unbestreitbare Erkenntnisse und die Populärkultur integrierte Freuds Ideen. Jedes Mal, wenn wir ein psychologisches Problem auf eine Kindheitserfahrung zurückführen oder jemandem bei einem »Freud'schen Versprecher« ertappen, beziehen wir uns im Alltag auf den Wiener Psychoanalytiker.

Freuds Theorien verbreiteten sich in der ganzen Welt, obwohl viele Psychologen Freuds Techniken modifizierten. Zunehmend wurden seine Methoden von Wissenschaftlern angegriffen, die sie

FOKUS

SIGMUND FREUD

Der Psychoanalytiker Sigmund Freud wurde 1856 in Freiburg, Mähren (heute Tschechien) geboren. Freud war ein Jude in einer antisemitisch eingestellten Gesellschaft, ein Atheist in jüdischen Kreisen, und damit früh ein Außenseiter … und ein intellektueller Anführer, der mit fast all seinen Anhängern brach.

Als Sohn eines kleinen Kaufmanns war der junge Sigmund ein brillanter und fleißiger Schüler. Er sprach acht Sprachen und trat mit 17 Jahren in die Universität Wien ein, wo er sein Medizinstudium begann. Schon früh in seiner Karriere spezialisierte sich Freud auf Neurologie und Hirnanatomie, doch bereits 1886 wechselte er zu einem Sachgebiet, das ihn zutiefst faszinierte – Nervenkrankheiten.

Freuds Ruhm wuchs im 20. Jahrhundert stetig. Er besaß eine angesehene Gruppe von Anhängern, die sich die »Mittwochsgesellschaft« nannte. Zu dieser Gruppe gehörten auch Alfred Adler, Otto Rank und Carl Gustav Jung, die in den ersten Jahrzehnten des 20. Jahrhunderts unterschiedliche Theorien entwickelten und sich von Freud trennten. Freud verließ Österreich 1938, nach dem Einmarsch der Nazis. Zu dieser Zeit litt er schon lange an Kieferkrebs, dem Erbe seiner schweren Zigarrenrauchgewohnheit.

Er starb 1939 in London an einer absichtlichen Überdosis Morphium.

Freud etablierte Traditionen in Therapie, Terminologie und Traumdeutung.

CARL GUSTAV JUNG

Der Schweizer Psychotherapeut C. G. Jung war der berühmteste von Sigmund Freuds Anhängern – und vermutlich auch der einflussreichste unter all denen, die sich von Freud trennten. Als Sohn eines Land-Pastors wuchs Jung in der schönen Landschaft von Laufen in der Schweiz auf. Er war ein einsamer Junge – keines seiner Geschwister überlebte – und beunruhigt über das exzentrische Verhalten seiner depressiven Mutter, die ihm erzählte, dass sie nachts von Geistern besucht werde. »Das Gefühl, das ich mit ›Frau‹ verband, war lange Zeit jenes der angeborenen Unzuverlässigkeit«, schrieb Jung später. »»Vater‹ bedeutete hingegen Zuverlässigkeit und Ohnmacht.«

Jung selbst war kein zuverlässiger Ehepartner. Er heiratete 1903 die wohlhabende Schweizerin Emma Rauschenbach und hatte fünf Kinder mit ihr, unterhielt jedoch während ihres langen Ehelebens zahlreiche Affären.

Jung, der sich sowohl für Spiritualität als auch für Seelenheilkunde interessierte, begann sein Medizinstudium an der Universität Basel. Nach einer Korrespondenz mit dem immer berühmter werdenden Sigmund Freud wurde Jung ein enger Freund und Mitarbeiter des älteren Psychiaters. Doch schon 1913 hatte Jung begonnen, eigene Ideen zu entwickeln und sich von Freud zu lösen. Jung hatte großes Interesse für Träume und Symbolik. Er schlug darauf aufbauend die Existenz zweier Arten von unbewussten Zuständen vor: das persönliche Unbewusste und das kollektive Unbewusste, eine Sammlung von Symbolen und Archetypen, die sich alle Menschen teilten. Er trieb auch die Idee der introvertierten und extravertierten Persönlichkeiten sowie die therapeutische Vorstellung voran, dass Menschen ihr unbewusstes und bewusstes Selbst integrieren müssten, um eine Einswerdung zu realisieren.

Jung blieb sein Leben lang an der Rolle von Mythen und Symbolen interessiert und veröffentlichte 1959 sogar ein Buch über die Bedeutung von UFOs. 1961 starb er in seinem Haus in Küsnacht in der Schweiz.

für nicht überprüfbar oder schlichtweg falsch erklärten. Die Vorstellungen von unterdrückter Sexualität in der Kindheit und der inhärenten Unterlegenheit von Frauen wurden gänzlich entkräftet. Die klassische Psychoanalyse im freudschen Stil wird heute nur noch selten praktiziert.

Andererseits hat die moderne Kognitionswissenschaft auf ihre Weise einige von Freuds Schlüsseltheorien wiederbelebt. Die Existenz eines unbewussten Geistes wurde in Experimenten nachgewiesen. Interne Konflikte, Angst und Egoentzug sind die Quelle vieler akademischer Studien. Auch die Idee der »primitiven« Instinkte wurde im Fachbereich der Evolutionspsychologie zu neuem Leben erweckt. Darwins Wissenschaft des 19. Jahrhunderts, eine einflussreiche Größe in der frühen Psychologie, ist wieder einmal in den Vordergrund gerückt, um

einige grundlegende Funktionen des Geistes zu erklären. Darwin hatte dies in *Die Entstehung der Arten* vorhergesagt.

»In ferner Zukunft«, schrieb er, »sehe ich offene Felder für weitaus wichtigere Forschungen. Die Psychologie wird auf einem neuen Fundament beruhen. Dem der notwendigen Aneignung jeder geistigen Fähigkeit durch Gradation.«

DER ENTWICKELTE VERSTAND

Darwins »ferne Zukunft« begann im späten 20. Jahrhundert. Bis dahin enthüllten Kognitions- und Neurowissenschaftler allmählich die Mechanik des Gehirns und seiner

Denkprozesse. Befürworter der Evolutionspsychologie begannen zu überlegen, wie die natürliche Selektion die Entwicklung dieser Prozesse und unseres instinktiven Verhaltens vorantrieb. Wie der Kognitionswissenschaftler Steven Pinker bemerkte, »hilft uns die Kognitionswissenschaft zu verstehen, wie ein Verstand möglich ist und welche Art von Verstand wir haben. Die Evolutionsbiologie hilft uns zu verstehen, weshalb wir diese uns völlig eigene Art des Verstandes besitzen.« Evolution ist die Veränderung der vererbten Eigenschaften einer Population über viele Generationen hinweg. Natürliche Selektion ist der Prozess,

Die klassische freudsche Psychoanalyse betrachtet die Psyche eines Babys als ein »Es« mit rein hedonistischen Motivationen.

der diese Veränderungen selektiert. Sie hat zwei Ziele: Überleben und Fortpflanzung. Vererbte Merkmale, die einem Organismus helfen, in einer bestimmten Umgebung zu überleben und gesunde Nachkommen zu zeugen, werden sich im Laufe der Zeit über eine Population hinweg ausbreiten. Eigenschaften, die das Überleben und die Reproduktion behindern, werden nach und nach abnehmen. Diese Eigenschaften können physisch, aber auch verhaltensbedingt sein. Natürliche Selektion arbeitet Hand in

»**Wer das Außen beobachtet, träumt.**
Wer nach innen blickt, erwacht.«

C. G. JUNG, PSYCHOTHERAPEUT

Hand in Hand mit genetischen Variationen, die zufällige Mutationen im genetischen Code darstellen und Eigenschaften hervorbringen, die von Nutzen sein können oder auch nicht. Beispielsweise erkennen Vögel rote Käfer leichter in grünen Lebensräumen und können sie so besser auffinden. Somit überleben nur wenige rote Käfer, um sich fortzupflanzen, und mit der Zeit schwindet die Population der roten Käfer

und die der grünen Käfer nimmt zu. Rote Marienkäfer können jedoch durch eine andere Anpassung in einer grünen Umgebung überleben. Ein bitterer Geschmack, den Vögel zu vermeiden gelernt haben, macht ihre leuchtende Farbe mehr zu einer Warnung als einer Einladung.

Bei Tieren ist es leicht zu erkennen, dass sich sowohl das Verhalten als auch die physischen Eigenschaften

entwickelt haben, um das Überleben und die Fortpflanzung zu fördern. Singvögel fliehen instinktiv vor einem Raubtier und singen im Frühling, um Partner in ihr Revier zu locken. Es kann schwieriger sein,

uns ein instinktives Verhalten bei uns selbst einzugestehen. Viele von uns widersetzen sich der Vorstellung, dass unsere eigene Wahl eines Partners oder unsere eigene eigentümliche Phobie ihre Wurzeln in der Urgeschichte haben. Doch es gibt keinen Grund zur Annahme, dass der Mensch kein Teil des evolutionären Kreislaufs sei. Hunderttausende von Generationen haben unser Gehirn seit der Zeit unserer prähistorischen Vorfahren mit Gewissheit verändert. Unter anderem haben wir die Fähigkeit zur sprachlichen Kommunikation entwickelt. Jedoch findet die Evolution aus der Perspektive des menschlichen Lebens recht langsam statt. Verhaltensweisen, die unseren Vorfahren beim Überleben halfen, sind noch heute in unseren Gehirnen verankert.

FOKUS

DOMESTIZIERTE FÜCHSE

Der sibirische Genetiker Dmitri Konstantinowitsch Beljajew leitete ab den 1950er-Jahren ein ungewöhnliches Langzeitexperiment. Er wusste, dass die frühen Menschen es geschafft hatten, Wölfe zu Hunden zu domestizieren. Die sich daraus ergebenden Haustiere unterschieden sich nicht nur körperlich von ihren Vorfahren, sondern auch in ihrem Verhalten. Sie wurden loyal, liebevoll und unterwürfig. Beljajew beschloss, in 30 Generationen das zu erreichen, was unsere Vorfahren in ebenso vielen Jahrhunderten vollbracht hatten: einen wilden Caniden, in seinem Fall den Silberfuchs *Vulpes vulpes*, zu domestizieren. Beljajew und seine Kollegen wählten Füchse für ihr Projekt aus, welche ausschließlich ein fügsames Verhalten aufwiesen. Fuchswelpen, die den Versuchsleitern erlaubten, sie zu streicheln, und mit dem Schwanz wedelten, wurden für die weitere Zucht selektiert. Nach 40 Jahren und 45 000 Füchsen beherbergte Beljajews Novosibirsker Fuchsfarm 100 vollständig domestizierte Füchse, zutraulich und sehr auf Menschen geprägt. »Vor unseren Augen«, schrieb damals die Versuchsleiterin Ljudmila Trut, »hat sich ›das Biest‹ in ›die Schöne‹ verwandelt.« Das Domestizierungsprogramm hatte einen faszinierenden Nebeneffekt: Obwohl sie nur aufgrund ihres Verhaltens ausgewählt wurden, wichen einige der Füchse wie ihre Pendants unter den Hunden nun physisch von ihren Vorfahren ab. Sie entwickelten Schlappohren, geringelte Schwänze und in einigen Fällen eine sternförmige Zeichnung. Die verhaltensorientierte Züchtung hatte offensichtlich ein komplexes System von Genveränderungen bewirkt.

» Das modulare Gehirn
So, wie unser Körper aus modularen Strukturen aufgebaut ist, die sich in effiziente, spezialisierte Organe aufteilen, ist auch unser Gehirn unterteilt. Verschiedene

neuronale Schaltkreise sind der Lösung verschiedener Probleme gewidmet. Bestimmte Teile des Gehirns steuern das Sehvermögen, andere das Gedächtnis, die Empfindungen oder die Gesichtserkennung sowie viele weitere Funktionen. Eine besondere Reihe von Schaltungen ist der sexuellen Anziehung gewidmet, die unsere Aufmerksamkeit auf wünschenswerte Partner lenkt. Diese Schaltungen oder Module haben sich entwickelt, um verschiedene Kriterien zur Lösung spezifischer Probleme zu nutzen. Das ist auch gut so. Eine Frau würde nicht die gleichen Schaltkreise für die Wahl eines Schokoriegels verwenden wollen wie für die Auswahl ihres Partners (es sei denn, sie mag ihren Liebsten süß und klebrig). Diese Signalwege sind fest mit dem sich entwickelnden Gehirn verbunden, sodass wir von Geburt an einen »natürlichen Spickzettel« erhalten. Alle Tiere nutzen voneinander getrennte Signalwege im Gehirn, um Nahrung zu finden, einen Partner auszuwählen und einen Lebensraum zu erforschen.

Menschenbabys werden mit der Fähigkeit geboren, menschliche Gesichter zu unterscheiden. Schon nach weniger als zehn Minuten nach der Geburt bewegt ein Neugeborenes seine Augen und seinen Kopf, um einem

Ich spreche, also bin ich ein Mensch.

gesichtsähnlichen Muster zu folgen – es achtet hingegen nicht auf ein ähnliches Muster, wenn dieses verfälscht und verfremdet wird.

Mit sechs bis acht Monaten entwickeln Babys eine Angst vor Fremden, insbesondere vor männlichen Personen. Ein Instinkt, der die Bedrohung aufzeigt, welche männliche Tiere für die Nachkommen ihrer Rivalen darstellen können. Da die Evolution langsam abläuft, sind unsere angeborenen Verhaltensweisen diejenigen, die uns einstmals dabei halfen, in unserer prähistorischen Umgebung zu überleben – Phobien vor Spinnen, Schlangen, Fremden und großen Höhen gehören nicht ohne Grund zu den heute häufigsten Ängsten. Visuelle Tests

zeigen, dass unser Verstand Bilder von Schlangen oder Spinnen blitzartig schnell in komplexen Mustern erkennt, während andere harmlose Objekte ignoriert werden. So vehement reagieren wir selten instinktiv auf viel gefährlichere moderne Dinge, wie etwa Waffen oder Steckdosen. Für unsere Vorfahren war es sinnvoll, giftige Tiere oder potenziell aggressive Fremde zu fürchten und zu meiden. Heute ergibt dies weniger Sinn, aber wir haben es hierbei mit evolutionären Lösungen für veraltete Probleme zu tun.

Unsere Instinkte sind für verschiedene Zwecke konzipiert und können miteinander konkurrieren. Die Angst vor Fremden kann sich beispielsweise mit sexueller Anziehung überschneiden. Wir spüren diesen Kampf jedes Mal in uns, wenn wir die Schüchternheit überwinden, um uns einer fremden Person zu nähern.

» Das soziale Umfeld

Menschliche Instinkte sind auch für eine soziale Welt konzipiert, in der wir auf das Verhalten unserer Mitmenschen reagieren. Unser soziales Umfeld ist für uns genauso essenziell wie unser physisches, manchmal vielleicht sogar noch wichtiger. Wir haben uns als soziale Wesen entwickelt, und die Forschung

Schon wenige Minuten nach der Geburt kann sich ein Neugeborenes einem menschlichen Gesicht zuwenden.

zeigt, dass die Anwesenheit anderer in unserem Leben gesund und natürlich ist. Heute sind enge Beziehungen und umfangreiche soziale Netzwerke mit besserer Gesundheit und Wohlbefinden verbunden. Gehirnscans zeigen, dass das Gehirn ruhiger und weniger wachsam ist, wenn eine Person soziale Unterstützung hat. Das Gehirn scheint anzunehmen, dass sozialer Kontakt die Norm ist – die Verhaltensgrundlage. Wissentlich oder unwissentlich zählen wir auf soziale Ressourcen, die uns im Leben unterstützen. Soziale Beziehungen verteilen Arbeit und Risiken auf mehrere Beteiligte. Es hat offensichtliche Vorteile, Teil einer Gruppe zu sein, in der die Mitglieder einander auf Gefahren aufmerksam machen, der Schutz der Gruppe erleichtert den Kampf ums Überleben. Historisch gesehen, haben Freunde, Familie und Gemeinschaften Hilfe und Informationen zur Verfügung gestellt und im Allgemeinen die Energie

Auch die Kinderbuch-Figur »Little Bo Peep« kennt Arachnophobie – die instinktive Angst vor Spinnen.

reduziert, die ein Individuum in der täglichen Arbeit des Lebens aufwenden musste.

Wir reagieren instinktiv auf die Anwesenheit anderer mit einem Gefühl der Unterstützung. So beurteilten die Teilnehmer einer aktuellen Studie einen Hügel als weniger steil, wenn sie ihn neben einem Freund erblickten; je länger die Freundschaft, desto flacher erschien der Hügel. Wenn wir vor schwierigen Aufgaben stehen, ist es also hilfreich, Freunde um uns zu versammeln.

Besonders enge Beziehungen machen das Leben leichter und stressfreier. Enge Partner unterstützen sich bei der Betreuung von Kindern. Sie helfen einander, wenn ein geliebter Mensch krank oder verletzt ist, ihre emotionale Unterstützung fungiert quasi als mentaler Puffer. In einem Experiment wurden Frauen mit einem Stromschlag unter Stress gesetzt, während sie entweder alleine waren, die Hand eines Fremden oder die eines Partners hielten. Ihr Gehirn leistete die größte Bedrohungsaktivität, wenn sie alleine waren, gefolgt vom Trost durch einen Fremden, und den geringsten Stress erlebten sie, wenn sie die Hand ihres Partners hielten. Auch andere soziale Instinkte haben evolutionäre Vorteile. Wir verhalten uns

gegenüber nahen Angehörigen altruistischer als gegenüber entfernten Verwandten; wir sind voreingenommen gegenüber Fremden und können so Betrüger und Trittbrettfahrer aufspüren; wir sind von Natur aus sensibel gegenüber sozialem Status und Hierarchie, weshalb wir unser Verhalten entsprechend anpassen. All diese Verhaltensweisen schützen unsere Familien und halten unser soziales Umfeld stabil.

» **Genderidentität und Evolution**

Im Jahr 1978 instruierte eine Forschungsgruppe Studenten, über den Campus zu schlendern und Personen des anderen Geschlechts mit den Worten »Ich habe dich auf dem Campus bemerkt und finde dich sehr attraktiv. Würdest du heute Abend mit mir schlafen?« anzusprechen. Alle so umworbenen Frauen lehnten ab. 75 Prozent der Männer hingegen stimmten zu, teils mit

SELBSTTEST

IM SCHUTZ DER GRUPPE

Worin gleichen sich Mensch und Vogel Strauß?

Beide suchen innerhalb von Gruppen Schutz und Sicherheit! Forscher, die wilde Strauße studierten, sahen, dass sie zwei konkurrierende Prioritäten hatten. Um Raubtiere – darunter Geparden, Löwen und afrikanische Wildhunde – zu erkennen, müssen sie den Kopf in die Höhe recken, und um ihre übliche Nahrung, die niedrig gewachsene Vegetation, zu suchen, müssen sie den Kopf nahe am Boden halten. Ständig den Kopf zu heben, ihn zu senken und dann wieder anzuheben, um erneut nach Gefahren Ausschau zu halten, erschöpft die langhalsigen Vögel zunehmend. Die Lösung dieses Problems liegt in der Wachsamkeit der Gruppe. In einer Gruppe müssen nur wenige Strauße auf der Hut sein, während andere grasen. Je mehr Vögel, desto länger die Futterzeit. Beobachter fanden heraus, dass die Häufigkeit, mit der ein Strauß seinen Kopf hebt, um sich nach Raubtieren umzusehen, direkt von der Anzahl der Individuen in der Gruppe abhängt. Je mehr Strauße, desto seltener muss ein Strauß den Kopf heben. Dieser Ansatz gilt auch bei Menschen. Als Mitglied einer Gruppe genießen wir die Vorteile der Last- und Arbeitsverteilung. Der Schutz verbessert sich ebenfalls durch die Risikoverteilung. Obwohl eine Gefahr auch eine große Gruppe betreffen kann, ist das Risiko für jedes einzelne Mitglied der Gruppe geringer.

Wenn Sie also vor einer schwierigen Aufgabe stehen, sei es am Arbeitsplatz oder zu Hause, beobachten Sie sich einmal selbst. Wie geht es Ihnen, wenn Sie die Arbeit mit anderen teilen, anstatt sie alleine zu erledigen? Was ist Ihre emotionale Reaktion? Verringert es Ihre Befürchtungen, wenn Sie andere um sich herum versammeln? Welche Lehren können Sie daraus ziehen, wenn Sie in Ihrem Leben vor Herausforderungen stehen?

Kommentaren wie: »Warum bis heute Abend warten?«

Die Forscher wiederholten dieses Experiment im Laufe der Jahre drei Mal, darunter auch in den 1980er-Jahren, nach dem Aufkommen von AIDS, mit den gleichen Ergebnissen. Die Vorstellung, dass sich Männer beiläufigen Sex und Frauen eine Beziehung wünschen, ist ein Klischee, ein Stereotyp – und eine Wahrheit, die in vielen Studien weltweit bestätigt wurde.

Die Vorstellung, dass Männer viel häufiger Sex im Kopf haben als Frauen, wird durch die Forschung ebenso bestätigt. Eine Umfrage unter den 18- bis 59-Jährigen in den USA ergab beispielsweise, dass 54 Prozent der Männer, aber nur 19 Prozent der Frauen aussagten, dass sie jeden Tag oder mehrmals am Tag an Sex dachten.

Eine andere Studie ergab, dass sich jugendliche Frauen in der Regel Gefühle oder eine Liebeserklärung wünschen, bevor sie Sex haben, Jungs jedoch nicht so sehr. Diese Unterschiede in den sexuellen Wünschen und Verhaltensweisen folgen klar einer evolutionären Taktik. Beide Geschlechter sind bestrebt, die Chancen für das Überleben und die Fortpflanzung ihrer Art zu optimieren. Der mit diesen Zielen verbundene Aufwand und Nutzen ist für Männer und Frauen jedoch sehr unterschiedlich.

Männer und Frauen bevorzugen symmetrische Gesichtszüge.

In der Vergangenheit waren Schwangerschaft, Geburt und das Großziehen der Kinder gefährliche, ressourcenintensive und lebenslange Aufgaben für Frauen. Die Unterstützung durch einen engagierten, starken Partner mindert diese Risiken und den Aufwand erheblich. Männer hingegen tragen keines dieser Risiken und profitieren stattdessen aus evolutionärer Sicht davon, ihre Gene so weit wie möglich zu verbreiten.

Warum also machen sich Männer die Mühe mit der Monogamie? Aus nüchterner Perspektive ist die Fortpflanzung wie ein Marktplatz. Sex und Fruchtbarkeit können als eine wertvolle Ressource angesehen werden, die weitgehend von Frauen kontrolliert wird. Männer »erwerben« diese Ressource, indem sie einer Frau den Hof machen und in eine langfristige Beziehung investieren. Auch aus evolutionärer Sicht sind Doppelstandards gegenüber Untreue vorhersehbar. Überall auf der Welt und innerhalb der Geschichte wurden Frauen, die ihre Ehemänner betrügen, viel härter gerichtet als Männer, die ihre Frauen betrügen. Im Falle des Fremdgehens vertrauen Frauen eine wertvolle Ressource, nämlich ihre Fruchtbarkeit, einem anderen Mann an und widmen sie seinen Genen. Fremdgehende Männer dagegen können immer noch ihre eigenen Frauen schwängern. Für sie hat ihre Untreue aus evolutionärer Sicht keine Nachteile.

Evolutionäre Gründe erklären auch die Attraktivitätsstandards. Sowohl Männer als auch Frauen bevorzugen ein symmetrisches Aussehen beim anderen Geschlecht, was auf eine »genetische Fitness« hinweist. Männer auf der ganzen Welt werden von Zeichen der Fruchtbarkeit angezogen. Sie finden jugendlich aussehende Frauen mit schmaler Taille verlockend. Frauen werden weniger vom Aussehen als vom sozialen Status angezogen und bevorzugen wohlhabende Männer mit dominanten, aber fürsorglichen Persönlichkeiten.

Subtile Unterschiede in der Gedächtnisleistung zwischen Männern und Frauen

FOKUS

HÄTTE ICH DOCH BLOSS!

Wenn es ums Bedauern geht, fühlen Männer und Frauen in den meisten Bereichen gleich. Beide Geschlechter bedauern eher, etwas nicht getan zu haben (Chancen, die man verpasst hat, oder Risiken, die man nicht eingehen wollte), weniger etwas, zu dem sie sich entschlossen hatten. Wenn es jedoch um das Bedauern romantischer Beziehungen geht, klaffen Männer und Frauen auseinander. In Bezug auf Beziehungen bedauern Frauen eher vergangene Handlungen, wie etwa die Beziehung mit einem Dummkopf. Männer bedauern hingegen eher den nicht eingeschlagenen Weg und stimmen Aussagen wie »Ich hätte mich mehr anstrengen sollen, mit ___ zu schlafen« zu. Aus evolutionärer Sicht ist das sinnvoll. Frauen profitieren von einer sorgfältigen Partnerwahl, während Männer motiviert sind, viele verschiedene Partnerinnen zu finden.

deuten ebenfalls auf einen evolutionären Einfluss hin. Unter der Annahme, dass Männer in der gesamten Menschheitsgeschichte Jäger waren, Frauen dagegen Sammlerinnen, sollte die Evolution ein stärkeres Navigationsgedächtnis bei Männern, jedoch

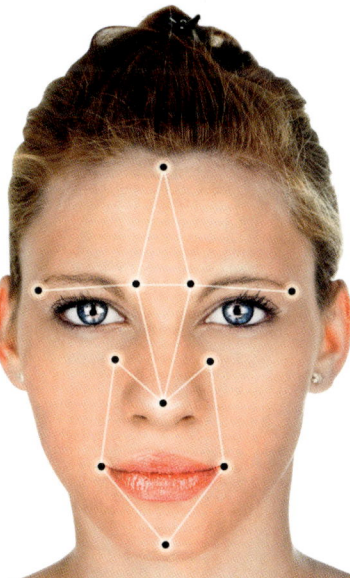

ein besseres Objektgedächtnis bei Frauen begünstigen. Diese Hypothese erwies sich als richtig, obwohl der Unterschied in den Fähigkeiten geringfügig ist.

In einer Studie besuchten Männer und Frauen sechs verschiedene Verkaufsstände auf einem Bauernmarkt. Anschließend zeigten die Versuchsleiter den Teilnehmern eine Karte des Marktgeländes und baten sie, den Standort der einzelnen Stände anzugeben. Frauen waren deutlich besser in der Lage, die Stände auf der Karte zu lokalisieren und sich daran zu erinnern, wo sie die Lebensmittel mit höherem Kaloriengehalt finden konnten – Fähigkeiten, die für eine Frau auf der Suche nach

Gesichtssymmetrie signalisiert genetische Eignung.

»Man sagt, der Mensch sei ein vernunftbegabtes Tier.

Ich habe mein Leben lang nach Beweisen gesucht.«

BERTRAND RUSSELL, PHILOSOPH

Nahrung in der Frühzeit nützlich gewesen wären. Diese Art der Erinnerung ist eine steinzeitliche Spezialisierung, die in einem modernen Schädel weiterlebt.

» Kulturelle Auswirkungen

So einleuchtend evolutionäre Erklärungen auch sein mögen, bleibt es wichtig zu bedenken, dass instinktive Tendenzen nur ein Faktor von all dem sind, was das menschliche Verhalten bestimmt. Sie können durch den Einfluss des erlernten Verhaltens leicht ausgeglichen werden.

Im Westen haben sich die Standards der sexuellen Attraktivität in den letzten Jahrhunderten stark gewandelt – von den rubensschen Kurven des 17. Jahrhunderts bis hin zum jungenhaften Körperbau der letzten Jahrzehnte. Diese Vorlieben haben sich allerdings zu schnell geändert, um Effekt der Evolution sein zu können. Aus evolutionärer Sicht ergibt es Sinn, dass Männer Partnerinnen bevorzugen, die Jungfrauen sind, da

dies sicherstellen würde, dass sie und nicht andere Männer die Erzeuger von zukünftigen Kindern sind. Umfragen zeigen jedoch, dass die Vorlieben für keusche Gefährtinnen je nach Kultur variieren. Chinesische, indische und iranische Männer beispielsweise bevorzugen Jungfrauen, während Männer in Schweden, Deutschland und Frankreich die Keuschheit entweder nicht bevorzugen oder sogar für unerwünscht halten. Fast alle Kulturen befürworten die Monogamie, und ihre Bevölkerungen folgen diesem Beispiel, wobei Männer und Frauen schließlich langfristige Bindungen anstreben. Kulturen mit weniger geschlechtsspezifischen Unterschieden weisen auch weniger Unterschiede

Partnerschaftsstrukturen spiegeln unseren angeborenen Drang wider, Gene an die nächste Generation weiterzugeben.

zwischen Männern und Frauen in ihren Vorlieben bei der Partnerwahl auf. Evolution ist, was das Verhalten angeht, da kaum bestimmend. »Meine Gene haben mich dazu getrieben« ist also keine Entschuldigung.

» Konkurrierende Motive

Evolution prägt auch unsere Motivation. 1943 ergänzte der amerikanische Psychologe Abraham Maslow sein ein Fachgebiet um eine neue Sichtweise. Freudsche Psychologen hatten sich mit Neurose und Dysfunktion beschäftigt; Verhaltenspsychologen lehnten diesen Fokus zugunsten eines mechanistischen Ansatzes des Lernens und Stimulierens ab. Maslow ging einen dritten Weg, indem er das menschliche Verhalten nach Motiven untersuchte. Er glaubte, dass Menschen durch angeborene Bedürfnisse, welche in jedem Individuum zu finden wären, zu ihren Zielen angetrieben werden. Obwohl er sich nicht auf die Evolutionstheorie berief, spiegelten seine Ideen eine grundlegende Basisannahme dieser Wissenschaft wider, die besagt, dass alles Verhalten zielorientiert sei. Die natürliche Auslese hat uns an die angestrebten Ziele wie das Überleben und die Fortpflanzung angepasst. Maslow identifizierte fünf grundlegende Bedürfnisse oder Motive, die allen Menschen

eigen sind, und ordnete sie in einer Hierarchie an zu einer »Bedürfnispyramide«. An der Basis befinden sich grundlegende physiologische Bedürfnisse wie Nahrung, Wasser, Schlaf und Sex. Darüber befinden sich Sicherheitsbedürfnisse: Geborgenheit, Sicherheit, Berechenbarkeit. Auf der nächsten Ebene befinden sich Motive der Liebe und Zugehörigkeit, die alle Arten von Zuneigung und sozialer Verbundenheit beinhalten. Die nächste Stufe beinhaltet Wertschätzung oder Respekt, das Bedürfnis, sich gut zu fühlen und von anderen respektiert zu werden. Und an der Spitze steht die Selbstverwirklichung, das Ziel, das eigene Potenzial zu entfalten. Maslow visualisierte das Modell in Form einer Pyramide, um zu zeigen, dass bestimmte Basismotive immer anderen gegenüber Vorrang genießen, weil sie als Sockel dienen. Der primäre Bedarf an Nahrung, Geborgenheit und Sicherheit übertrifft immer soziale oder künstlerische Motive, und ein hungriger Mann wird die Suche nach Nahrung über die Selbstentfaltung stellen. Maslow glaubte, dass die Hierarchie auch die menschliche Entwicklung widerspiegelt, wobei die grundlegendsten Bedürfnisse diejenigen sind, die auch von Säuglingen erfahren werden, und der Wunsch

nach Zuneigung, Wertschätzung oder Selbstverwirklichung später im Leben an Bedeutung gewinne. Maslows Pyramide war klar aufgebaut und für Psychologen und Laien gleichermaßen einleuchtend. Sie hat den Bereich der positiven Psychologie mitgestaltet, welcher sich darauf konzentriert, Menschen zu mehr Wohlbefinden zu verhelfen. In gewissem Maße konnte dies durch die Forschung bestätigt werden. Wir Menschen scheinen starke, identifizierbare

Motivationssysteme für grundlegende physiologische Bedürfnisse, Sicherheit, soziale Verbindungen und Status zu besitzen. Selbstverwirklichung als Grundbedürfnis ist zweifelhaft. Es stimmt, dass Menschen oft Kreativität und Selbstentfaltung verfolgen und zum Beispiel in Berufen weiterarbeiten, auch wenn sie dafür nicht mehr bezahlt werden. Gerade für diese Schicht der Pyramide, aber auch für das Modell als Ganzes, fehlt die empirische Bestätigung.

Der zeitgenössische Psychologe Douglas Kenrick und seine Kollegen haben eine überarbeitete Bedürfnispyramide vorgeschlagen, die sich klarer an evolutionären Motiven orientiert. An ihrer Basis ähnelt sie jener von Maslow, aber seine Kategorie der Selbstverwirklichung wurde durch die Bedürfnisse nach Partnerwerbung, Partnerbindung und Elternschaft ersetzt. Wie Maslows Hierarchie ist auch die von Kenrick nach Priorität organisiert und folgt

MASLOWS BEDÜRFNISPYRAMIDE

Selbstverwirklichung

Wertschätzung (Respekt)

Liebe (Zuneigung, Zugehörigkeit)

Sicherheit

Unmittelbare physiologische Bedürfnisse

KENRICKS BEDÜRFNISPYRAMIDE

Elternschaft

Paarbindung

Partnerwerbung

Status/Wertschätzung

Zugehörigkeit

Selbstschutz

Unmittelbare physiologische Bedürfnisse

Bindung und Status gehören zu den höheren menschlichen Bedürfnissen in Kenricks Pyramide.

den menschlichen Entwicklungsphasen. Bedürfnisse wie Hunger und Selbstschutz sind liegen bereits im Kindesalter vor. Soziale Bindung und Wertschätzung gewinnen in der Jugend zunehmend an Bedeutung, während junge Erwachsene ihre erworbenen sozialen Fähigkeiten nutzen, um Partner zu finden und Familien zu gründen. Die verschachtelte Architektur von Kenricks Pyramide hebt die Idee hervor, dass sich Bedürfnisse überschneiden; spätere oder höhergestellte Motive ersetzen frühere nicht. Alle unsere Bedürfnisse bleiben während des gesamten Lebens bestehen, manchmal konkurrieren sie mit anderen Motiven, oder wir überge-

hen sie, je nach Situation. Wir können gleichzeitig Status und einen romantischen Partner suchen. Diese Bedürfnisse verschwinden nicht, sondern könnten nachlassen, wenn wir mit Gefahren für unsere Sicherheit oder unser Überleben konfrontiert werden. Unsere Motive mischen sich und treten in den Vordergrund oder verblassen,

> Eine jahrtausendealte Geschichte prägt unseren Körper und unsere Psyche.

abhängig vom Kontext. Wenn Sie mit Ihrer Chefin zu Mittag essen und versuchen, sie zu beeindrucken, aber einen Skorpion entdecken, der gerade Ihr Bein hochkriecht, überwiegt Ihr Bedürfnis zu überleben jenes nach Status und Sie werden aufspringen und die Gefahr abschütteln. Wenn hingegen nur eine Ameise an Ihrem Bein hinaufkrabbelt, dominiert das Bedürfnis nach Status jenes nach dem Überleben und Sie könnten das Insekt einfach ignorieren, um einen guten Eindruck zu machen.

» **Veraltete Anpassungen**
Unser Körper und unsere Psyche sind geprägt von den Herausforderungen einer

längst vergangenen Zeit. Einige dieser prähistorischen Probleme sind in der heutigen Zeit verschwunden, aber die Anpassungen des Menschen daran sind geblieben. Evolutionärer Wandel erfordert Tausende von Generationen, sodass wir im Grunde über Körper und Gehirne verfügen, die für einen Jäger-Sammler-Lebensstil entwickelt wurden, und nun mit neuen Nahrungsmitteln, Technologien und Kulturtechniken umgehen, die evolutionär noch nicht auf uns zugeschnitten sind. Adipositas und Diabetes sind körperliche Symptome dieses Missverhältnisses.

Zucker- und fettreiche Nahrungsmittel mit ihrer hohen Energiedichte waren in der Frühzeit nützlich, aber schwer zu bekommen. Unser Körper entwickelte eine Sehnsucht nach diesen Nahrungsmitteln, ein Verlangen, sie aufzuspüren und überschüssige Kalorien für Zeiten der Hungersnot einzulagern. Heute sind diese Lieblings-Nahrungmittel, auf die wir evolutionär getrimmt sind, allzu reichlich vorhanden und Hungersnöte sind, zumindest in der westlichen Welt, selten, aber unsere Körper haben dies noch nicht realisiert.

Wir verschlingen immer noch mit Vorliebe Süßigkeiten und fette Speisen – und speichern überschüssige Kalorien, die wir täglich zu uns nehmen, als Hüftgold um unsere Taille ab. Das nächste Mal, wenn Sie nach einem Brownie greifen, denken Sie vielleicht daran, dass Ihre Vorfahren ihn sicher hätten brauchen können, er für Sie aber nicht unbedingt das Richtige ist.

Phobien, wie bereits erwähnt, sind ein weiteres, deutliches Beispiel veralteter evolutionärer Anpassungen an die Anforderungen des Lebens. Schlangen, Spinnen und weite Räume stellen heutzutage nicht mehr die Bedrohung dar, wie sie es einst taten, aber versuchen Sie dies einmal Ihrem Gehirn zu vermitteln. Selbst einige Phobien, die mit der modernen Welt verbunden sind, lassen sich auf uralte Ängste zurückführen. Die Flugangst kann sich unmöglich erst seit der Erfindung des Flugzeugs entwickelt haben. Die Angst vor extremen Höhen, die Angst, in geschlossenen Räumen gefangen zu sein, und die Angst, in einer ungewohnten Situation außer Kontrolle zu geraten, wären in früheren Zeiten adaptiv gewesen. Zusammengenommen machen sie die Erfahrung von Flugzeugreisen instinktiv erschreckend. Auch die Trennungsangst spielte

Trennungsangst bei Kindern geht auf Zeiten zurück, in denen Entfernung von den Eltern eine Gefahr darstellte.

einst eine größere Rolle für das Überleben. Es ergab Sinn, dass steinzeitliche Menschenkinder befürchteten, ihrer Bezugspersonen beraubt zu werden, von denen sie völlig abhängig waren. Heute wagen sich Kinder weiter von zu Hause weg – wie in den Hort oder Kindergarten –, aber die Trennungsangst kann ihr Leben (und das ihrer Eltern) erschweren. Zu wissen, dass beruhigende Erfahrungen Ängste zerstreuen können, kann Eltern und Bezugspersonen helfen, den Übergang zu meistern.

Die moderne Medizin hat einige Instinkte nicht nur obsolet, sondern sogar zu

potenziellen Gefahren gemacht. In früherer Zeit mag die Eifersucht eines Mannes sinnvoll gewesen sein, um Rivalen abzuwehren und dafür zu sorgen, dass die Partnerin auch wirklich seine Kinder empfing. Mit dem Aufkommen der Empfängnisverhütung hätte dieses Motiv jedoch bei jedem vernünftigen Mann beseitigt sein müssen. Auch

Phobien sind Beispiele für veraltete Anpassungen.

in Gesellschaften, in denen Frauen sich selbst und ihre Kinder selbst ernähren können, dürfte Eifersucht eigentlich keine Rolle spielen.

Aber es ist nicht annähernd genug Zeit vergangen, um diese fehlangepassten Reaktionen aus unseren Gehirnen zu tilgen. Hätte es in der Frühgeschichte Verhütungsmittel gegeben, hätte man sie als Bedrohung für die Fortpflanzung ansehen können. Wie der Experimentalpsychologe Steven Pinker anmerkt: »Hätte es in der pleistozänen Savanne Bäume mit Antibabypillen gegeben, dann hätten wir sie wohl als so erschreckend wie eine Giftspinne empfunden.«

»Wir können nicht das werden, was wir sein müssen,
indem wir bleiben, was wir sind.«

MAX DE PREE, GESCHÄFTSMANN UND AUTOR

» Nachbetrachtung

Die Evolutionspsychologie ist immer noch gerade erst im Entstehen, als ein Fachgebiet, das noch immer seine Kritiker und Probleme hat. Etwas salopp auf den Punkt gebracht stellt sie eine Form der Nachbetrachtung dar. Es ist nur allzu leicht, ein Phänomen herauszupicken und es auf die gewünschte evolutionäre Erklärung zurückzuführen. »Sind die Menschen selbstlos, bewahrt dies ihre Gene in einer sicheren, kooperativen Gemeinschaft. Sind die Menschen kriegslüstern, bewahrt dies ihre Gene auf Kosten der Schwächeren« – diese Art der einfachen Erklärung ist in der Boulevardpresse häufiger anzutreffen als unter Wissenschaftlern, die versuchen, sich auf gesicherte Fakten zu beziehen, die wir über historische menschliche Gesellschaften haben.

Einige Verhaltensweisen lassen sich noch nicht mit den Mechanismen der natürlichen Selektion erklären. Selbstmord ist ein Paradebeispiel hierfür. Fast 40 000 Menschen begehen in den Vereinigten Staaten jedes Jahr Selbstmord, ein großer Teil davon im Alter von 15 bis 44 Jahren. Es ist schwer, eine evolutionäre Begründung für jugendlichen Selbstmord vorzuschlagen, ein Verhalten, das aus evolutionärer Sicht eigentlich längst hätte ausselektiert sein müssen – eine Erklärung konnte noch nicht gefunden werden.

Trotz dieser offenen Fragen unterstützt eine beträchtliche Menge an Forschungen die Idee, dass die Evolution unser Gehirn geformt hat und damit unser Verhalten, unsere Persönlichkeit und sogar unsere eigene Identität.

Wir sind, wer wir sind – weil unsere Vorfahren in ihrem Lebensumfeld besonderen Herausforderungen ausgesetzt waren und diese dank mentaler Anpassungen meisterten. Noch heute nutzt unser Gehirn diese Anpassungen und macht uns moderne Menschen glücklich, abenteuerlustig, liebevoll und neugierig auf unser eigenes Selbst, ohne uns dabei allzu übermütig werden zu lassen.

Viele Funktionen des menschlichen Geistes lassen sich auf den prähistorischen Kampf ums Überleben zurückführen.

KAPITEL ZWEI

DER VERSTAND IST, WAS DAS GEHIRN TUT

Kennen wir unsere eigenen Gedanken? Studien des Gehirns scheinen zu zeigen, dass dies nicht der Fall ist. Bei einer seltenen Art von Operation, der sogenannten Callosotomie, wird die Kommunikation zwischen den beiden Gehirnhälften bewusst gestört. Es wird neurochirurgisch ein verbindendes Nervenbündel (Corpus callosus) durchtrennt, um schwere epileptische Anfälle zu unterbinden.

Im Allgemeinen können Menschen ohne diese Links-Rechts-Verbindung recht gut funktionieren. Sie behalten ihre bisherigen Persönlichkeiten und intellektuellen Fähigkeiten. Die Operation macht deutlich, dass die beiden Gehirnhemisphären fast unabhängig voneinander operieren können, als ob der Patient zwei Köpfe hätte, die sich manchmal im Konflikt befinden. In einem klassischen Experiment setzten die Forscher Patienten nach einer Hemisphärektomie vor einen Bildschirm und baten sie, auf einen Punkt in der Mitte zu starren. Dann blendeten sie kurz das Wort »HEART« ein, sodass »HE« auf der linken Seite des Bildschirms und »ART« auf der rechten Seite

erschien. Als sie die Patienten fragten, welches Wort sie gesehen hatten, antworteten sie »ART« – das Wort, das über die kreuz und quer verlaufenden Sehbahnen von der rechten Seite des Bildschirms zur linken Seite des Gehirns übertragen wurde, wo sich die wichtigsten Sprachzentren befinden. Aber als die Versuchsleiter dieselben Patienten baten, mit der linken Hand auf das Wort zu zeigen, das sie gesehen hatten, zeigten sie auf »HE« – das Wort, das ihre rechte Hemisphäre erreichte, das die linke Hand kontrolliert. Diese Reaktion erschreckte die Patienten, die sich nicht bewusst waren, diesen Teil des Wortes gesehen zu haben. Andere Patienten

konnten zwei Bücher gleichzeitig lesen, eines mit jedem Auge, oder zwei verschiedene Formen gleichzeitig mit beiden Händen zeichnen. Bei einigen Patienten wusste die linke Hand buchstäblich nicht, was die rechte Hand tat; eine Hand konnte ein Hemd aufknöpfen, während die andere Hand es wieder zuknöpfte.

Am verstörendsten für diejenigen unter uns, die gerne denken, dass wir uns unseres Verstandes bewusst sind, ist die Tatsache, dass Menschen mit Konflikten zwischen den beiden Hemisphären diesen nicht mehr wahrnehmen können. Ein Patient, dessen rechte Hemisphäre die Anweisung »Gehen« erhält, beginnt zu laufen. Auf die Frage, warum

Das Gehirn

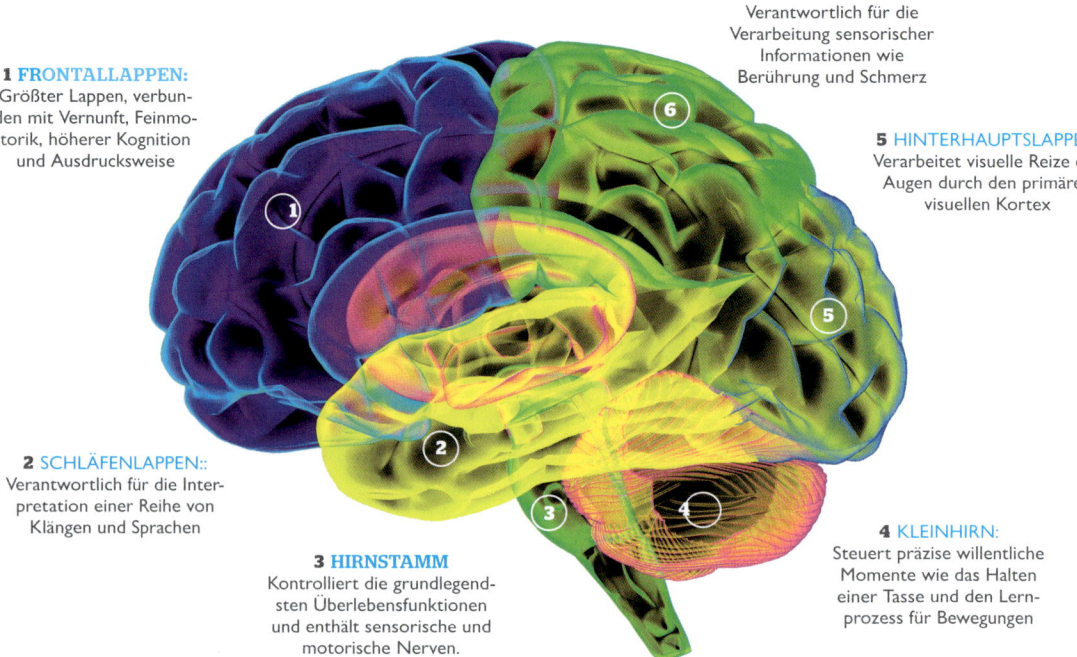

6 SCHEITELLAPPEN:
Verantwortlich für die
Verarbeitung sensorischer
Informationen wie
Berührung und Schmerz

1 FRONTALLAPPEN:
Größter Lappen, verbun-
den mit Vernunft, Feinmo-
torik, höherer Kognition
und Ausdrucksweise

5 HINTERHAUPTSLAPPEN
Verarbeitet visuelle Reize der
Augen durch den primären
visuellen Kortex

2 SCHLÄFENLAPPEN::
Verantwortlich für die Inter-
pretation einer Reihe von
Klängen und Sprachen

3 HIRNSTAMM
Kontrolliert die grundlegendsten Überlebensfunktionen
und enthält sensorische und
motorische Nerven.

4 KLEINHIRN:
Steuert präzise willentliche
Momente wie das Halten
einer Tasse und den Lern-
prozess für Bewegungen

**Das Großhirn ist der größte Teil des Gehirns, unterteilt in die linke und rechte Hemisphäre. Die äußerste
Schicht des Großhirns, die Großhirnrinde, ist in vier Abschnitte unterteilt, die als Lappen bezeichnet werden.**

er geht, sagt er nicht, dass er angewiesen worden sei, zu gehen oder es nicht wisse. Die linke Hemisphäre sucht sich einen Grund. »Ich gehe ins Haus, um eine Cola zu holen.« Kontrollieren wir wirklich unser eigenes Verhalten oder haben unsere Gehirne ihre eigene Agenda, unabhängig vom bewussten Denken? So wie die Evolutionswissenschaft gezeigt hat, dass ein Teil unse-res Verhaltens in unser Gehirn eingebaut ist, konnten jüngste Fortschritte in der Neuro-wissenschaft zeigen, dass diese Gehirne im Wesentlichen

selbstständig Informationen verarbeiten und Entscheidun-gen treffen.

Viele Psychologen stimmen heute mit dem Kognitions-wissenschaftler Marvin Minsky überein, der sagte, dass »der Verstand das ist, was das Gehirn tut«. Eine breite Palette von Emotionen und Verhal-tensweisen kann direkt in die verantwortlichen Regionen des Gehirns verfolgt werden. Gedächtnis, Aufmerksamkeit, Urteilsvermögen, Wahrneh-mung, Empathie, Emotionen und das Erkennen von sich selbst und anderen sind in

neuronalen Prozessen ver-wurzelt. Beunruhigend ist, dass viele dieser Prozesse unter dem mentalen Radar ablaufen und sich in Hirnscans zeigen, auch wenn wir sie nicht bewusst wahrnehmen. Wenn Sie sich auf unerklär-liche Weise benehmen, könnte es einen guten Grund dafür geben. Ihr eigenwilliges Gehirn hat Sie dazu gebracht.

DOPPELTER VERSTAND
Unsere geistigen Fähigkeiten können auf bestimmte Teile unseres Großhirns abgebildet werden. Es ist seit Langem

bekannt, dass jede der beiden Hemisphären des Gehirns visuelle Informationen vom Auge der anderen Seite erhält: Die rechte Hemisphäre nimmt auf, was das linke Auge sieht, und die linke Hemisphäre registriert, was das rechte Auge sieht. Jede Hemisphäre steuert zudem die Aktionen der gegenüberliegenden Seite des Körpers, wobei die rechte Hemisphäre die linke Seite und die linke Hemisphäre die rechte Körperhälfte kontrolliert. Die beiden Hemisphären spiegeln sich zwar, doch dominieren einige mentale Funktionen in der einen oder anderen Hälfte. In der linken Hemisphäre haben Mathematik, Logik und Gedächtnisabfrage das Sagen, während räumliche Fähigkeiten, musikalisches und künstlerisches Verständnis, intuitives Denken und das Erkennen von Gesichtern und Emotionen vor allem in der rechten Hemisphäre angesiedelt sind. Die Sprachverarbeitung findet in beiden statt, überwiegend jedoch auf der linken Seite, welche für das Entschlüsseln von Sprache zuständig ist. Die rechte Seite erkennt die meisten Wörter, hat hingegen Probleme mit der Syntax. Für die rechte Hemisphäre sind »die fliegenden Flugzeuge« und »die Flugzeuge fliegen« nicht zu unterscheiden. Durch die Spezialisierung kann das Gehirn

FOKUS

GEHIRN-GRUNDLAGEN

Das rosa-graue und faltige Organ in unseren Schädeln ist ein Wunder der Biologie. Mit rund 90 Milliarden Neuronen, die ungemein komplexe Verbindungsnetze bilden, kontrolliert das Gehirn nicht nur den Körper, sondern schafft auch unser unbeschreibliches Bewusstsein und unsere Identität. Auf der grundlegendsten Ebene kann das Gehirn in drei Strukturen unterteilt werden: das Rautenhirn, das Mittelhirn und das Vorderhirn. Das Rautenhirn und das Mittelhirn übernehmen meist uralte Funktionen wie Atmung, Herzfrequenz und koordinierte Bewegung. Wenn wir an den Verstand denken, denken wir normalerweise an das Vorderhirn – das große Zerebrum und die kleinen Strukturen, die in ihm verborgen sind. Das Großhirn wird durch eine tiefe Furche in rechte und linke Hemisphäre getrennt. Im Allgemeinen spiegeln sich die Hemisphären in Struktur und Funktionen (obwohl die meisten Sprachverarbeitungsvorgänge auf der linken Seite stattfinden). Auf der Rückseite jeder Hemisphäre befindet sich der Hinterhauptslappen, der das Gesehene verarbeitet. Um die Seite herum befindet sich der Schläfenlappen, die Heimat von Klang, Sprache und etwas Gedächtnis. Nach oben hin übernimmt der Scheitellappen die Bewegung, Berechnungen und einige Formen der Erkennung. Vorne, hinter der Stirn, steuert jeder Frontallappen unter anderem bewusstes Denken, Entscheidungsfindung und emotionale Reaktionen. Unter und innerhalb des Großhirns, in der Mitte des Gehirns, befinden sich die geschwungenen kleinen Strukturen, die das limbische System ausmachen. Emotionen und Informationen, die unser Überleben beeinflussen, fließen durch diese Module. Die Signale der Sinne werden hier sortiert und verteilt. Die Amygdala erkennt und vermittelt Angst. Der Hippocampus legt unser Langzeitgedächtnis fest, welches maßgebend für unsere eigene Identität ist.

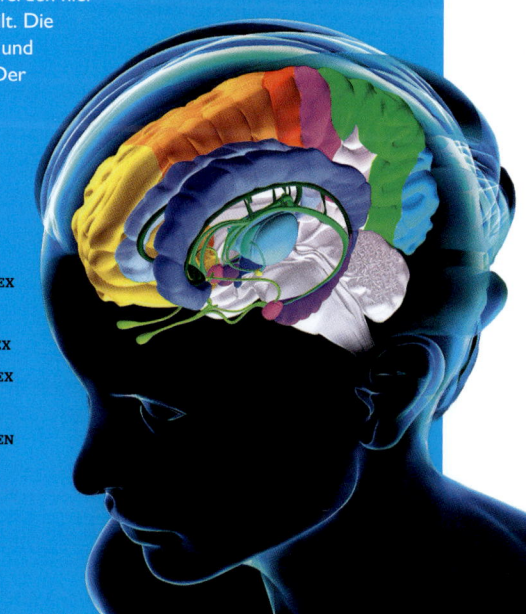

- 🟨 PRÄFRONTALER KORTEX
- 🟧 STIRNLAPPEN
- 🟥 MOTORISCHER KORTEX
- 🟥 SENSORISCHER KORTEX
- 🟩 PARIETALRINDE
- 🟦 HINTERHAUPTSLAPPEN

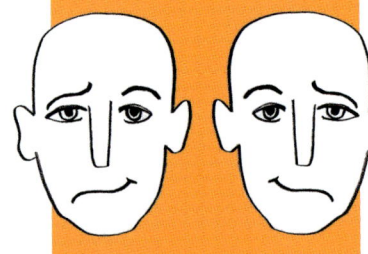

effizienter arbeiten. Die Kommunikation zwischen den beiden Hälften sorgt für einen reibungslosen Ablauf. Der Gehirnbalken überträgt Informationen blitzschnell, sodass wir beispielsweise das Doppelbild, das unsere beiden Augen aufnehmen, sofort zusammenführen und wir rechte und linke Hand ohne bewusstes Nachdenken koordinieren. Das Wissen um die Bedeutung eines Wortes, das in der linken Gehirnhälfte geboren wurde, verbindet sich mit einem Sinn für seine Bedeutung im

Kontext, der von der rechten Hirnhälfte bezogen wird. Für einen normalen Menschen ist die Trennung zwischen den beiden Hemisphären nicht bemerkbar. Unser Denken und Handeln scheinen aus einem einzigen Selbst zu stammen.

» Der Verstand als Eisberg

Abgesehen von den durchtrennten Gehirnhälften besitzen auch normale Gehirne zwei Spuren: die bewusste Verarbeitung von Informationen – wie Empfindungen, Gedanken, Emotionen und Entscheidungen – und die unbewusste Verarbeitung von Informationen unterhalb der Bewusstseinsebene. Wie die unter dem Wasser verborgene Hauptmasse eines Eisbergs überwiegt die unbewusste Verarbeitung bei Weitem das Bewusstsein. Einer Schätzung zufolge nehmen die Sinne pro Sekunde elf Millionen Informationsbits auf, doch wir werden uns nur etwa 40 Bits bewusst. Ein hervorragender Filtermechanismus, ohne den wir nicht normal funktionieren könnten – unvorstellbar, wenn wir gleichzeitig jedes Geräusch, jede Berührung, je-

Ähnlich wie die verborgene Masse eines Eisbergs verarbeitet der Verstand unbewusst viel mehr Informationen, als wir bewusst wahrnehmen.

den Atemzug, jede Haltungsänderung in jedem Moment unseres Lebens wahrnehmen würden. Ein Beispiel für unbewusstes Bewusstsein ist das Phänomen des Blindsehens, welches bei Personen mit Rindenblindheit auftritt. Diese Menschen haben normale Augen und Sehbahnen, leiden jedoch an Schäden in den Bereichen des Gehirns, welche das Sehen und die Objekterkennung steuern. Halten Sie einen Ball vor eine solche Person und bitten Sie sie, ihn zu identifizieren. Sie wird antworten, dass sie ihn überhaupt nicht sehen kann. Bitten Sie sie jedoch, die Hand auszustrecken und ihn zu ergreifen, kann sie das zielsicher tun. Einige visuelle Informationen haben unbeschädigte Teile des Gehirns erreicht, die für die Lokalisierung verantwortlich sind, ohne die Ebene des bewussten Denkens zu erreichen. Blindsehen hat seine Pendants in den verborgenen Seiten anderer mentaler Prozesse, darunter das Gedächtnis, die

Bewusstsein
(Die Spitze des
Eisbergs)

Unterbewusstsein
(Die Basis)

Entscheidungsfindung, Vorurteile, soziale Interaktionen,
emotionale Reaktionen und
vieles mehr. Ein Großteil
moderner psychologischer
Forschung widmet sich dem
Verständnis dieser verdeckten
Motive und wie sie unser Verhalten beeinflussen.

ZUSTÄNDE DES BEWUSSTSEINS

Der verborgene Teil des
Verstandes wird nirgendwo
offensichtlicher als in den
veränderten Bewusstseinszu-
ständen, die in unser tägliches
Leben eingearbeitet sind. Der
Schlaf, der im Tagesablauf
etwa acht von vierundzwanzig
Stunden einnimmt, führt den
Geist in einen Zustand von

sich verändernden mentalen
Mustern und halluzinatorischen
Bildern.

Während wir schlum-
mern, ist unser Bewusstsein
für äußere Empfindungen
unempfindlicher, aber nicht
völlig erloschen: Das vertraute
Geräusch einer Klimaanlage,
die sich ein- und ausschaltet,
mag uns nicht stören, aber
das Knarzen eines Schrittes in
einem Zimmer im Erdgeschoss
kann uns wachrütteln. Schlaf
ist nicht gleichbedeutend mit
Bewusstlosigkeit, sondern
ein einzigartiges Phänomen.
Elektroenzephalografen,
die an schlafende Gehirne
angeschlossen sind, zeigen,
dass wir während der Nacht

immer wieder fünf Schlaf-
phasen durchlaufen. Phase 1,
gekennzeichnet durch unregel-
mäßige Gehirnwellen, geht
in Phase 2 über, eine tiefere
und entspanntere Periode, in
der das Gehirn gelegentliche
Aktivitätsspitzen zeigt. Die
kurze, vorübergehende Phase
3 führt in den tiefsten Teil des
Schlafes, Phase 4, in der das
Gehirn langsame Deltawellen
aussendet. Aus dieser tiefsten
Schlafhöhle steigt die Gehirnaktivität dann wieder an, bis
die Phase in den REM-Schlaf
und ins Land der Träume übergeht. Die Herzfrequenz erhöht
sich und die Augen bewegen
sich unter geschlossenen
Lidern in hektischer Bewegung,

**Die Aktivität des Verstandes
während des Schlafzyklus unterscheidet sich von der
im Wachzustand.**

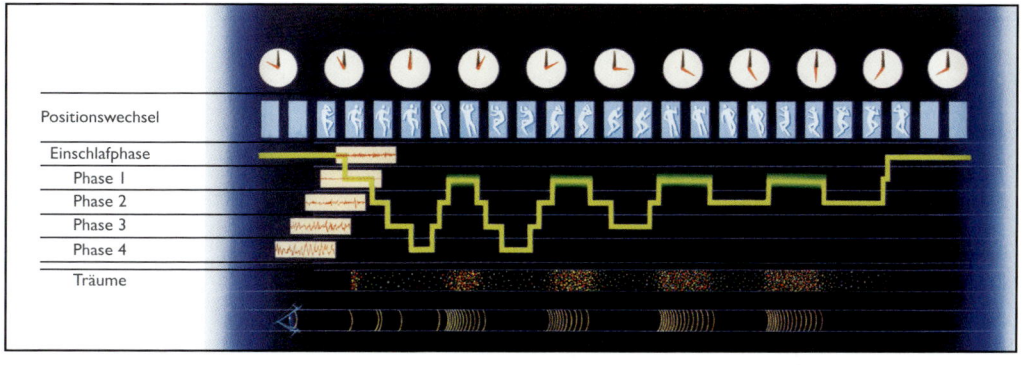

Positionswechsel
Einschlafphase
Phase 1
Phase 2
Phase 3
Phase 4
Träume

Augenbewegung

was dem REM-Stadium seinen Namen verleiht (Rapid Eye Movement). Mehr als 80 Prozent der Menschen berichten von Träumen, wenn sie aus dieser Phase geweckt werden. In der Zwischenzeit deaktiviert der Hirnstamm große Muskelbewegungen, sodass der Körper, abgesehen von zuckenden Augen oder Fingerspitzen, effektiv gelähmt ist. Dies verhindert, dass Ihr Körper Ihre Träume gestisch miterlebt. Manchmal dauert diese Lähmung bis zum vollständigen Wachbewusstsein an und erzeugt einen unheimlichen Schwellenzustand, in dem der Schläfer Halluzinationen und das beunruhigende Gefühl der Bewegungsunfähigkeit erleben kann.

Der Grund für diesen dramatischen, täglichen Bewusstseinswandel? Niemand weiß es. Der Schlaf bleibt eines der großen wissenschaftlichen Rätsel. Aus evolutionärer Sicht erscheint der Schlaf sowohl verschwenderisch als auch gefährlich. Schlafende Tiere vermehren sich nicht, und sie könnten anfällig für Raubtiere sein. Und doch scheint der Schlaf nicht nur für den Menschen, sondern auch für alle Vögel und Säugetiere essenziell zu sein. Ohne ihn sterben wir. Menschen mit einer seltenen, vererbten Form von Schlaflosigkeit sterben in der Regel innerhalb weniger Jahre. Auch Ratten, die vom Schlafen abgehalten werden, finden innerhalb von Wochen ein vorzeitiges Ende, obwohl ihre Autopsien keine körperlichen

Ohne Schlaf sterben wir.

Ursachen aufzeigen konnten. Viele Theorien für den Existenzgrund des Schlafs wurden weiterentwickelt, doch keine konnte je bewiesen werden.

Einige Wissenschaftler glauben, dass er die Gehirnfunktion unterstützen müsse. Experimente haben gezeigt, dass das Gehirn während des Schlafs kürzlich erlernte Informationen konsolidieren kann, während es andere, ungenutzte Verbindungen ausmerzt. Andere Forscher gehen davon aus, dass der Schlaf dem Körper hilft, Energie und Ressourcen zu schonen, und gleichzeitig eine schnelle Aktivierung ermöglicht, falls Gefahr droht. Bis jetzt wissen wir nichts mit Sicherheit, außer, dass Schlaf unerlässlich ist.

» Anästhesie
Drogen und chemische Substanzen verändern das Bewusstsein ebenfalls, und nur wenige

bewirken eine dramatischere Veränderung als die Vollnarkose, die Bewusstlosigkeit hervorruft und das Schmerzempfinden blockiert.

Wie diese Substanzen dies bewirken, ist trotz mehr als 150 Jahren Gebrauch nicht ganz geklärt. Auf unbekannte Weise blockieren sie die Übertragung einiger Nervenimpulse im Gehirn, während sie die Grundfunktionen der Atmung und des Herzschlags weiterhin erlauben. Die meisten Menschen erwachen aus der Vollnarkose ohne Erinnerungen

PET-Scans verwenden radioaktive Tracer, um Hirnzustände abzubilden.

an diese Erfahrung. Allerdings widerlegen die Erfahrungen ein paar weniger Patienten die Illusion, dass einem narkotisierten Menschen das Bewusstsein fehle. In vielleicht ein oder zwei von tausend Fällen berichten Patienten, dass sie während einer Operation ein Gefühl der Sinneswahrnehmung hatten oder Ärzte sprechen hörten. In den meisten Fällen fühlen sie keinen Schmerz, aber trotzdem können die Erinnerungen traumatisch sein. Viele Krankenhäuser verwenden einen BIS-Monitor (Bispektralindex), der die Gehirnströme beobachtet, um den Bewusstseinsgrad eines Patienten vor der Operation zu messen. Neuere Studien zeigen jedoch, dass diese Überwachung des Gehirns das Erwachen des Bewusstseins unter Anästhesie nicht verhindern kann. Ein anderer Ansatz könnte Licht ins Dunkel bringen. Positronenemissionstomographie (PET)-Scans

von Gehirnen, die sich von der Anästhesie erholen, zeigen, dass das Bewusstsein zuerst in alten, tiefen Hirnstrukturen wie dem Thalamus und dem limbischen System zurückkehrt. Dies mag erklären, warum Geräte, die nur die Hirnrinde überwachen, weniger effektiv sind.

» Hypnose

Wie Drogen soll auch Hypnose eine Veränderung des Bewusstseinszustandes bewirken. Die Praxis der Hypnose, bei der ein Hypnotiseur einen tranceartigen Zustand im Subjekt erzeugt, gibt es seit dem Wiener Arzt Franz Anton Mesmer, der seine Patienten um 1700 mit »Animalischem Magnetismus« behandelte. Sigmund Freud setzte Hypnose wie viele seiner Anhänger eine Zeit lang in der Psychotherapie ein. Sie kommt auch heute noch bei der Behandlung einer Vielzahl von Beschwerden zum Einsatz, von chronischen Schmerzen bis hin zur Nikotinsucht. Dennoch glauben viele Psychologen, dass die hypnotische Erfahrung weniger ein Zustand des veränderten Bewusstseins als ein Beispiel für die intensive Suggestibilität der menschlichen Natur ist. Es besteht kein Zweifel daran, dass hypnotisierte Subjekte wirklich auf irrationale Befehle reagieren. Nachdem sie von der beruhigenden Stimme des Hypnotiseurs in einen Zustand der Entspannung und des inneren Bewusstseins gebracht wurden, rochen Probanden am Ammoniakfläschchen voller Genuss, nachdem man ihnen erzählt hatte, es wäre Parfüm. Angewiesen, ihre Handlungen während der Hypnose zu vergessen, erwachen die Hypnotisierten wirklich ohne Erinnerung an ihren Trancezustand. PET-Scans bestätigen, dass Menschen während der Hypnose andere Gehirnmuster aufweisen als während des Alltagsbewusstseins, da die Regionen, die für mentale Bilder von Handlungen und Empfindungen verantwortlich sind, aktiver werden. Darüber hinaus haben hypnotische Vorschläge von klinischen Hypnotherapeuten sicherlich einigen Menschen geholfen, Gewicht zu verlieren und Schmerzen zu lindern. Die Vorstellung, dass Hypnose ein einzigartiger Trancezustand ist, wurde jedoch durch die ebenso seltsame Erkenntnis ersetzt,

dass Menschen ihren mentalen Zustand leicht verändern können, wenn sie von einer Autoritätsperson dazu aufgefordert werden. Studien aus den 90er-Jahren zeigen, dass ein Großteil der Bevölkerung auf diese Weise beeinflussbar ist. Fast jeder, dem gesagt wurde, dass seine/ihre Augenlider immer schwerer werden, wird erleben, wie diese herabzusinken beginnen. Jedoch kann Hypnose an sich nichts

mit der Bereitschaft der durchschnittlichen Person zu tun haben, merkwürdige Befehle zu befolgen. In einigen beunruhigenden Laborexperimenten in den 1950er-Jahren wurden zwei Gruppen von Menschen – diejenigen, die unter Hypnose Vorschläge erhielten, und jene, welchen man keine machte – von den Forschern gebeten, verschiedene unsoziale Handlungen durchzuführen, wie etwa das Schleudern von

»Der Verstand ist das, was das Gehirn leistet.«

MARVIN MINSKY, KOGNITIONSWISSENSCHAFTLER

Mimik vermittelt in jeder Kultur die gleichen Emotionen.

vermeintlicher Säure in das Gesicht des Versuchsleiters. Die hypnotisierten Personen warfen die Säure, jedoch taten es auch diejenigen, die nicht hypnotisiert worden waren.

Als sie später dazu befragt wurden, sagte die nicht hypnotisierte Testgruppe den Forschern, dass sie davon ausgegangen wären, dass die Aktion sicher sei, da die zuständigen Autoritäten das Experiment anführten. (Als jedoch die Versuchsleiter informell ihre eigenen Kollegen aufforderten, die gleichen Aktionen durchzuführen, lehnten alle ab.) Die Menschen, die am ehesten dazu neigen, hypnotisiert zu werden, sind diejenigen, die an Hypnose und daran glauben, dass sie hypnotisiert werden könnten, sowie jene, die eine starke Fantasie besitzen und sich in einer imaginären Welt wie einem Buch oder einem Film verlieren können. Die Fähigkeit, in sich selbst

Hypnoseexperimente in den 1950er-Jahren zeigten, dass der Verstand durch Suggestion so beeinflussbar ist, dass Menschen gegen ihr besseres Urteilsvermögen Anweisungen befolgen würden.

einzutauchen und sich einen anderen Zustand vorzustellen, ist der Vorläufer der Hypnose, und die meisten von uns sind bis zu einem gewissen Grad dazu in der Lage. Versuchen Sie zum Beispiel, aufrecht zu stehen und unbeweglich zu bleiben, während Ihnen jemand immer wieder sagt, dass Sie hin und her schwanken würden. Es ist schwer, der Suggestion zu widerstehen. Die Grenzen der Hypnose werden in den extremen Behauptungen einiger ihrer Anwender deutlich.

Hypnotisierte Subjekte, denen gesagt wird, dass sie sich in ein junges Alter zurückentwickeln sollen, werden kindisch handeln, aber auf eine Art und Weise, die das reale Verhalten in der Kindheit nicht widerspiegelt, so die Kinderpsychologen.

Wie selbst Freud bestätigte, holt die Hypnose nicht wirklich Erinnerungen aus der frühen Kindheit zurück oder hilft bei der Lösung von Traumata. Sie offenbart jedoch die immense Kraft der Fantasie und des sozialen Einflusses.

»6…5… und wir gehen immer tiefer und tiefer.
Ihr Körper wird immer schwerer,
sich mit jedem Atemzug, den Sie nehmen,
mehr und mehr entspannend. 4…«

»Handlung scheint Gefühl zu folgen, aber

in Wirklichkeit gehören Handlung und Gefühl zusammen.«

WILLIAM JAMES, PSYCHOLOGE

DAS SOZIALE GEHIRN

Die meisten Forschungen des 20. Jahrhunderts über das Gehirn und sein Verhalten konzentrierten sich auf das Gehirn als eine einsame biologische Maschine, die nach einem alten genetischen Code konstruiert sei. So faszinierend die Ergebnisse auch waren, reichten sie nicht weit in die alltäglichen sozialen und emotionalen Interaktionen, die unser Leben und unsere Kulturen bestimmen. Ab den 1990er-Jahren erweiterten die Forscher ihre Untersuchung der Zusammenhänge zwischen Hirnaktivität und Verhalten um soziale und emotionale Reaktionen und verbanden die Neurowissenschaft mit der Sozialwissenschaft. Sie entdeckten unter anderem, wo im Gehirn der Bereich für das Erkennen von Gesichtern liegt, dass körperliche Schmerzen und der Schmerz der sozialen Ausstoßung dieselben Hirnareale betreffen und, dass das Gefühl von Einsamkeit vererbt werden kann. Sie fanden auch heraus, dass das Soziale das Biologische beeinflusst. Die Erziehung eines Kindes kann sein Nervensystem beeinträchtigen. Umwelt und Bildung

können helfen, Neuronen »umzuschulen« und beschädigte Gehirnareale wiederaufzubauen. Das Gehirn ist formbar und reagiert sowohl auf physische Einwirkungen als auch auf immaterielle Reize.

» Kennen wir uns?

Eine unserer grundlegendsten sozialen Handlungen ist das Erkennen der Gesichter anderer Menschen. Studien an normalen und geschädigten Gehirnen haben gezeigt, dass die Objekterkennung im Allgemeinen eine komplexe, hochgradig aufgegliederte Funktion des Gehirns ist. Wenn Sie sich etwa Ihren Hund ansehen, werden die visuellen Signale Ihres Hundes von Ihren Augen in Ihre Schläfenlappen übertragen, die dann beginnen, das Gesehene zu klassifizieren. Ist es lebendig oder nicht lebendig? Welche Farbe hat es? Groß oder klein, beweglich oder still? Welche Geräusche macht es? Welche

Emotionen sind damit verbunden? Dieses Netz von Assoziationen und Kategorien führt schnell zur Erkenntnis: Das ist mein Hund Charlie. Die Gesichtserkennung fällt dabei in eine ganz eigene Kategorie, getrennt von der Erkennung anderer Körperteile.

Menschen, die auch nach langen Bekanntschaften nur schwer Gesichter erkennen oder sie einfach nicht unterscheiden können, leiden an Prosopagnosie oder Gesichtsblindheit. Die Erkrankung kann bei manchen Menschen genetisch bedingt sein und tritt bei anderen nach Schädigung bestimmter Bereiche der Schläfenlappen auf. Der Neurowissenschaftler Oliver Sacks, der in *Der Mann, der seine Frau mit einem Hut verwechselte* einen berühmten Bericht über Objektblindheit geschrieben hat, leidet

Das ist mein Hund Charlie.

Menschen mit Prosopagnosie können teils nicht einmal die Gesichter derjenigen Menschen identifizieren, die sie lieben.

selbst an Prosopagnosie. In einem Essay erzählte er, wie er seinen langjährigen Therapeuten nicht erkennen konnte. »Ich bin besonders verwirrt, wenn ich Menschen aus dem Zusammenhang gerissen sehe, auch wenn ich sie bereits vor fünf Minuten gesehen habe«, schrieb er. »Dies geschah eines Morgens nach einem Termin bei meinem Psychiater. (Ich hatte ihn schon seit einigen Jahren zweimal wöchentlich gesehen.) Ein paar Minuten nachdem ich sein Büro verlassen hatte, traf ich auf einen nüchtern gekleideten Mann, der mich in der Lobby des Gebäudes begrüßte. Ich war verwirrt, warum dieser Fremde mich zu kennen schien, bis der Portier ihn na-

mentlich begrüßte – es war natürlich mein Analyst.« Sacks hat sogar Schwierigkeiten, sich selbst zu erkennen. »Bei mehreren Gelegenheiten habe ich mich dafür entschuldigt, dass ich fast in einen großen bärtigen Mann gelaufen war, nur, um herauszufinden, dass der große bärtige Mann mein Spiegelbild war.«

Die Prosopagnosie betrifft nur das Erkennen menschlicher Gesichter, nicht das

Der präfrontale Cortex ist der Geschäftsführer des Gehirns.

identifizieren von Tieren. Landwirte, die an Prosopagnosie leiden, haben keinerlei Probleme damit, ihre einzelnen Schafe zu identifizieren. Und typischerweise handelt es sich dabei um eine rein visuelle, aber nicht um eine emotionale Erkennung, auch wenn die Emotionen nicht bewusst registriert werden.

In einer Studie wurden Patienten mit diesem Defizit Bilder von Gesichtern der Familienmitglieder und prominenter Persönlichkeiten gezeigt, die dann bei erneutem Vorführen identifiziert werden sollten. Doch Elektroden, welche die Hautleitfähigkeit messen, zeigten, dass ihr Körper konsequent auf die bekannten Gesichter reagierte. Ein Teil des Gehirns erkannte die Gesichter ohne das Gewahrsein des Verstandes. Wie das Beispiel von Sacks zeigt, können Menschen, die ein gewisses Maß an Gesichtsblindheit haben, der Unhöflichkeit, Schüchternheit oder allgemeiner sozialer Unfähigkeit bezichtigt werden. Wenn Sie feststellen, dass Sie selten ein Gesicht einem Namen zuordnen können oder jemanden, den Sie gerade auf einer Party getroffen haben, nicht wiedererkennen, sind Sie womöglich erleichtert zu erfahren, dass Sie, wie viele Menschen, lediglich an einer leichten prosopagnostischen Fehlfunktion leiden.

Dabei ist emotionales Erkennen genauso wichtig wie

Von Boston bis Peking sind die Gehirne im Wesentlichen gleich.

visuelles. Schäden an den Bereichen des Gehirns, welche die emotionalen Assoziationen liefern, die wir für andere hegen, können sich mit anderen Defiziten kombinieren, um bizarre Verhaltensweisen zu erzeugen. Unter ihnen ist das Capgras-Syndrom, benannt nach dem französischen Psychiater, der es als Erster beschrieb. Patienten, die an dieser Erkrankung leiden, sind davon überzeugt, dass

Menschen, die ihnen nahestehen, in Wirklichkeit Schwindler sind. Sie erkennen ihre Gesichter, sind sich aber sicher, dass sie nur geschickt getarnte Doppelgänger sind, und kein vernünftiges Argument kann sie vom Gegenteil überzeugen. Das Syndrom tritt unter anderem bei Schizophrenen und Alzheimer-Patienten auf. Es hat in manchen Fällen sogar zu Gewalt geführt, wie im Falle eines Mannes, der seinen eigenen Vater tötete, in der Überzeugung, dass der ältere Mann entführt und durch einen Roboter ersetzt worden war.

Der gegenteilige Effekt ist beim Fregoli-Syndrom zu beobachten. Menschen mit dieser Erkrankung, hervorgerufen durch eine Schädigung

der rechten Gehirnhälfte, haben ein überaktives Erkennungsvermögen. Sie sind überzeugt davon, dass Fremde in Wirklichkeit vertraute Personen sind, getarnt durch eine Verkleidung. Das Syndrom ist oft mit dem paranoiden Glauben verbunden, dass diese vertrauten Menschen dem Patienten folgen, ihn ausspionieren und immer wieder ihre Verkleidung wechseln. (Das Syndrom verdankt seinen Namen dem Verwandlungskünstler Leopoldo Fregoli, der für seine Fähigkeit bekannt war, auf der Bühne im Nu sein Auftreten zu verändern). Das Erkennen von Gesichtern, das Verknüpfen von Emotionen mit dieser Erkennung und das Urteilen über die Emotionen und die Persönlichkeit der anderen Person bilden eine grundlegende Ebene der sozialen Interaktion.

Die Informationsverarbeitung, die in diesen Momenten im Gehirn stattfindet, ist ein wichtiger Forschungsbereich der kognitiven Psychologie. Sozialpsychologen untersuchen die Vorurteile, Standpunkte und kulturellen Kontexte, die solche Interaktionen beeinflussen. In beiden Bereichen wenden sich die Forscher zunehmend der Hirnbildgebung zu, um die neuronalen Bahnen aufzuspüren, die aktiv werden, wenn eine Person mit einer anderen zu tun hat.

FOKUS

WANDELNDE TOTE?

So verstörend es auch ist, Menschen, die einem nahestehen, nicht zu erkennen, so zerstörerisch ist es auch, sich selbst nicht zu erkennen. In einem seltenen Gegenstück zum Capgras- und Fregoli-Syndrom glauben Menschen mit dem Cotard-Syndrom, dass sie oder Teile ihres Körpers tot seien. Cotard-Patienten vernachlässigen oft das Essen oder Waschen; sie verlangen teils sogar, begraben oder auf den Friedhof gebracht zu werden. Eine 2008 beschriebene Patientin, »Frau L.«, wurde in ein Krankenhaus eingeliefert, »sich beklagend, dass sie tot sei, nach verrottendem Fleisch rieche und in ein Leichenschauhaus gebracht werden wolle, damit sie mit den Toten zusammen sein könne«.

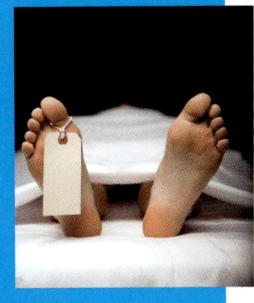

Die Erkrankung ist mit einer Vielzahl anderer Erkrankungen verbunden, die von bipolaren Störungen und Schizophrenie bis hin zu psychotischen Depressionen reichen. Sie kann auch nach einer Hirnverletzung auftreten, wie im Falle eines schottischen Mannes, der nach einem Motorradunfall überzeugt war, dass er im Krankenhaus an Blutvergiftung gestorben sei und vom Geist seiner Mutter durch die Hölle begleitet wurde. (Die Mutter hatte den Mann tatsächlich nach Südafrika gebracht.)

Die Fälle sind so selten und mit so vielen psychischen Störungen verbunden, dass die Forscher keine einzelne Quelle dieser Wahnvorstellung finden konnten. Scans von Patienten deuten jedoch darauf hin, dass zumindest einige von ihnen an einer beeinträchtigten Funktionsweise der neuronalen Schaltkreise litten, welche die visuelle und emotionale Erkennung von Gesichtern steuern. Im Falle des Cotard-Syndroms scheint sich der Verlust der Wiedererkennung auch mit schlimmen Folgen auf das Selbst auszuweiten.

» Das Gehirn in Aktion

Um die Gehirnaktivität zu überwachen, kann weiterhin der Elektroenzephalograf eingesetzt werden. Das Gehirn ist ein elektrochemisches Organ, über das in jedem Moment Wellen der elektrischen Kommunikation fließen. Mit der Hilfe von Elektroden, die an der Kopfhaut angebracht werden, können Ärzte Veränderungen in normalen Wellenmustern lokalisieren und diese sogar auf kleine Bereiche des Gehirns zurückverfolgen. Das Elektroenzephalogramm (EEG), das diese Gehirnwellen zeigt, erzeugt kein wirkliches Bild des Gehirns. Computertomografien (CT), MRTs und PET-Scans leisten dies jedoch, und PET- sowie funktionelle MRT-Bilder können sogar die mentale Aktivität

Je mehr Elektroden, desto vollständiger das Bild aus dem Inneren des Gehirns.

»Handeln Sie, wie Sie sich fühlen wollen,
und Sie werden sich so fühlen, wie Sie handeln.«

GRETCHEN RUBIN, AUTORIN

nachvollziehen. PET-Scans verfolgen den Verbrauch von radioaktiver Glukose im Gehirn, die den zu scannenden Patienten injiziert wurde. (Die radioaktive Dosis ist niedrig und harmlos.) Aktivere Teile des Gehirns absorbieren mehr Glukose, sodass die Maschine den Aktivitätsverlauf fast zeitnahe verfolgt und daher aktivere oder weniger aktive Regionen abbilden kann.

Funktionelle MRTs (fMRIs) liefern noch detailliertere Bilder des Gehirnstoffwechsels als PET-Scans. MRT steht für Magnetresonanzbildgebung, eine Technik, welche die von Gehirnzellen in einem Magnetfeld freigesetzten Signale registriert. Funktionelle MRTs können Regionen mit größerem Blutfluss und somit größerer Aktivität identifizieren und diese Bereiche auf etwa einen Millimeter eingrenzen. Die Forschung mit fMRIs hat Bereiche des Gehirns identifiziert, die mit sehr spezifischen Funktionen verbunden sind, wie die oben erwähnte Gesichtserkennung oder die mentale Zuordnung, die die Patientin aus Kapitel 1 trotz ihres vegetativen Zustandes gezeigt hatte.

Diese Scans untersuchen den Blutfluss statt der eigentlichen Neuron-zu-Neuron-Kommunikation. Dennoch haben sie wichtige neue Studienfelder erschlossen, die Gedanken, Emotionen und Verhaltensweisen mit dem Gehirn in Verbindung bringen können.

» Sich selbst erkennen

Mit diesen Neuroimaging-Geräten haben Wissenschaftler ein Licht darauf geworfen, was im Gehirn passiert, wenn wir über uns selbst nachdenken und uns durch das soziale Umfeld bewegen. Das Erkennen von Gesichtern und Emotionen ist grundlegend für unser Gefühl unserem sozialen

Umfeld gegenüber und dafür, wie wir mit anderen umgehen. Dies betrifft auch die Vorstellung von unserem einzigartigen Selbst – von unseren Stärken und Schwächen, unserer Selbstbeherrschung oder deren Fehlen oder unserem Zugehörigkeitsempfinden zu einer bestimmten Gruppe.

Untersuchen wir etwas so Grundlegendes wie die Selbstwahrnehmung einmal genauer. Wie sehen wir uns im Verhältnis zu anderen? Untersuchungen zeigen, dass die meisten von uns sich ziemlich positiv einschätzen. Auf die Frage, wie genau positive und negative Persönlichkeitsadjektive das Selbst beschreiben, beurteilen normale Probanden positive Eigenschaften als überwältigend charakteristischer für sich selbst, verglichen mit den negativen Attributen. Beim Lake-Wobegon-Syndrom (der Name bezieht sich auf eine fiktionale utopische Stadt, in der alle Frauen stark, alle Männer gut aussehend und alle Kinder überdurchschnittlich begabt sind) bewerten sich die Betroffenen immer höher als ihre Altersgenossen. Zudem glauben die Menschen

PERSÖNLICHE STÄRKEN

Vielleicht haben Sie es nicht laut ausgesprochen, aber Sie haben wahrscheinlich eine ziemlich gute Vorstellung davon, wie Ihre Persönlichkeit und Stärken im Vergleich zu denen anderer Menschen sind. Versuchen Sie eine einfache Übung. Bewerten Sie sich nach jeder der folgenden Eigenschaften. In welchen Prozentsatz fallen Sie im Vergleich zur Gesamtbevölkerung? Mit anderen Worten: Würden Sie sich mit 50 Prozent bewerten, wenn Sie glauben, dass Sie ungefähr so freundlich sind wie der Durchschnittsmensch?

- Humor
- Emotionale Intelligenz
- Emotionale Stabilität
- Fahrkönnen
- Freundlichkeit
- Ehrlichkeit
- Vertrauenswürdigkeit
- Empathie
- Logisches Denken
- Erkennen von Lügen

Wie oft schätzen Sie sich selbst über 50 Prozent ein? Wenn Sie es häufiger getan haben, machen Sie sich keine Sorgen: Auf diese Weise, wenn nicht anders, sind Sie genau wie alle anderen.

typischerweise, dass sie für ihre eigenen positiven Eigenschaften verantwortlich seien, jedoch äußere Kräfte hinter ihren negativen stehen würden. Wie der Forscher Mark Alicke es auf den Punkt brachte: »Ich mache es gut, das Schicksal macht mich schlecht.«

Obgleich eine genaue Selbsteinschätzung nützlich sein kann, wenn man sich seinen Weg durch das Leben bahnt, scheinen die Beibehaltung eines guten Selbstwertgefühls und einer positiven Sichtweise den meisten Menschen wichtiger zu sein als Genauigkeit. Neuroimaging-Studien waren in der Lage, die Selbstbewertung mit bestimmten Bereichen des Gehirns zu verknüpfen, nämlich dem sogenannten präfrontalen Cortex (PFC). Im Frontallappen des Gehirns, direkt hinter der Stirn, ist diese Region für viele der Prozesse verantwortlich, die wir mit unserem am weitesten entwickelten Selbst verbinden – unser Urteilsvermögen, unsere Entscheidungsfindung, unsere komplexen Gedanken, unsere Problemlösung, unser Gewissen und unser Einfühlungsvermögen. Der präfrontale Cortex ist der »Geschäftsführer des Gehirns«, der Informationen aus allen Sinnen und auch aus internen Quellen, einschließlich Gedächtnis und emotionaler Bindung, einholt. Er reguliert das Verhalten und kann bei Beschädigung zu einer beunruhigenden Verschlechterung der Selbstbeherrschung und der Sozialkompetenz führen. Wenn Menschen sich selbst betrachten, wird der präfrontale Cortex aktiv. Tatsächlich aktiviert die Selbstreflexion zwei spezifische Bereiche, einen innerhalb und einen außerhalb des PFC. Der mediale präfrontale Cortex (MPC) verarbeitet das eigentliche selbstreflektierende Material, die Gedanken über das Selbst. Der anteriore cinguläre Cortex (ACC), der direkt hinter dem PFC liegt und mit ihm verbunden ist, steuert den emotionalen Inhalt der Reflexion. So wird der Gedanke »Ich bin eine starke Person« vom MPC verstanden, während die entsprechende Emotion, vielleicht Stolz, vom ACC geliefert wird. Einige Studien konnten einen Zusammenhang zwischen dieser emotionalen Selbsterkenntnis und Depressionen feststellen. Menschen mit Depressionen haben womöglich eine reduzierte Aktivität im ACC, was darauf hindeutet, dass sie zwar den Inhalt ihres selbstreflexiven Denkens verstehen (»Ich bin eine starke Person«), jedoch nicht seine emotionale Bedeutung empfinden.

Wenn elektrische Impulse über die Tiefenhirnstimulation

Wir wollen glauben, dass andere immer das Beste in uns sehen.

in den ACC gesendet werden, scheinen die Impulse die Symptome einer Depression bei Patienten zu vermindern, die nicht auf eine psychologische Standardtherapie ansprechen.

» Selbstregulierung

Stellen Sie sich vor, Sie sind auf Diät und es ist spät in der Nacht. Sie öffnen den Kühlschrank und sehen ein Stück Apfelkuchen. Sofort wollen Sie es herausnehmen und aufessen. Der Hunger treibt

Sie an und Sie können die köstliche Süße des Desserts mental bereits auf der Zunge schmecken – aber Sie schließen die Kühlschranktür und gehen zurück ins Bett. Wie konnten Sie einem so starken, fast urtümlichen Drang widerstehen? Sie besitzen Selbstregulierung, eine Fähigkeit, die es Ihnen erlaubt, Befriedigung hinauszuzögern, Appetit und Impulse zu kontrollieren und Ziele zu erreichen (siehe Kapitel 6). Es ist eine schwierige

Wir wissen, welcher Teil des Gehirns Selbstkontrolle ausübt – doch sie wird nicht immer aktiviert.

und wichtige persönliche Eigenschaft, die es Ihnen ermöglicht, im Leben erfolgreich zu sein. Ihr Versagen ist ebenso kritisch. Häusliche Gewalt, Drogenmissbrauch, Fresssucht und andere Störungen sind hartnäckige gesellschaftliche Probleme, die auf mangelnde Selbstkontrolle zurückzuführen sind.

Neuroimaging-Studien verbinden die Aktivität im präfrontalen Kortex, insbesondere im vorderen cingulären Kortex, mit den vielfältigen mentalen Prozessen, die zusammenwirken, um uns Selbstkontrolle zu verleihen. Zu diesen mentalen Aktivitäten gehören die Entscheidungsfindung, die

Auswahl geeigneter Verhaltensreaktionen unter vielen Alternativen, die Überwachung der Leistungsfähigkeit, die Verarbeitung von Konflikten, das Erkennen von Fehlern, die Beurteilung von Belohnung und Strafe, die Wahrnehmung von sozialem Schmerz und vieles mehr. Dysfunktion im ACC ist mit vielen psychischen Störungen verbunden. Dazu gehören Zwangsstörungen (im Englischen »obsessive-compulsive disorder, OCD), Autismus, Schizophrenie und das Tourette-Syndrom, ein Zustand, bei dem Menschen nicht in der Lage

sind, ihre Ticks, Laut- oder Wortäußerungen, zu kontrollieren. Selbstbeherrschung gilt nicht nur dem Verhalten, sondern auch den Gedanken. Einer der schmerzhaftesten Aspekte der Zwangsstörung ist zum Beispiel die Unfähigkeit, die eigenen Gedanken zu kontrollieren. Posttraumatische

Belastungsstörung, Aufmerksamkeitsdefizit/Hyperaktivitätsstörung (ADHS) und Depression sind ebenfalls durch unerwünschte, aufdringliche Gedanken gekennzeichnet, mit denen schwer umzugehen ist. Beim Unterdrücken der Verhaltensweisen werden die gleichen Bereiche des Gehirns aktiviert, wie wenn wir Gedanken unterdrücken. Eine Studie an Studenten verlangte zum Beispiel, dass sie einen bestimmten Gedanken auswählten, der für sie bedeutsam war (wie »ein Anruf der weit entfernten Geliebten«), und dann entweder diesen Gedanken unterdrückten, den Geist von allen Gedanken befreiten, oder den Geist frei wandern ließen. Der ACC leuchtet in den fMRI-Scans auf, wenn die Studenten versuchten, eine einzelne Idee zu unterdrücken. Verstreute Regionen des Gehirns einschließlich dem ACC, wurden aktiv, als sie versuchten, ihren Geist vollständig zu reinigen. Dies legt nahe, dass die emotionale Kontrolle ebenfalls im präfrontalen Cortex liegen könnte.

Wenn wir an unsere eigenen emotionalen Zustände oder die anderer denken, wenn wir uns traurige Filme oder erschreckende Fotos ansehen, sind ACC und verwandte Bereiche genauso wie die Amygdala involviert, die Emotionen wie Angst

verarbeitet. Forscher fanden heraus, dass Menschen diese emotionalen Reaktionen bewusst verändern können, indem sie sie neu bewerten. Zeigte man einer Person zum Beispiel ein erschreckendes Foto, konnte sie nach einer ersten schockierten Reaktion das Bild überdenken und sich bewusst von den Emotionen distanzieren. Dabei wird das ACC-Kontrollzentrum aktiver und die Amygdala deaktiviert, was die Angst entschärft. Die Unfähigkeit, Emotionen zu

regulieren, ist Teil vieler Störungen, darunter Depressionen und Angstzustände sowie aggressives, gewalttätiges Verhalten. Ärzte hoffen, dass Hirnstudien und Techniken wie die Aufarbeitung zu besseren Therapien für diese ernsten Probleme führen werden.

Die ziemlich erstaunliche Tatsache, dass wir unsere Gehirnchemie verändern können, indem wir einfach darüber nachdenken, hat große Auswirkungen auf die Psychologie im Allgemeinen.

Je mehr ich versuche zu vergessen, desto stärker erinnere ich mich.

»Ich singe nicht, weil ich glücklich bin, ich bin glücklich, weil ich singe.«

WILLIAM JAMES, PSYCHOLOGE

» In-Groups & Out-Groups

Wie wir gesehen haben, ist die Anerkennung durch andere Menschen in unseren Gehirnen verwurzelt. Besonders in der frühen Menschheitsgeschichte war die Fähigkeit, Freund und Feind, Nachbarn und Fremde zu unterscheiden, eine über-lebenswichtige Fähigkeit. Das Gehirn widmet dem Verständ-nis der Beziehung anderer zum Selbst erhebliche Ressourcen. Wer sind diese Leute um mich herum? Stehen sie zu mir in einer Beziehung, und wenn ja, in welcher? Sollte ich mir Sor-gen um ihre Anwesenheit in meinem Leben machen? Sollte ich froh sein, dass sie hier sind?

Wenn wir eine andere Person treffen, sind wir bestrebt, zwei Fragen in kürzester Zeit zu beantworten. Die Erste ist: »Freund oder Feind«? Die zweite: »Sind die Ziele der Person ähnlich oder ungleich wie meine? Will die Person das Gleiche wie ich?«

Ob es Ihnen gefällt oder nicht, diese Art der Verarbei-tung führt zu einer schnellen und klaren mentalen Unter-scheidung zwischen »uns« und »denen«. Schnelle Urteile über

In-Groups und Out-Groups und die irrationalen Vorurteile, die sie begleiten, können ein unvermeidlicher Teil der menschlichen Natur sein. Die Kategorisierung von Menschen in soziale Gruppen ermög-licht es uns, die soziale Welt zu vereinfachen und unser vorhandenes Wissen über bestimmte Gruppen und neue Individuen zu verallgemeinern. Wir identifizieren instinktiv die Gruppe, zu der wir gehören (also »wir«), und diejenigen, zu denen wir nicht gehören (also »die«).

Die Forschung hat heraus-gefunden, dass diese Grup-penzugehörigkeit tatsächlich

Freund?

oder Feind?

Der menschliche Verstand kategorisiert die soziale Welt oft in »wir« und »die«.

die Art und Weise verändert, in der das Gehirn vernetzt ist. So neigt das Gehirn dazu, Informationen in einer Weise zu verarbeiten, welche die Mitglieder unserer In-Group (also »wir«) begünstigt und die Mitglieder unserer Out-Group (will meinen, »die«) benachteiligt. Wenn Sie feststellen, dass Sie auf der Grundlage von raschen Eindrücken schnelle Urteile über Menschen fällen, denken Sie daran, dass dieses Verhalten uralte Wurzeln hat – aber Sie können es auch bewusst wahrnehmen und somit überwinden.

Wenn wir über Vorurteile und Diskriminierung nachdenken, sind die Beispiele, die uns in den Sinn kommen offensichtlicher und visueller Natur: rassistische Vorurteile aufgrund der Hautfarbe oder religiöse Diskriminierung in Verbindung mit spezieller Kleidung. Aber die Vorliebe für die In-Group gegenüber der Out-Group reicht viel tiefer. Darüber hinaus kann sie fast augenblicklich entstehen.

Bereits die simple Tatsache, in Gruppen aufgeteilt zu werden, kann die Reaktion auslösen. Forscher testeten dies in einem Experiment mit Schülern. Die Schüler wurden zusammengebracht und erhielten die bedeutungslose Aufgabe, Punkte auf einem Bildschirm zu schätzen. Dann wurden sie willkürlich in Gruppen eingeteilt. Die Jungs in jeder Gruppe wurden gebeten, Punkte im Wert eines kleinen Geldbetrages an andere zu vergeben, die entweder in ihrer eigenen Gruppe oder in der anderen Gruppe waren. Überwältigenderweise bevorzugten die Jungs die Mitglieder ihrer eigenen Gruppe, so zufällig diese auch waren, und vergaben dort viel mehr Geld.

Ist diese Tendenz fest in unseren Gehirnen verankert? Einige Studien deuten darauf hin. Die grundlegende In-Group/Out-Group-Unterscheidung kann je nach sozialem Umfeld auf fast jede Gruppe von Menschen angewendet werden. Sie ist nicht grundsätzlich mit Rasse oder Aussehen verbunden. In einer Studie wurden etwa zufällig hellhäutige Teilnehmer einer gemischtethnischen In-Group zugeordnet, welche die Mitglieder ihrer neuen In-Group kurz kennengelernt und dann während eines fMRI-Scans mit Gesichtern aus der In- und Out-Group konfrontiert wurden. Die Teilnehmer reagierten mit einer größeren Amygdala-Aktivität auf die Mitglieder ihrer neuen, gemischtrassigen In-Group als auf die Gesichter der Out-Group – sie zeigten stärkere emotionale Reaktionen auf ihre In-Group als auf die andere Gruppe. Dieses In-Group-Vorurteil bei der neuronalen Verarbeitung trat bereits Minuten nach der Gruppenzuweisung auf.

Die Erfahrung Jugendlicher in In-Groups und als Außenseiter zeigt sich tatsächlich in der neuronalen Aktivität ihres Gehirns.

LIEBE UND ANDERE EMOTIONEN

Sofortige Antipathie ist eine Sache, aber es gibt bemerkenswert wenig Konsens unter den Psychologen darüber, was die Natur und den Verlauf der langfristigen romantischen Liebe angeht. Viele glauben, dass die Liebe mit der Zeit nachlässt. Andere denken, dass sie sich von einer leidenschaftlichen Anziehungskraft hin zu einer Freundschaft oder Kameradschaft entwickelt. Freud war überzeugt davon, dass jede lang anhaltende Leidenschaft pathologisch ist, doch die Befürworter der ewigen Romantik haben in neurologischen Studien Unterstützung gefunden. In einer zeigte man Frauen, die noch immer in ihre langjährigen Ehemänner verliebt waren, Fotos ihrer Ehepartner und von drei weiteren Bekannten unterschiedlicher Vertrautheitsgrade. Erst beim Betrachten ihres Mannes aktivierten sich verschiedene Hirnregionen, darunter dopaminreiche Belohnungsbereiche, die mit Vergnügen, »Sympathie« und frühromantischer Liebe verbunden sind (unser alter Freund, der ACC), sowie Regionen, die mit mütterlicher Paarbindung in Verbindung gebracht werden. Verglichen

FOKUS

DER WÜTENDE FREMDE

Diverse Studien haben gezeigt, dass wir Angehörige unserer eigenen ethnischen Gruppen leichter erkennen als anderer Ethnien, wobei es sich um das bedauerliche »die-sehen-für-mich-alle-gleich-aus«-Syndrom handelt. Die Psychologen Joshua Ackerman und Kollegen haben diesen Satz im Titel ihres Artikels »They All Look the Same to Me (Unless They're Angry)« verwendet. In ihrer Studie präsentierten sie weißen Schülern sowohl weiße als auch afro-amerikanische Gesichter. Dann baten sie sie, zuvor gesehene Gesichter zu identifizieren. Wenn die Gesichter einen neutralen Ausdruck hatten, waren die Ergebnisse vorhersehbar: Die Schüler erkannten weiße Gesichter genauer als afro-amerikanische. Aber als die Gesichter wütend waren, erkannten die weißen Studenten afro-amerikanische Gesichter in der gleichen Geschwindigkeit wie weiße.

Aus evolutionärer Sicht ist das sinnvoll. Frühe Menschen profitierten davon, ihre eigene Gruppe von anderen zu unterscheiden und soziale sowie Statushinweise in den Gesichtsausdrücken ihrer eigenen Gruppenmitglieder zu lesen. Aber unterschiedliche Motivationen kommen ins Spiel, wenn diese Ausdrücke wütend sind. Die Bedrohung durch wütende Fremde ist beträchtlich, was bedeutet, dass unser Überleben durch das Erinnerungsvermögen an ein wütendes und unbekanntes Gesicht gestärkt wird.

BUUU!

Nur wenige Bereiche liefern offensichtlichere und enthusiastischere Beispiele für Aggressionen innerhalb und außerhalb der Gruppe als der Mannschaftssport. Sportfans verhöhnen aktiv die gegnerische Mannschaft und deren Fans und jubeln, wenn ihnen Unglück widerfährt. Dieser Mangel an Einfühlungsvermögen – sogar direkte Aggression – zeigt sich im Gehirn. An fMRI-Maschinen angeschlossen, wurden begeisterte Boston Red Sox- und New York Yankees-Fans untersucht, als sie ihre Rivalen gewinnen oder verlieren sahen. Bereiche des Gehirns, die mit Vergnügen verbunden sind, leuchteten auf, wenn die Rivalen verloren. Auch die sportliche Schadenfreude blieb nicht auf das Team selbst beschränkt. Fußballfans zeigten erhöhte Aktivität im Belohnungszentrum des Gehirns, wenn sie sahen, wie der Fan eines gegnerischen Teams einen Stromschlag erhielt. Je größer die Aktivität in diesen Vergnügungszentren, desto wahrscheinlicher war es, dass der Fan den Wunsch äußerte, die Fans der anderen Teams zu verletzen, und desto weniger bereit war er, den Schmerz des anderen Fans zu lindern, indem er selbst etwas davon auf sich nahm.

mit denen, die frisch verliebt waren, hatten die Gehirne der langjährigen Partnerinnen eine viel größere Bandbreite an Reaktionen auf den geliebten Menschen. Andere Untersuchungen deuten darauf hin, dass die Anwesenheit eines geliebten Menschen nicht nur angenehm, sondern auch beruhigend ist, da die betroffenen Gehirnregionen helfen, Angst und Schmerz zu mindern. Viele Menschen haben die unangenehme Erfahrung gemacht, einen geliebten Menschen leiden zu sehen. Neuronale Studien zeigen, dass das Gefühl, den Schmerz der anderen Person tatsächlich zu erleben, echt ist. In einer Studie brachten Forscher Elektroden am Fußgelenk der Teilnehmer an und zeigten ihm oder ihr eine Reihe von Bildern, während das Subjekt entweder die Hand eines völlig Fremden oder eines engen Freunds

hielt, wobei die andere Person ebenfalls Elektroden am Fußgelenk hatte. Bestimmte Bilder kündigten an, dass der Teilnehmer einen leichten Stromschlag bekommen könnte, während andere darauf hinwiesen, dass die andere Person (Freund oder Fremder) den Stromschlag abbekommen könnte. Mit der Hilfe der funktionellen Magnetresonanztomographie (fMRI) verglichen die Forscher die Hirnrealsaktivierung bei Gefahren, die den eigenen Körper bedrohen (wie etwa »Ich werde nun einen Stromschlag erleiden«), mit den Reaktionen auf die Situation, wenn die vertraute Person oder der unbekannte Fremde Gefahr lief, einen Stromschlag zu erleiden. Das Ergebnis war, dass Bereiche des Gehirns, die Bedrohungen für das Selbst registrieren, auch reagierten, wenn ein Freund in Gefahr war, jedoch nicht, wenn es einen Fremden betraf.

Eines der bestimmenden Merkmale menschlicher sozialer Bindungen könnte die

Neurowissenschaftler sind sich immer noch nicht einig darüber, was Liebe ist.

zunehmende Überschneidung von neuronalen Selbst- und Fremdrepräsentationen sein. Auf den Punkt gebracht könnte man sagen, dass das Gehirn umso mehr so auf eine Bedrohung anderer so reagiert, als wäre man selbst in Gefahr, je näher man der Person steht.

» Emotionen auf der linken und rechten Seite

Unsere Emotionen spielen eine zentrale Rolle dabei, wie wir auf die soziale Welt reagieren, aber was Emotionen sind und wo sie beginnen, wird seit Langem diskutiert. William James, einer der Begründer der modernen Psychologie, glaubte, dass Emotionen ihren

Ursprung im Körper haben und zum Gehirn reisen. »Es tut uns leid, weil wir weinen«, schrieb er, »wir sind wütend, weil wir zuschlagen, ängstlich, weil wir zittern.« Andere waren jedoch nicht dieser Meinung.

Der Physiologe Walter Bradford Cannon, der in den 1920er-Jahren wirkte, hielt James' Theorie die Rolle des Gehirns betreffend für zu ablehnend. Seiner Ansicht nach reagieren Gehirn und Körper gleichzeitig auf einen Reiz. Der wütende Hund bellt uns an, und das Signal wandert sowohl zum sympathischen Nervensystem, das die Frequenz unseren Herzschlags erhöht, als auch zur Hirnrinde, wo die

Bedrohung registriert wird und wir uns der Angst bewusst werden.

In den 1960er-Jahren war die Kognitionswissenschaft angetreten, um die Informationsverarbeitung im Gehirn zu studieren. Wissenschaftler schlugen die »Zwei-Faktoren-Theorie« das Feld der Emotionen betreffend vor. Der Theorie zufolge reagiert unser Körper, wenn wir dem wütenden Hund begegnen, und unser Gehirn interpretiert diese körperliche Reaktion und erkennt, dass sie Angst signalisiert. Erst dann registrieren wir bewusst das Gefühl der Angst.

Moderne Forscher, bewaffnet mit Gehirn-Scanning-Technologie, versuchen, dieses

Gehirn oder Körper? Das Studium des Verstandes stellt oft eine »Huhn-oder-Ei«-Situation dar.

Dilemma von »Huhn oder Ei« (beziehungsweise Hund oder Gehirn) zu lösen, indem sie genau beobachten, was sich im Gehirn abspielt, wenn es Emotionen durchlebt. Die bisherigen Erkenntnisse scheinen sowohl die »Körper zuerst«-Theorie von James als auch die »Zwei-Faktoren-Theorie« zu unterstützen. Menschen, die schnellen, unterschwelligen Bildern ausgesetzt sind, reagieren emotional auf diese Bilder, ohne sich ihres Inhalts bewusst zu sein – Körper zuerst. Menschen, die jedoch körperlich durch eine Injektion von Epinephrin aufgewühlt wurden, denen jedoch gesagt worden war, dass das Medikament ihre Emotionen

aufwühlen würde, fühlten sich viel weniger emotional als diejenigen, denen man die Wirkung des Medikaments nicht mitgeteilt hatte. Ihr Gehirn hat die medikamentenbasierte Erregung als unwichtig interpretiert und ihre Emotionen hatten sich entsprechend angepasst. Es scheint, dass einige Empfindungen direkt vom Ohr oder Auge auf den Thalamus und die Amygdala übertragen werden, was zu einer sofortigen emotionalen Reaktion führen kann. Jedoch sendet die Amygdala typischerweise ihre Antwort an den präfrontalen Cortex (PFC), unsere Leitzentrale, die Situationen beurteilt und Emotionen reguliert. Verschiedene Teile des PFC

sind mit verschiedenen Arten von Emotionen verbunden, mit einer deutlichen Trennung von linker und rechter Hirnhälfte.

In Experimenten der 1960er-Jahre injizierten Forscher Amytal, ein Barbiturat, in eine der inneren Halsschlagadern eines Probanden, wodurch die Aktivität einer Gehirnhälfte vorübergehend unterdrückt wurde. Als die linke Hemisphäre unterdrückt wurde und nur die rechte aktiv war, fühlte sich der Proband deprimiert. Als die rechte Hemisphäre unterdrückt wurde und nur die linke aktiv war, fühlte er sich euphorisch. Der Links-Rechts-Unterschied wurde auch von anderen Studien gestützt. Menschen mit Schäden am linken präfrontalen Cortex tendieren zu Depressionen. In Scans neigen Menschen, die mehr Aktivität auf der linken Seite des PFC aufweisen, wahrscheinlicher zu Freude, Neugierde und Hoffnung.

Diejenigen mit größerer Aktivität auf der rechten Seite neigen eher dazu, Angstzustände und Stimmungsschwankungen zu erleben. Die linke Seite reagiert stark auf Vergnügen. Schon im Alter von zwei Tagen zeigen Kleinkinder mehr Aktivität im linken PFC, wenn ihnen ein wenig Zucker auf die Zunge gegeben wird. Die gleichen Bereiche leuchten bei Erwachsenen

»Ich mache es gut, das Schicksal macht mich schlecht.«

MARK ALICKE, WISSENSCHAFTLER

auf, wenn sie üppige Desserts sehen. Emotionen kommen im Gesicht und im Verhalten zum Ausdruck, und der menschliche Verstand ist diesen Indikatoren gegenüber sehr empfänglich. Insbesondere der Gesichtsausdruck ist ein universeller Kommunikator, der in jeder Kultur die gleichen Emotionen vermittelt.

In einer Studie zeigten die Forscher Menschen aus verschiedenen Kulturen, darunter auch Menschen aus Neuguinea, Fotografien von Gesichtern. In dieser Kultur, wie in allen anderen, erkannten die Menschen eine Reihe von sechs Emotionen – Freude, Trauer, Wut, Angst, Ekel und Überraschung. Später kamen Verachtung, Verlegenheit und Scham hinzu. Unsere Ausdrücke sind spontan, können aber durch soziale Situationen verändert werden. Eine Studie von olympischen Judo-Athleten verglich ihre spontanen Gesichtsausdrücke am Ende eines Kampfes mit jenen auf dem Siegertreppchen. Kurz nach dem Wettkampf hatten 13 von 14

Goldmedaillengewinnern ein sogenanntes »Duchenne-Lächeln« – also ein echtes Lächeln (benannt nach dem Arzt Guillaume Duchenne), das die Mundwinkel hochzieht und die Wangen hebt. Keiner der Zweitplatzierten lächelte, doch einige trugen Trauer oder gar Verachtung in den Gesichtern. Auf dem Podium hatten die Goldmedaillengewinner ein echtes Lächeln, während die

Silbermedaillengewinner ein paar echte, einige gezwungene Lächeln aufsetzten und vereinzelt eine Mischung aus Lächeln und Traurigkeit zeigten.

Die Bronzemedaillengewinner hingegen schienen mit ihrem echten Lächeln viel glücklicher zu sein als die Silbermedaillengewinner. Die Leute sind offenbar glücklicher, wenn sie wissen, dass sie es gerade noch so auf das Siegertreppchen geschafft haben, als wenn sie denken, dass ihnen gerade die Chance auf die Goldmedaille durch die Lappen gegangen ist. Emotionen verursachen nicht nur Gesichtsausdrücke, sondern Gesichtsausdrücke auch Emotionen. William James' Behauptung stützend, dass »es uns leidtut, weil wir weinen«, konnten Forscher nachweisen, dass Menschen, die mit ihren Gesichtern Emotionen vortäuschten – die Brauen in einem Stirnrunzeln zusammengezogen oder Münder in ein breites Lächeln zwangen –, diese Emotionen bis zu einem gewissen Grad tatsächlich erfuhren. Einfach einen Stift mit den Zähnen zu halten, um den Mund in die Form eines Lächelns zu strecken, lässt Cartoons bereits lustiger wirken. Das Zusammenziehen der Augenbrauen lässt traurige Filmszenen noch trauriger erscheinen. Der Effekt ist zurückhaltend und überdeckt keine anderen Emotionsquellen, doch er zeigt das komplexe Rückkopplungssystem, welches Körper und Verstand miteinander verbindet.

DEN VERSTAND FORMEN

Von Boston bis Peking sind unsere Gehirne im Wesentlichen gleich aufgebaut, mit den gleichen Regionen, die sich der Sprache, dem Gedächtnis, der Bewegung, dem Sehen und einer Reihe anderer Funktionen widmen. Früher dachte man, dass nur wenig die prädestinierte Ausbreitung der Milliarden von Neuronen im Gehirn beeinflussen könnte. Darüber hinaus wurde auch eine Schädigung des Gehirns als irreversibel angesehen. Im Gegensatz zu anderen Zellen wachsen geschädigte Nervenzellen meist nicht nach. Doch heute ist bekannt, dass das Gehirn formbarer und elastischer ist, als man sich dies vorstellte. Es kann nicht nur auf körperliche Schäden reagieren und sich teilweise regenerieren, sondern auch schlicht durch Erfahrungen und Absichten geformt werden. Und was das Gehirn formt, formt auch den Verstand. In vielen Fällen kann das Gehirn Schäden in einem Bereich durch neues Lernen in einem anderen Bereich kompensieren. Opfer von Schlaganfällen gewinnen oft einige verlorene Fähigkeiten zurück, da andere Bereiche des Gehirns die Arbeit für beeinträchtigte Areale übernehmen. Bei blinden Menschen wird die Kontrolle der Finger in den visuellen Bereich des Gehirns ausgelagert, wenn sie das Lesen von Brailleschrift erlernen. Diese Art von Plastizität zeigt sich besonders im sich entwickelnden Gehirn eines Kindes. Menschen, die sich einer Hemisphärektomie (Entfernung einer Gehirnhälfte) unterziehen, um Krampfanfälle zu behandeln, werden viele ihrer Fähigkeiten und Persönlichkeitsmerkmale beibehalten

Manchmal sagt ein Gesicht mehr als tausend Worte.

oder wiedererlangen, da die verbleibende Hemisphäre Aufgaben übernimmt. Im Jahr 2014 berichteten chinesische Ärzte über den bemerkenswerten Fall einer 24-jährigen Frau, die sich im Krankenhaus über Gleichgewichtsprobleme beschwerte. Kein Wunder, denn Scans ergaben, dass die Frau ohne Kleinhirn geboren worden war – der wichtigen, neuronendichten Region des Gehirns, welche die Bewegung koordiniert. Sie berichtete, dass sie erst im Alter von sieben Jahren das Laufen gelernt und bis zum Alter von etwa sechs Jahren Sprachprobleme hatte (bei der Sprache spielt auch das Kleinhirn eine Rolle). Es hatte knapp acht Jahre gedauert, bis ihr Gehirn die komplexen Funktionen des Kleinhirns irgendwie übernommen hatte, sodass die Frau ein normales Leben führen, heiraten und Kinder bekommen konnte.

Dramatische Fälle von Gehirnkompensation wie dieser sind relativ selten, doch die Art und Weise, wie Erfahrung das Gehirn und den Verstand beeinflusst, ist vielfältig. Professionelle Musiker haben größere Bereiche der grauen Zellen, die sich der motorischen Steuerung, der auditiven Verarbeitung und der visuell-räumlichen Information widmen, als Nichtmusiker.

Eine Studie von Menschen, die mindestens einmal täglich 40 Minuten lang Meditation praktizierten, ergab, dass sie im Vergleich zu Nichtmeditierenden ausgeprägtere kortikale Regionen ausbildeten, die sich der sensorischen, kognitiven und emotionalen Verarbeitung widmeten. Obwohl Menschen mit bestimmten Persönlichkeitsmerkmalen und Lebensansätzen geboren werden, können auch diese durch Meditation bewusst verändert werden. Menschen, die ein achtwöchiges Achtsamkeitstraining absolvierten, zeigten mehr Aktivität in der linken Gehirnhälfte, was insgesamt zu weniger Ängsten führt. Diejenigen, die die »Loving Kindness«-Meditation praktizieren (siehe Kapitel 8, Seite 251), haben aktivere neuronale Schaltungen in Regionen, die mit Empathie assoziiert werden. Wenn Sie also mit der Funktionsweise Ihres Gehirns nicht ganz zufrieden sind, gibt es Möglichkeiten, es umzustrukturieren und seine Form zu verändern.

» Therapie und das Gehirn

Wir können unser Gehirn durch wiederholtes Lernen und durch Meditation verändern. Wir können es auch buchstäblich mithilfe einer Therapie umformen. Praktizierende der kognitiven Verhaltenstherapie (KVT), einem

ÜBUNG

GESICHTS-ENTSPAN-NUNG

Bei vielen Meditationstechniken geht es darum, bestimmte Muskelgruppen zu entspannen, bis sich der ganze Körper wohlfühlt. Untersuchungen, die zeigen, dass das Gehirn auf Stress im Körper reagiert, unterstützen die Idee, dass ein ruhigerer Körper zu einem ruhigeren Geist führt. Diese Übung gibt Ihnen einen Vorgeschmack auf die Techniken. Halten Sie zwischen den Schritten einige Sekunden inne und spüren Sie nach.

• Finden Sie eine ruhige Position (sitzend oder liegend).

• Atmen Sie tief ein und aus.

• Heben Sie die Augenbrauen an, halten Sie sie zehn Sekunden lang angehoben und lassen Sie sie dann wieder sinken.

• Drücken Sie die Augen fest zu, halten Sie sie fünf Sekunden lang fest geschlossen und entspannen Sie die Lider dann langsam.

• Lächeln Sie breit, halten Sie fünf Sekunden lang dieses Lächeln und entspannen Sie dann Ihren Mund wieder.

• Neigen Sie langsam den Kopf nach hinten, um an die Decke zu blicken. Halten Sie diese Position fünf Sekunden und entspannen Sie dann den Nacken wieder.

weitverbreiteten, zielgerichteten Ansatz zum Umgang mit emotionalen und Verhaltensproblemen, wollten wissen, ob ihre Behandlung tatsächlich Auswirkungen aufs Gehirn hatte. Bisher scheint die Antwort »ja« zu sein.

Stress wird zum Beispiel in der Hirnrinde registriert. In einer Studie zeigten Menschen, die zwei Tage lang eine kognitive Verhaltenstherapie durchliefen (kognitive Umstrukturierung durch die Transformation nicht hilfreicher Denkmuster in hilfreichere, Problemlösungsverfahren, Selbstinstruktion und progressive Muskelentspannung), wiesen bei einem anschließenden Stresstest eine deutlich ruhigere Reaktion auf. Die Wirkung der Therapie war auch vier Monate später noch messbar.

Die 90 Milliarden Neuronen des Gehirns bilden komplexe Netze von Verknüpfungen.

Die Expositionsbehandlung bei Phobien, eine andere Art von KVT, führt ebenfalls zu Veränderungen im Gehirn. Die Therapie besteht darin, die phobische Person allmählich dem Objekt ihrer Phobie auszusetzen, es an den Patienten heranzuführen und die Angstsituation mit der Zeit zunehmend realistischer zu gestalten. Der Phobiker erfährt, dass ihm in Gegenwart des gefürchteten Objekts kein Schaden zuteilwird und seine Kampf- oder Fluchtreaktionen nachlassen.

Spinnenphobien, die zu den häufigsten gehören, wurden auf diese Weise erfolgreich behandelt, und Forscher beobachteten eine Gruppe von Probanden, um herauszufinden, was dabei in ihrem Gehirn geschah. Vor der Therapie zeigten die Spinnenphobiker beim Anblick einer Spinne eine Reihe von Gehirnaktivitäten, auch im präfrontalen Kortex. Dies veranlasste die Forscher zu dem Schluss, dass sie auf Selbstregulierung zurückgreifen müssten, um die Ängste abzubauen. Nach der KVT war die abnormale Aktivität in diesem präfrontalen Bereich verschwunden. Die Therapie hatte die Ängste der Teilnehmer so stark reduziert, dass ihr Gehirn nicht mehr eingreifen musste. Vier Wochen mentale Übungen hatten die Verbindungen des Gehirns verändert.

Viele Fragen über das Gehirn und seine Verbindung zu Verstand und Verhalten bleiben unbeantwortet. Diejenigen, die diesen Fragen nachgehen, sind optimistisch, dass die Antworten es in Zukunft Psychologen ermöglichen könnten, die Therapie direkt mit dem Gehirn zu verbinden und die Menschen von belastenden Gedanken und Verhaltensweisen zu befreien.

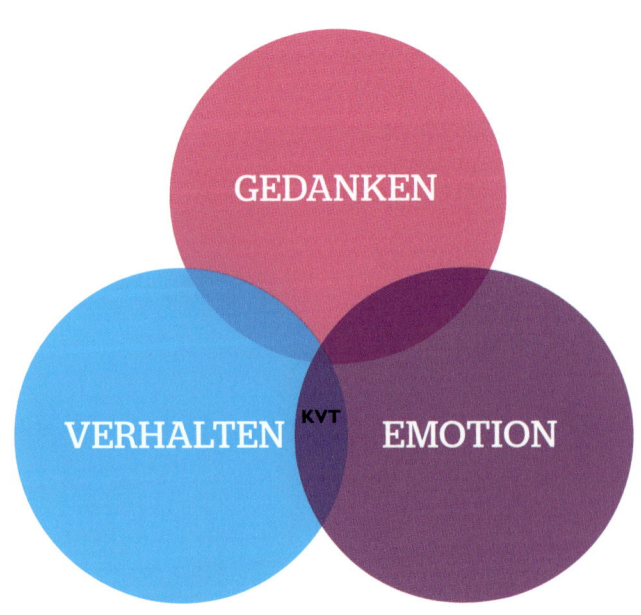

In der kognitiven Verhaltenstherapie überprüft man Gedanken und Handlungen sowie Gefühle.

KAPITEL DREI

WIE WIR HERANWACHSEN

1992 führte die Psychologin Karen Wynn von der University of Arizona ein geniales Experiment mit einer sehr jungen Gruppe von Probanden durch – fünf Monate alte Babys. In einer Art arithmetischem Theater setzte sie die Kleinen vor eine Ausstellungsfläche, die jeweils ein einzelnes Objekt exponierte.

Nachdem sich ein Sichtschutz erhob, um das Objekt zu verdecken, erschien ein Experimentleiter mit einem zweiten Objekt und platzierte es für die Kleinen deutlich bemerkbar hinter dem Sichtschutz. Dann wurde dieser gesenkt, um entweder das vorhersehbare Ergebnis – zwei Objekte – oder ein überraschendes Ergebnis – nur ein Objekt – zu enthüllen. Die Kleinen starrten länger auf die überraschende Szene. Sie zeigten auch dieselbe Reaktion auf unmögliche Subtraktionssituationen und sahen sich das Ergebnis länger an, wenn der Versuchsleiter ihnen zwei Objekte zu Beginn vorführte, um dann eines hinter dem Sichtschutz zu entfernen und dadurch wider Erwarten zwei verbleibende Objekte zu enthüllen. In dem

Wissen, dass Babys bei unerwarteten Ereignissen länger als bei vorhersehbaren hinsehen, mussten die Versuchsleiter zu dem Schluss kommen, dass die kleinen Zuschauer einige grundlegende Berechnungen in ihren Köpfen anstellten. Eins plus eins sollte gleich zwei sein; zwei minus eins sollte eins ergeben; und die Babys waren überrascht, wenn dies nicht der Fall war. »Das deutet darauf hin«, schrieb Wynn, »dass Säuglinge bereits über numerische Konzepte verfügen, und zeigt auf, dass Menschen von Natur aus mit arithmetischen Fähigkeiten ausgestattet sein müssen.« Und so wurde eine weitere Schlacht in der Debatte »Veranlagung versus Umwelt« geschlagen, welche die Psychologie seit ihren Anfängen prägt.

DIE TABULA RASA

Die biologischen Grundlagen unseres Verhaltens sehen wir nicht nur durch Hirnscans oder Evolutionsstudien, sondern auch im Wachstum jedes Kindes. Menschen folgen nicht nur in der Kindheit vorhersehbaren Phasen der psychologischen Entwicklung, sondern auch, wie Psychologen jetzt entdecken, im Erwachsenenalter. Dies wurde nicht immer anerkannt.

Während eines Großteils des 20. Jahrhunderts beherrschten die Befürworter der Theorie der »Tabula rasa« im Themenbereich der menschlichen Entwicklung das Feld. Vor allem die Verfechter des Behaviorismus glaubten, dass die Umwelt praktisch die gesamte Entwicklung präge. Sie glaubten, dass konditionierte

Lange Zeit glaubte man, dass die Menschen als »leere Tafel« ohne eigene Eigenschaften geboren werden.

Reflexe und erlernte Reaktionen unser Verhalten, unsere Fähigkeiten und unser Schicksal bestimmten. Unter den ersten, die diese Ansicht vertraten, war der Psychologe John B. Watson. Watson, ein Pionier der Verhaltensforschung, war ein überzeugter Verfechter der »Tabula rasa«-Theorie. »Gebt mir ein Dutzend gesunder, wohlgeformter Säuglinge und meine eigene spezifische Lebenswelt, um sie aufzuziehen«, schrieb er, »und ich garantiere, dass ich jeden nach dem Zufallsprinzip auswählen

und zu jedem Spezialisten meiner Wahl ausbilden werde – Arzt, Anwalt, Kaufmann und ja, sogar Bettler oder Dieb, ungeachtet seiner Talente, Vorlieben, Neigungen, Fähigkeiten, Berufungen und Rasse seiner Vorfahren.«

Während Watson in den Jahren 1919 und 1920 Professor an der Johns Hopkins University war, führte er mit seiner Kollegin Rosalie Rayner ein berühmt-berüchtigtes Experiment an einem einzelnen, elf Monate alten Säugling durch, der in seiner Forschung

als »Albert« auftauchte (heute besser bekannt als »Little Albert«). Watson glaubte, dass viele emotionale Reaktionen das Ergebnis einer Konditionierung waren. »Im Kindesalter«, schrieb er, »gibt es nur wenige emotionale Reaktionsmuster, die hauptsächlich aus Angst, Wut und Liebe bestehen«. Um zu zeigen, dass eine bestimmte Angst erlernt werden konnte, zeigten die Versuchsleiter dem kleinen Albert eine weiße Ratte, ein Kaninchen, einen Hund, Masken mit Haaren und andere pelzige Exponate.

»Bildung ist das, was überlebt, wenn, das Gelernte vergessen wurde.«

B. F. SKINNER, PSYCHOLOGE

Dann begannen sie damit, Albert zu lehren, die Ratte zu fürchten. Jedes Mal, wenn die Forscher sie ihm zeigten, schlug ein Versuchsleiter laut auf eine Eisenstange direkt hinter dem Kopf des Kindes, was Albert erschreckte. Schon bald genügte der Anblick der Ratte, um den kleinen Albert zu ängstigen. Diese Angst verallgemeinerte er schnell auf andere Tiere wie Kaninchen und Hunde und sogar auf Tiermasken, nicht aber auf Gegenstände wie Watte. Ein solch unmenschliches Experiment könnte heute zum Glück nicht mehr durchgeführt werden. Watson beabsichtigte jedoch keine Grausamkeiten. In erster Linie wollte er Freuds Theorie widerlegen, dass sexuelle Konflikte in der Kindheit die Ursache von Phobien wären. Emotionale Störungen, schrieb er, müssen stattdessen auf »konditionierte und übertragene Reaktionen in der Kindheit und frühen Jugend« zurückgeführt werden.

» Konditionierung

Der kleine Albert erlernte die Angst vor flauschigen Tieren durch Konditionierung, ein Prinzip, das seit den Tagen des russischen Mediziners und Physiologen Iwan Petrowitsch Pawlow und dessen speichelnden Hunden Teil der psychologischen Forschung ist. Watson zeigte die Wirksamkeit der

Konditionierung bei einem unglücklichen Kind auf. B. F. Skinner machte das Prinzip und den behavioristischen Ansatz berühmt. Skinner, der von den 1930er- bis in die 1970er-Jahre eine wichtige Rolle in der experimentellen Psychologie spielte, ist vor allem für seine Theorien der operanten Konditionierung bekannt. In der klassischen Konditionierungsforschung stellt ein Tier eine Assoziation zwischen einem Reiz (wie etwa einer Glocke) und etwas anderem (Nahrung) her. Die ursprüngliche, unkonditionierte Reaktion des Tieres ist die, welche natürlich und spontan entsteht, wie etwa der Speichelfluss während des Fressens. Aber wenn jedes Mal eine Glocke geläutet wird, sobald man das Futter serviert, dann entwickelt das Tier mit

Watsons Experimente mit »Klein Albert« und einer weißen Ratte zeigten, wie sich eine konditionierte Reaktion entwickelt.

der Zeit eine konditionierte Reaktion auf den akustischen Reiz, indem der Speichelfluss zunimmt, wenn die Glocke läutet. In der operanten Konditionierung lernt ein Organismus, sein Verhalten mit Belohnung oder Strafe zu assoziieren. Im Laufe der Zeit steigert er das belohnte Verhalten und

Wie die klassische Konditionierung funktioniert

»LITTLE-ALBERT«-EXPERIMENT

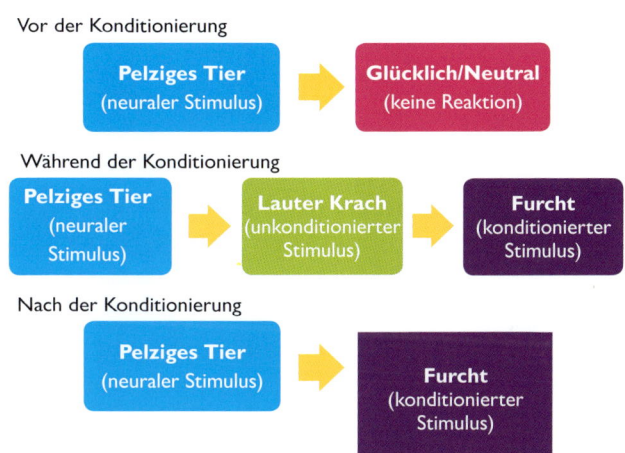

B. F. SKINNER

Burrhus Frederic Skinner, 1904 in der kleinen Stadt Susquehanna, Pennsylvania geboren, träumte ursprünglich davon, Schriftsteller zu werden, kam aber zu dem Schluss, dass er nicht genug über menschliches Verhalten wusste, und wandte sich der Psychologie zu. Als er seinen Doktortitel in Harvard erhielt, hatte Skinner bereits die »Kammer zum operanten Konditionieren« konstruiert, welche ihn berühmt machen sollte. Nach Aufenthalten an anderen Universitäten trat er Harvard bei und wurde zum bedeutendsten Psychologen seiner Zeit. In seiner vierten Lebensdekade verband Skinner seinen anfänglichen Ehrgeiz mit seiner späteren Karriere und schrieb einen Roman über eine utopische Gemeinschaft, die auf behavioristischen Prinzipien basiert. Die antiautoritäre Gesellschaft von *Walden Two – die Vision einer besseren Gesellschaftsform* war Inspiration für eine Reihe von realen utopischen Versuchen. Skinner starb 1990 an Leukämie und hinterließ ein umstrittenes Forschungsfeld und einige wichtige Beiträge zu unserem Verständnis davon, wie Tiere und Menschen lernen und heranwachsen.

verringert die mit Bestrafung verbundenen Handlungen – mit anderen Worten, es wird das belohnte Verhalten gefördert. Das Tier hat gelernt, mit seiner Umgebung umzugehen, um ein Ziel zu erreichen. Die heute ikonische Szene einer Ratte in einer Box, die einen Knopf für Nahrung betätigt, ist ein Beispiel für operante Konditionierung. Es war Skinner, der diese Vorrichtung erfand, die heute als »Skinner-Box« bekannt ist. Skinner arbeitete nicht nur mit Ratten, sondern auch mit anderen Tieren, vor allem mit Tauben. Mit der operanten Konditionierung brachte er einer Taube das Klavierspielen bei, indem sie auf die Tasten pickte. Im Zweiten Weltkrieg entwickelte er sogar ein taubengelenktes Raketensystem (welches nie verwendet wurde). Seiner Ansicht nach waren die Tiere alle gleich und ein Mensch war nur eine weitere Taube, eine Kreatur, deren Verhalten auf die gleiche Weise verstärkt wurde.

Die Zuordnung von Verhalten zu inneren Gedanken und menschlicher Natur sei »vorwissenschaftlich«, so Skinner. »Denken ist Verhalten«, sagte er. »Der Fehler ist, das Verhalten dem Verstand zuzuordnen.« Skinners behavioristischer Ansatz war sehr einflussreich. Heute werden die Grundlagen der operanten

Babys können bereits ab einem Alter von 42 Minuten Mimik imitieren.

Konditionierung auf praktische Probleme in einer Vielzahl von Umgebungen angewandt, von der Schule bis zum Gefängnis. Konditionierungstherapien zur Behandlung von Phobien waren sehr erfolgreich (siehe Kapitel 2, Seite 70). Aber, wie bei den meisten dieser kühnen Theorien, haben Zeit und weitere Forschungen viele von Skinners Behauptungen abgeschwächt oder widerlegt. Wir haben zum einen erhebliche Beweise für angeborene Verhaltensweisen und Motive zusammengetragen. Ratten in Labyrinthen können auf Belohnungen reagieren, doch sie werden sich auch ohne sie durch das Labyrinth navigieren und scheinen selbst mentale Landkarten zu entwickeln.

Tiere, und auch Menschen, sind auch biologisch für bestimmte Verhaltensweisen prädisponiert, nicht aber für andere. Sie können eine Taube darin trainieren, zu picken, um

Der Psychologe B. F. Skinner baute eine verglaste Luftkrippe für seine kleine Tochter.

Nahrung zu erhalten, denn Picken ist ein natürliches Verhalten bei einer Taube. Aber keine Belohnung veranlasst eine Taube zuverlässig, ihre Flügel auszubreiten, um Futter zu erhalten. Dies ist für eine Taube nicht einleuchtend. Ohne zu leugnen, dass die Menschen als Reaktion auf ihre Umwelt lernen und sich entwickeln, begannen Psychologen, die Säuglinge und Kinder studierten, sich vom strengen Behaviorismus ab- und sich wieder der Idee der angeborenen Fähigkeiten und Entwicklungsphasen zuzuwenden. Zwei Denker waren dabei entscheidend: Jean Piaget und Noam Chomsky.

STADIEN DER ENTWICKLUNG

Der Schweizer Psychologe Jean Piaget war ein Zeitgenosse von Skinner, doch sein Verständnis der Kindheitsentwicklung hätte kaum unterschiedlicher sein können. In seinen Studien mit Säuglingen und Kindern, inspiriert von seiner eigenen Familie, kam Piaget zu dem Schluss, dass alle Kinder angeborene Entwicklungsstadien durchliefen. Jedes Stadium stellt eine neue Ebene im Verständnis ihrer Umgebung dar. »Kinder sind aktive Denker, die ständig versuchen, die Welt besser zu verstehen«, schrieb er. Laut Piaget treiben zwei Prozesse den Lernfortschritt eines Kindes voran. Der erste ist die Assimilation: Die

Interpretation neuer Erfahrungen im Licht der Welt, wie wir sie verstehen. Der zweite ist die Akkommodation: die Anpassung und Erweiterung unseres Weltbildes, um die neuen Informationen zu integrieren.

Piaget glaubte, dass alle Kinder vier Entwicklungsphasen durchlaufen, indem sie mit der Welt interagieren:

• **Sensomotorische Phase**, von der Geburt bis zu fast zwei Jahren. Im Kindesalter hat ein Kind keinen Sinn für Vergangenheit und Zukunft, sondern bezieht sich rein physisch auf die Welt. Es lernt durch Berühren, Sehen, Schmecken und Hören. In diesem Stadium entwickeln Babys Angst vor

Phasen der kognitiven Entwicklung

NACH JEAN PIAGET

SENSOMOTORISCHE PHASE	PRÄOPERATIONALE PHASE	KONKRET-OPERATIONALE PHASE	FORMAL-OPERATIONALE PHASE
Geburt – 2 Jahre	2 – 7 Jahre	7 – 12 Jahre	12 Jahre und älter
Versteht die Welt durch Sinne und Handlungen	Versteht die Welt durch Sprache und mentale Bilder	Versteht die Welt durch logisches Denken und Kategorienbildung	Versteht die Welt durch hypothetisches Denken und wissenschaftliche Schlussfolgerung

Fremden und werden panisch, wenn sie einer unbekannten Person übergeben werden. Sie erwerben auch Objektpermanenz. Für die meisten jungen Säuglinge hört eine unter einem Tuch versteckte Rassel auf zu existieren.

Nach etwa sechs oder acht Monaten ändert sich dies. Das Baby merkt sich die Position des versteckten Objekts und hebt das Tuch an, um das Spielzeug zu enthüllen.

• **Präoperationale Phase**, von zwei bis etwa sechs oder sieben Jahren. Kinder in dieser Phase lernen, die Welt geistig durch Sprache und Bilder darzustellen. In dieser Phase sind sie von Natur aus egozentrisch und haben wenig Verständnis für die Gedanken anderer Menschen. Sie sind sachlich, aber nicht rational. Das präoperative Kind begreift zum Beispiel die Volumenerhaltung nicht. Es wird glauben, dass ein hohes dünnes Glas mehr Milch enthält als ein kurzes breites.

• **Konkret-operationale Phase,** sechs oder sieben bis zwölf Jahre alt. In diesen Jahren, so Piaget, beginnen die Kinder, mathematische Konzepte und die Verwendung von Symbolen zu verstehen. Wirklich abstrakte Argumentation ist immer noch schwierig, aber sie können jetzt die Konservierung von Materialien verstehen und wie man Dinge klassifiziert und organisiert.

• **Formal-operationale Phase**, zwölf Jahre und älter.

»Dank der Kinder haben wir die besten Chancen, die Entwicklung von ... Wissen zu studieren.«

JEAN PIAGET, BIOLOGE UND ENTWICKLUNGSPSYCHOLOGE

Babys sind verwirrt, wenn sie Bilder solcher »unmöglicher Objekte« erblicken.

Abstraktes Denken und das Verständnis für hypothetische Situationen kennzeichnen diese Phase, wenn Kinder in die Pubertät übergehen. Sie können Rätsel lösen und Experimente entwickeln.

Piagets Theorien halten sich ziemlich gut. Die von ihm beschriebenen Entwicklungsstadien wurden in unzähligen Studien an Säuglingen und Kindern nachgewiesen. Die heutigen Psychologen sind jedoch der Meinung, dass die Entwicklung in der Regel flüssig verläuft, ohne strenge Abgrenzungen zwischen den Stadien in bestimmten Altersgruppen. Nicht alle Kinder werden dem Piaget-Muster folgen, so wie einige Kinder das Laufen lernen, ohne zu krabbeln. Auch logisches Denken mag weniger wichtig sein, als Piaget dachte, da es vom sozialen Bewusstsein übertrumpft wird.

» Was wissen Babys?

Neuere Forschungen an Kleinkindern legen nahe, dass Babys mehr wissen, als Piaget annahm. In Ermangelung von Sprache können Babys natürlich nicht ausdrücken, was sie denken. Forscher nutzen daher »Blickzeiten«, um Interesse, Langeweile oder Überraschung einzuschätzen. Genau wie Erwachsene langweilen sich Kleinkinder mit einer wenig überraschenden Szene und wenden sich davon ab. Unerwartete Situationen dagegen ziehen ihre Aufmerksamkeit auf sich, und sie starren diese länger an. Diese einfache Technik war es, die die Wissenschaftler zu der Annahme führte, dass Säuglinge ein Gefühl für Mathematik haben, wie es zu Beginn des Kapitels beschrieben wurde. Die Technik wurde

»Du bist nie zu alt, zu verrückt oder zu wild,
um ein Buch zu nehmen und einem Kind vorzulesen.«

DR. SEUSS, SCHRIFTSTELLER UND CARTOONIST

auch benutzt, um Piagets Idee, dass das Verstehenlernen der Objektpermanenz etwa sechs Monate dauert, infrage zu stellen. Einige sehr junge Babys werden nach einem verschwundenen Objekt an der Stelle suchen, an der sie es zuletzt gesehen haben. Vier Monate alte Säuglinge starren auch länger auf »unmögliche« Objekte, wie etwa Würfel im Escher-Stil, was darauf hindeutet, dass sie, wie Erwachsene, von den Bildern überrascht sind und versuchen, sie zu verstehen. Babys besitzen auch ein frühes, anspruchsvolles emotionales Bewusstsein. Innerhalb von neun Monaten können sie glückliche Gesichtsausdrücke mit einem fröhlichen Tonfall verbinden (und zeigen sich überrascht, wenn ein Ausdruck und eine Stimme nicht übereinstimmen).

Tatsächlich werden Säuglinge mit bestimmten Fähigkeiten geboren. Sie sind in der Lage, nach 20 bis 30 cm entfernten Gegenständen zu greifen und sich auf sie zu fokussieren – dies ist die typische Entfernung des Gesichts einer stillenden Mutter. Sie können den Unterschied zwischen menschlichen und nichtmenschlichen Gesichtern und Stimmen erkennen und wenden sich von Geburt an dem Gesicht, der Stimme und dem Geruch ihrer Mutter zu. Babys im Alter von 42 Minuten imitieren Mimik, und

einmonatige Säuglinge strecken ihre Zunge heraus, wenn sie sehen, dass jemand anderes dies ebenfalls tut. Es wird immer deutlicher, dass soziales Bewusstsein ein wichtiger Teil der kindlichen Entwicklung ist.

Einige der interessantesten Studien in diesem Bereich haben mit der »Theorie des Verstandes« zu tun. Inmitten der präoperationalen Phase von Piaget, während der Vorschulzeit, beginnen die Kinder zu verstehen, dass andere Menschen ihren eigenen Verstand haben und die Dinge auf unterschiedliche Weise sehen. Diese Erkenntnis tritt typischerweise im Alter von etwa dreieinhalb bis viereinhalb Jahren auf. Bevor ein Kind dieses Stadium erreicht, glaubt es, dass das, was es weiß, auch jeder andere weiß. Zeigen Sie dem Kind eine Schachtel mit Buntstiften auf dem Etikett und offenbaren ihm daraufhin, dass es Bleistifte enthält, so wird es überrascht sein. Fragen Sie es, was ein anderes Kind über den Inhalt denken würde, welches diesen noch nie gesehen hat, und es wird »Bleistifte« antworten. Es kann nicht verstehen, dass andere falsche Vorstellungen haben. Kinder mit Autismus haben oft Probleme mit solchen Experimenten. Geistesblindheit oder die Unfähigkeit, sich den Geisteszustand einer anderen Person vorzustellen,

sind charakteristisch für autistische Störungen. Menschen mit Autismus haben Probleme damit, Gesichtsausdrücke zu interpretieren oder sich in andere hineinzufühlen – und dies könnte eine biologische Grundlage haben.

Studien zur Gehirnfunktion bei Menschen mit Autismus zeigen eine gestörte Kommunikation zwischen einigen Regionen des Gehirns, Bereiche, die normalerweise aktiv sind, wenn wir versuchen, den Standpunkt einer anderen Person zu verstehen. Diese Defizite unterstützen die Vorstellung, dass die grundlegende soziale Fähigkeit, sich in andere einzufühlen, fest im Gehirn verankert ist und sich bei einem typischen Kind im Alter von etwa vier Jahren entwickelt. Sie deuten auch darauf hin, dass sich geistige Fähigkeiten als separate Module im Gehirn entwickeln. Ein autistisches Kind, das den Gesichtsausdruck nicht interpretieren kann, hat möglicherweise normale, sogar ausgezeichnete mathematische oder wissenschaftliche Fähigkeiten.

» Bindung

Das emotionale Wachstum eines Kindes verläuft ebenfalls in vorhersehbaren Phasen, wenn auch in Phasen, die stark von Erziehungsstilen beeinflusst werden. Wir haben gesehen, dass sogar Neugeborene auf die Stimme und den Duft ihrer Mutter geprägt sind. Kleinkinder interessieren sich sehr für die Menschen um sie herum und deren Äußerungen, Emotionen und Reaktionen. Im Laufe des ersten Jahres werden sie gegenüber ihren Eltern zunehmend anhänglicher, eine Bindung, die ihren Höhepunkt in etwa im 13. Monat erreicht. In diesem Alter wird sich ein Baby heulend und strampelnd sträuben, in die Arme eines Fremden übergeben zu werden, den es wenige Wochen zuvor noch freudig begrüßt hat. Das Bedürfnis nach Berührung und körperlicher Beruhigung ist in die Psyche des Kindes eingebettet.

Der Psychologe Harry Harlow von der University of Wisconsin zeigte dies auf dramatische Weise mit seinen Experimenten der 1950er-Jahre auf, bei denen Affensäuglinge zu künstlichen Affenmüttern gebracht wurden. Affenbabys, die mit zwei Mutterfiguren aufgezogen wurden – eine ein kalter Drahtzylinder mit einer Saugflasche, die andere eine weiche, mit Stoff überzogene Form ohne Flasche –, bevorzugten die weiche Mutterfigur. Sie klammerten sich an sie, während sie sich nach der Drahtfigur ausstreckten, um etwas zu trinken. Wie menschliche Säuglinge nutzten sie die weiche Mutter als sichere Basis, um ihre Umgebung zu erkunden und dann zur Beruhigung zurückzukehren. Nur mit künstlichen Müttern aufgezogen, wurden die unglückseligen jungen Affen unsicherer und ängstlicher als jene, die bei ihren echten Müttern bleiben durften.

Auch Menschenkinder sind von Erziehungsstilen geprägt. Kinder, die von sensiblen Erwachsenen aufgezogen werden, die ihnen Aufmerksamkeit schenken und konsequent auf ihre Bedürfnisse eingehen, werden im Allgemeinen selbstsicherer, erfolgreicher und unabhängiger. Doch auch Säuglinge, die schon früh unter Entbehrung gelitten haben,

Die Bindung an die Eltern und die Angst vor einer Trennung erreichen im frühen Kleinkindstadium ihren Höhepunkt.

können sich gut erholen, wenn sie die Chance dazu frühzeitig erhalten. Kleinkinder aus problematischen Haushalten, die vor etwa 16 Monaten adoptiert wurden, erholten sich ausgesprochen gut.

» **Die Sprachentwicklung**
Eltern kennen das Wunder blitzschneller Entwicklungsschübe in Sachen Sprache bei ihrem Kind. Die Frage, ob Sprache bei jedem Kind von Grund auf neu gelernt wird, wird seit Langem diskutiert,

und sie ist der Schlüssel zum Verständnis, wie viel die Biologie zur Entwicklung beiträgt. Das Mysterium fasziniert seit Jahrtausenden die wissenschaftlich Interessierten. Der griechische Historiker Herodot etwa berichtete, dass der ägyptische Pharao Psammetich I., um die ursprüngliche Sprache der Menschheit zu erforschen, einem Hirten zwei Kinder gab, die ohne Sprache aufgezogen werden sollten. Angeblich war das erste Wort, das ein Baby aussprach,

»bekos«, das phrygische Wort für »Brot«. Deshalb, so Psammetich, musste Phrygisch die erste Sprache der Welt sein. Wir können Phrygisch als Ursprache (oder Originalsprache) vermutlich ausschließen, aber wir wissen heute, dass Sprache tatsächlich eine universelle und angeborene menschliche Eigenschaft ist. Nach vier Monaten können Babys die Sprache den Lippenbewegungen anpassen; nach zehn Monaten passen sie ihr eigenes Geplapper den Lauten an, die der Muttersprache der Eltern entsprechen. Von einem bis zu drei Jahren wächst die Sprache erstaunlich schnell von Ausrufen eines einzelnen Wortes zu komplexen Sätzen. Im Alter von sieben Jahren ist ein Kind ein Sprachwunder, das mit Leichtigkeit neue Wörter und neue Sprachen aufsaugt. Nach diesem Alter flacht die Fähigkeit zum Spracherwerb ab. Das Erlernen einer zweiten Sprache wird schwieriger, wie man in Migrantenhaushalten sehen kann, wo die neue Sprache der Eltern schwerfällig und akzentbelastet ist, jene der Kinder jedoch fließend.

Studien darüber, wie sich Sprache in Individuen und Kulturen entwickelt, haben einige strafende Schläge gegen die behavioristische Idee gelandet, die besagt, dass alles Lernen aus der Umwelt komme. Der Linguist Noam Chomsky war

FOKUS

DAS VERWILDERTE KIND

In seltenen Fällen wurden Kinder entdeckt, die anscheinend mit sehr wenig menschlichem Kontakt aufgezogen wurden – oder wie es der Volksmund ausdrücken würde: die von Wölfen großgezogen wurden. Diese traurigen Fälle faszinieren Sprachwissenschaftler, da sie Schlüsse darüber zulassen, in welcher Form und wie schnell sich Sprache ohne äußere Einflüsse entwickelt. Es gibt nur wenige bestätigte Fälle von verwilderten Kindern, aber ein ähnlicher moderner und tragischer Fall ist das »Wolfskind Genie«, ein isoliert aufgewachsenes Mädchen, das 1970 in Los Angeles gefunden wurde. Sozialarbeiter retteten sie vor ihren misshandelnden Eltern, die sie seit ihrer Kindheit schweigend in einem geschlossenen Raum eingesperrt hatten. Mit 13 Jahren konnte sie weder sprechen noch aufrecht stehen. Dank Fürsorge wurde sie geselliger, gesünder, und Genies Fall gewann unter Linguisten großes Interesse, die Gelegenheit hatten, sie mehrere Jahre lang zu studieren, um zu sehen, ob sie eine grammatikalisch komplexe Sprache wie jüngere Kinder entwickeln würde. Sie tat es nie. Obwohl sie mit der Zeit Phrasen wie »Wollen Sie mehr Suppe!« zusammenstellen konnte, wuchs ihre Sprache nie über das Niveau eines typischen zweieinhalbjährigen Kindes hinaus. Die Erfahrungen mit Genie haben gezeigt, dass Linguisten recht hatten, als sie theoretisierten, dass es eine zeitlich festgelegte Entwicklungsphase für Sprache gibt.

Kinder, die Gebärdensprache lernen, lieferten wertvolle Erkenntnisse in Sachen Sprachentwicklung.

einer dieser Punktsieger. In einer Rezension von B. F. Skinners Buch *Verbal Behavior* von 1959 wies er darauf hin, dass Kinder komplexe Sätze verstehen und produzieren, die sie nie gehört haben, indem sie sich an Regeln der Grammatik halten, die ihnen nie beigebracht wurden. »Die Tatsache, dass alle normalen Kinder im Wesentlichen vergleichbare Grammatiken von großer Komplexität und bemerkenswerter Schnelligkeit erwerben,

deutet darauf hin, dass die Menschen irgendwie speziell dafür geschaffen sind«, so Chomsky. Gehörlose Kinder, die Gebärdensprache lernen, liefern natürliche Studienobjekte. Beispielsweise wurde ein gehörloser Junge namens Simon von Eltern aufgezogen, die als Teenager Gebärdensprache gelernt hatten. Ihre gestische Sprache war grob und widersprüchlich. Obwohl Simon nur ihre Zeichensprache gesehen hatte, war seine

eigene elegant und grammatikalisch korrekt, subtilen Regeln folgend, die seine Eltern nicht kannten. »Komplexe Sprache ist universell«, schreibt Steven Pinker, »da Kinder sie tatsächlich neu erfinden, Generation für Generation.«

» Die Pubertät
Die Sprache ist im Alter von sieben Jahren ziemlich ausgereift, während sich Piagets Entwicklungsstadien bis zum Alter von zwölf und mehr

»Bildung ist nicht das Füllen eines Eimers,
sondern das Entzünden eines Feuers.«

WILLIAM BUTLER YEATS, POET

hinziehen, jedoch dauern die körperlichen und geistigen Veränderungen über die gesamte Lebensdauer an. Die Pubertät markiert eine Zeit erheblicher emotionaler und sozialer Wirren. Jugendliche entwickeln ein stärkeres abstraktes Denken und wenden es auf die Welt um sie herum an, wobei sie Irrtümer und Ungerechtigkeiten entdecken. Sie untersuchen ihre eigene Identität und hinterfragen ihre Rollen. Wie passe ich in meine Familie? Wo passe ich in die Schule oder zu meinen Freunden? Worin bin ich besonders? Wobei gleiche ich allen? Gleichaltrige gewinnen an Einfluss, während Eltern diesen zunehmend verlieren. Allerdings bleiben die meisten

> **Mit zunehmendem Alter werden wir wählerischer in Bezug auf unsere Freunde und unser soziales Leben.**

Jugendlichen tief mit ihren Eltern verbunden, auch wenn sie es nicht zeigen wollen. Eine Umfrage unter Tausenden von Jugendlichen in zehn Ländern ergab, dass die meisten von ihnen sagen, dass sie ihre Mutter und ihren Vater mögen. Die meisten Teenager nehmen den religiösen Glauben und die politischen Ansichten ihrer Eltern an. Die Lektion für Eltern: Wenn Sie sich Sorgen um die rebellischen Ansichten Ihres Kindes machen, warten Sie ein paar Jahre. Sie sind wahrscheinlich doch nicht allzu weit von Ihnen gerückt. Zur Frustration der Erwachsenen ist die Pubertät oft von riskantem Verhalten und impulsiven Entscheidungen geprägt.

Jugendliche beginnen, ihre eigene Identität zu erforschen, während sie ihr Inneres vor ihren Eltern verbergen.

Jugendliche machen manchmal ihr Gehirn dafür verantwortlich. Das menschliche Gehirn entwickelt sich bis in die frühen Zwanziger weiter.

In der Pubertät beginnen Bereiche, die intensiv neuronale Verbindungen aufgebaut hatten, rigoros ausgedünnt zu werden. Zu selten genutzte Verbindungen werden gekappt, was das Gehirn zu einem effizienteren Organ macht. Die emotionalen Zentren im Limbischen System erreichen ihre Reife weit vor den Frontallappen, welche bei der rationalen Entscheidungsfindung helfen. Es gibt einen guten Grund dafür, dass Sterblichkeitsraten und Kriminalitätsstatistiken in den späten Jugendjahren ansteigen. Die Gehirnzentren der Vernunft sind erst mit etwa 25 Jahren vollständig vernetzt. Die Leidenschaften sind groß, aber die Selbstregulierung hinkt hinterher.

ERWACHSEN WERDEN

Das innere Wachstum hört nicht im Alter von 25 auf. Obwohl den dramatischen Veränderungen der Kindheit die meiste Aufmerksamkeit geschenkt wurde, erkennen Psychologen nun, dass auch Erwachsene vorhersehbare Lebensphasen durchlaufen. Wie Menschen diese Phasen überstehen und welche mentalen Einstellungen sie mitbringen, wird ultimativ ihr

Wohlbefinden im Leben prägen. Es ist schwer, Menschen über die gesamte Lebensspanne hinweg zu studieren. Per Definition ist das ein Projekt, das 75 Jahre oder länger dauern kann. Harvard-Forscher unter der Leitung von George Vaillant haben es jedoch in ihrer wegweisenden Studie zur Erwachsenenentwicklung (auch bekannt als Grant-Studie) geschafft. Die Studie folgte 268 Harvard-Studenten (alles Männer) aus den Jahrgängen 1939 bis 1944. Vaillant und Kollegen sammelten unzählige Informationen über die Männer, von körperlichen und psychischen

Untersuchungen bis hin zu Lebensgeschichten. Dann verfolgten sie die Entwicklung der Probanden über die Jahre hinweg. Die Studie dauert selbst heute noch an. Es überrascht nicht, dass viele der Männer in der Studie angesichts der privilegierten Position, von der aus sie begannen, bemerkenswerte Erfolge erzielten. Die meisten Identitäten sind weitgehend unbekannt, aber unter den Probanden befanden sich ein Bestseller-Autor, ein Kabinettsmitglied des Präsidenten und ein Präsident: John F. Kennedy, dessen Identität weithin bekannt ist, da seine Akte die einzige ist, die bis

Kinder reifen zu Erwachsenen und entwickeln sich ein Leben lang weiter.

2040 versiegelt wurde. Andere Männer hingegen litten im Laufe des Lebens. Wie in der Bevölkerung im Allgemeinen kämpften viele der Probanden mit psychischen Erkrankungen; auch Alkoholismus warf einige in ihrer Lebensmitte aus der Bahn.

Vaillants wichtigste Erkenntnisse durch die Studie war natürlich nicht die Art und Weise, wie sich das Leben verändert, sondern die Art und Weise, wie das Leben durch Gesundheit und Wohlbefinden voranschreitet. Er identifizierte fünf Stadien der Erwachsenenentwicklung:

• **Intimität**: Die Fähigkeit, mit einer anderen Person in einer wechselseitigen, engagierten Beziehung zu leben.

• **Karrierefestigung**: Engagement für Karriere, Kompensation, Zufriedenheit und Kompetenz.

• **Generativität**: Die Übernahme von Verantwortung für das Wachstum anderer.

• **Vormundschaft oder Fürsorge**: Gemeinnützige Arbeit, ehrenamtliches Engagement oder das Kuratieren von kulturellem Reichtum für zukünftige Generationen.

• **Integrität**: Die Fähigkeit, sich mit der Vergangenheit und der Zukunft angesichts schwindender Lebenstage auseinanderzusetzen.

Probanden, die in der Lage waren, durch diese Stadien zu wachsen, kamen besonders gut mit den Anforderungen des Lebens zurecht. Im Jahr 2011 waren nur noch vier von 31 Männern am Leben, die nicht über das Intimitätsstadium hinaus reifen konnten. 50 der 128 Teilnehmer, die generative Fähigkeiten erlangten, überlebten; diejenigen, die zu diesem Zeitpunkt starben, lebten immer noch durchschnittlich acht Jahre länger als die Männer, die bei der Konsolidierung ihrer Karriere stagnierten. Darüber hinaus teilten diejenigen, die in der Karrierephase stehen geblieben waren, eine lebenslange Unfähigkeit, mit Wut umzugehen. Der stärkste Prädiktor für lebenslangen Erfolg: die Liebe. Ein intaktes Familienleben in der Kindheit und starke

Das innere Wachstum dauert ein Leben lang.

Beziehungen im Erwachsenenalter waren direkt mit körperlicher, geistiger und finanzieller
Gesundheit verbunden. Die
Grant-Studie bestätigte, was
andere Forschungen gezeigt
hatten. Soziale Unterstützung
gibt Menschen die Kraft, ver-
nünftige Risiken einzugehen,
nach Bedeutungen zu stre-
ben und sich mit anderen im
persönlichen und beruflichen
Leben zu verbinden.

Einen harten Start im Leben
zu haben, hält Menschen aber
nicht vom Glück ab. Obwohl
Personen mit einer schwierigen
Kindheit weniger wahrscheinlich das Generativitäts-Stadium
in ihrem Leben erreichten,
wurden diejenigen, welche
die Widrigkeiten überwun-
den hatten, um einen Sinn zu
finden, noch wahrscheinlicher
gut mit dem Altern fertig. So
etwa bei dem Mann, der in der
Grant-Studie als »Dr. Camille«
identifiziert wurde. Camille
kam aus einer kalten und paranoiden Familie nach Harvard
und war ein unruhiger Student,
der sich häufig auf der Kran-
kenstation meldete. Der Uni-
versitätsarzt bemerkte, dass
»dieser Junge zu einem regu-
lären Psychoneurotiker wird.«

Nach dem Abschluss ver-
suchte Camille, sich umzubrin-
gen. Doch im Laufe der Jahre
zeigte er mehr Anzeichen von
Stabilität, indem er eine Arzt-
praxis erwarb, heiratete und,
was vielleicht am wichtigsten
war, Kinder bekam. Obwohl
er noch Zeiten des inneren
Kampfes durchzustehen hatte,
beschrieb Camille später die
Erfahrung des Helfens als Arzt
und der Erziehung von Kindern
als Wendepunkte zu einem
glücklichen Leben.

»Bevor dysfunktionale Familien überhaupt im Gespräch
waren«, sagte Camille, »kam
ich aus einer. Mein Berufsleben
war nicht enttäuschend — weit
davon entfernt —, aber die
wirklich erfreuliche Weiter-
entwicklung zu der Person,
die ich langsam geworden bin
(angenehm, fröhlich, verbunden und effektiv), verdanke ich
etwas anderem. Da der Kin-
derbuchklassiker The Velveteen
Rabbit damals noch nicht weit
verbreitet war, hatte ich ihn

Der stärkste Garant für lebenslangen Erfolg?

LIEBE

»Ich bin kein Lehrer, aber ein Erwecker.«

ROBERT FROST, POET

noch nicht gelesen. Das Buch erzählt davon, dass Verbundenheit etwas ist, was wir in uns geschehen lassen müssen, um stabil und vollkommen zu werden.«

Die Geschichte von Dr. Camille illustriert eine zentrale Erkenntnis in aktuellen Studien zur Entwicklung und zum Wohlbefinden von Erwachsenen. Menschen mit einer positiven Einstellung, sozialen Verbindungen und der Empfindung eines Lebenssinnes schneiden im Alter viel besser ab als andere.

» Lernen, was zählt

Die meisten jungen Menschen sehen verständlicherweise die Zeit, die sich vor ihnen weit erstreckt, und setzen sich

Unsere Identität formt sich unser ganzes Leben lang.

ihre Ziele entsprechend. Es ist Zeit zum Experimentieren, zum Erlernen neuer Fähigkeiten, zum Ausprobieren neuer Berufe und zum Kennenlernen neuer Menschen. Während wir altern, nähert sich unser Zeithorizont und unsere Ziele verdichten sich. Wir werden selektiv in dem, was wir tun, und mit wem wir uns umgeben. Ältere

Menschen investieren allmählich mehr Energie in ein paar enge Beziehungen und in Aufgaben, die sie für sinnvoll halten. Und entgegen dem Klischee des mürrischen alten Mannes werden sie immer positiver – eine Eigenschaft, die langfristig die geistige und körperliche Gesundheit fördert. Experimente zeigen zum Beispiel, dass das Gedächtnis bei älteren Erwachsenen auf emotionale Bedeutung hin ausgerichtet ist. In einer Studie, in der sich jüngere und ältere Menschen sowohl an das Geschlecht eines Sprechers als auch an die vermittelten Informationen erinnern mussten, konnten sich jüngere Teilnehmer besser daran erinnern, ob ein Mann oder

Ältere Menschen erinnern sich eher an positive Erlebnisse als an negative.

eine Frau gesprochen hatte. Ältere Menschen erinnerten sich jedoch genauso gut an den emotionalen Inhalt der Rede wie die jungen Teilnehmer. Ihr gesamtes Gedächtnis war nicht zwingend schlechter geworden, sondern es hatten sich die Prioritäten verlagert. Auch zeigen ältere Menschen eine Vorliebe für positive Informationen. Jüngere Erwachsene bewerten negatives Material als wichtiger als positives und verbringen mehr Zeit damit, es zu verarbeiten. Dies kehrt sich mit dem Alter um. In einer Studie zeigten die Versuchsleiter drei Gruppen von Menschen an einem Computer positive, neutrale und negative Bilder. Diese drei Gruppen bestanden aus jungen, mittleren und älteren Erwachsenen. Je älter die Teilnehmer waren, desto größer war das Verhältnis von positiven zu negativen Bildern. Als das Experiment wiederholt wurde, während an den Teilnehmern fMRI-Scans vorgenommen wurden, zeigten ältere Erwachsene eine größere Aktivierung in ihrer Amygdala, dem Emotionszentrum des Gehirns, als sie positive Bilder sahen, ganz im Gegensatz zu negativen Bildern.

Mit zunehmendem Alter werden wir auch wählerischer in Bezug auf unsere Freunde und unser soziales Leben. Jugendliche und junge

SELBSTTEST

PESSIMIST ODER OPTIMIST?

Dominieren positive oder negative Emotionen Ihre Lebensumstände? Machen Sie diesen kurzen Selbsttest, um es herauszufinden. Inwieweit haben Sie sich in den letzten zwei Wochen so gefühlt? Bewerten Sie jedes Wort von 1 bis 5.

1 SEHR GERING ODER GAR NICHT
2 EIN WENIG
3 MÄSSIG
4 ZIEMLICH VIEL
5 EXTREM

1. ____ fröhlich
2. ____ gereizt
3. ____ verzweifelt
4. ____ aufgeweckt
5. ____ stark
6. ____ einsam
7. ____ begeistert
8. ____ traurig
9. ____ schuldig
10. ____ glücklich
11. ____ interessiert
12. ____ ängstlich

Addieren Sie die vergebenen Punkte für die Zahlen 1, 4, 5, 7, 10 und 11 für Ihre positive Bewertung. Addieren Sie 2, 3, 6, 8, 9 und 12 für Ihre negative Punktzahl. Die höhere Punktzahl wird Ihnen sagen, ob positive oder negative Emotionen in Ihrer gegenwärtigen Lebenssituation dominieren.

Erwachsene sind Entdecker. Sie versuchen zu verstehen, wie die Welt funktioniert, wie andere Menschen denken und in welche Gruppen sie hineinpassen. Typischerweise schätzen sie Neuheit und neue Beziehungen, wenn sie sich von ihren Eltern lösen. Ältere Erwachsene, die selbstständig gelebt und neue Freundschaften geschlossen und Familien gegründet haben, konsolidieren nun ihre Errungenschaften. Sie sind weniger motiviert, zufällige neue soziale Kontakte zu pflegen – der Fremde auf

der Party, die Anregung durch eine neue Nachbarschaft –, und wenden sich stattdessen an lange vertraute Familienmitglieder und Freunde, welche die emotionale Unterstützung schätzen, die sie von denen erhalten, die ihnen am nächsten stehen. Ein positives Gefühl vermeidet nicht nur die Unannehmlichkeiten von traurigen, mürrischen und negativen Emotionen. Immer wieder werden positive Emotionen weltweit mit einer besseren Gesundheit und einer verbesserten Langlebigkeit in

STADIEN DER PSYCHOSOZIALEN ENTWICKLUNG

- Säugling
- Kleinkind
- Vorschüler
- Grundschüler
- Jugendlicher
- Junger Erwachsener
- Erwachsener
- Älterer Erwachsener

Integrität vs. Verzweiflung

Generativität vs. Stagnation

Intimität vs. Isolation

Identität vs. Rollenverwirrung

Selbstwert vs. Minderwertigkeit

Initiative vs. Schuld

Autonomie vs. Scham & Zweifel

Vertrauen vs. Misstrauen

Zunahme an Komplexität

Verbindung gebracht. In einer Wohngemeinschaft von 65- bis 99-jährigen mexikanischen Amerikanern hatten zum Beispiel diejenigen, die zu Beginn der Studie positivere Emotionen empfanden, während der zweijährigen Nachbeobachtungszeit halb so selten die Tendenz zu versterben, als jene mit einer weniger positiven Einstellung. Auch in einer schwedischen Senioren-Wohngemeinschaft sagte selbst nach der Überprüfung anderer Faktoren, wie der Gesundheit und der Fähigkeit, tägliche Aufgaben zu bewältigen, die Antwort auf »Wie glücklich sind Sie mit dem Leben im Allgemeinen?« die Sterblichkeit voraus. Positive Emotionen beeinflussen die Gesundheit von Erwachsenen

entlang mehrerer grundlegender Wege:

• Sie inspirieren die Menschen zu gesünderen alltäglichen Gewohnheiten. Heitere Menschen beginnen eher mit gesunden Praktiken

wie vernünftiger Ernährung, regelmäßiger Bewegung und ausreichend Schlaf.

• Sie reduzieren die Ausschüttung von Stresshormonen. Der Körper reagiert natürlich auf gefährliche Situationen: Der Hypothalamus, ein winziger Teil des Gehirns direkt über dem Hirnstamm, veranlasst die Nebennieren, Cortisol freizusetzen. Dieses Hormon erhöht den Zucker im Blutkreislauf, unterdrückt das Verdauungssystem und verändert die Reaktion des Immunsystems. Das sind tolle Anpassungen, wenn man von einem Grizzlybären gejagt wird, aber nicht so nützlich, wenn man durch die Ereignisse des täglichen Lebens, wie etwa eine knappe Deadline in der Arbeit, gestresst wird. Ein stetiger Fluss von Cortisol im Blutkreislauf ist schlecht für Ihre allgemeine Gesundheit. Jedoch zeigte sich, dass positive Gefühle die tägliche Ausschüttung von Cortisol in Menschen an Arbeits- und arbeitsfreien Tagen, unabhängig von anderen Faktoren wie Alter, Geschlecht oder Gewohnheiten wie dem Rauchen, verringerten.

• Sie schützen vor dem Zahn der Zeit. Schmerzen, Entzündungen und allgemeine Behinderungen nehmen mit dem Alter zu, aber positive

»Wir hören nicht auf zu spielen, weil wir alt werden,
wir werden alt, weil wir aufhören zu spielen.«

GEORGE BERNARD SHAW, DRAMATIKER

Emotionen scheinen diese Stressoren zu dämpfen. Positive ältere Menschen sind seltener mit einer Vielzahl von Erkrankungen konfrontiert, welche von Erkältung über Schlaganfall bis hin zu Unfällen und Rehospitalisierung nach Herzinfarkt reichen können.

• **Sie helfen bei der Regeneration.** Stressige Ereignisse steigern unsere Herzfrequenz, aber positive Emotionen können dem Herzen helfen, sich

wieder zu normalisieren. In einer Studie mit 170 Personen, die eine anstrengende Aufgabe hatten (Vorbereitung einer Rede darüber, warum sie ein guter Freund sind), wurde den Probanden dann einer von vier Filmen gezeigt, die das Gefühl von Zufriedenheit, Vergnügen, Neutralität oder Traurigkeit hervorriefen. Die angenehmen und amüsanten Filme brachten ihre Herzen schneller zur Normalität zurück als die neutralen oder traurigen Filme.

« **Wohlbefinden**

Positive Emotionen sind offensichtlich der Schlüssel zu einem gesunden Erwachsenenleben. Zum allgemeinen Wohlbefinden gehört jedoch mehr als nur die körperliche Gesundheit. Was sind die wichtigsten Faktoren für ein gutes Leben als Erwachsener? Die Psychologin Carol Ryff von der University of Wisconsin, die sich intensiv mit dem optimalen Altern beschäftigt hat, identifizierte sechs

Ein Gefühl der Zufriedenheit, besonders bei älteren Menschen, entspannt buchstäblich das Herz.

Hauptkomponenten für das Wohlbefinden Erwachsener:

• **Selbstakzeptanz**. Sie haben eine positive Einstellung zu sich selbst; Sie erkennen an und akzeptieren mehrere Aspekte von sich selbst, einschließlich der guten und schlechten Eigenschaften.

• **Positive Beziehungen zu anderen**. Sie haben befriedigende, vertrauensvolle Beziehungen zu anderen; Sie sind um das Wohlergehen anderer besorgt; Sie verstehen das Geben und Nehmen menschlicher Beziehungen.

• **Autonomie**. Sie sind unabhängig und in der Lage, dem sozialen Druck zu widerstehen, in einer bestimmten Weise denken oder handeln zu müssen.

• **Beherrschung der Umwelt.** Sie haben Ihre Umgebung unter Kontrolle. Sie nutzen Ihre Chancen effektiv.

• **Lebenszweck**. Sie haben Ziele und einen Orientierungssinn. Sie spüren, dass Ihr gegenwärtiges und vergangenes Leben einen Sinn hat.

• **Persönliches Wachstum.** Sie glauben, dass Sie sich ständig weiterentwickeln, wachsen und erweitern. Sie haben das Gefühl, Ihr Potenzial zu verwirklichen.

Glücklich und zufrieden ist, wer all diese Zustände im Erwachsenenalter erreicht hat. Typischerweise steigt mit zunehmendem Alter das Gefühl der Beherrschung der Umwelt und der Autonomie. Die Jugendjahre und das junge Erwachsenenalter sind Zeiten der Turbulenzen, in denen wir der Kontrolle unserer Eltern, Lehrer und Vorgesetzten unterliegen. Mit zunehmendem Alter gewinnen wir mehr Kontrolle über unser Leben. Auf der anderen Seite neigen persönliches Wachstum und der Lebenszweck dazu, mit zunehmendem Alter nachzulassen. Viele Menschen mittleren Alters haben das Gefühl, so viel wie möglich erreicht zu haben. Vielleicht sind ihre Kinder, die ihnen so viel Orientierung im Leben gegeben haben, weggezogen, um ihr eigenes Leben zu leben. In dieser Phase müssen Eltern aktiv nach neuen Zielen suchen, um weiter voranzukommen.

Zwei wichtige Ereignisse beeinflussen unser späteres psychisches Wohlbefinden: die Erziehung und der Rückgang der körperlichen Gesundheit. Kinder geben Eltern ein Gefühl

»Du wirst 80? da bist du ja noch ein junger Hüpfer: Ich werde demnächst 120 ...«

Gute Beziehungen zu anderen sind ein Faktor für Wohlbefinden.

von Sinnhaftigkeit und Erfolg, im Guten wie im Schlechten. Untersuchungen an Erwachsenen mittleren Alters zeigen, dass ihre Wahrnehmung darüber, wie sich ihre Kinder entwickelt haben, bis zu 30 Prozent ihres Sinnes für die Beherrschung der Umwelt, ihres Lebenszwecks und ihrer Selbstakzeptanz sowie ihrer Depressionen ausmacht. Körperliche Gesundheit ist ein offensichtlicher Faktor für das Wohlbefinden, aber sie kommt mit einer überraschenden Wendung. Wie wir über unsere eigene Gesundheit denken, ist bis zu einem gewissen Grad kompetitiv. Wir messen unsere Gesundheit an der von uns ähnlichen Menschen, und wenn wir glauben, dass es uns besser geht als unserer Altersgruppe, verbessert sich unser Wohlbefinden.

DAS BUCH DES LEBENS

Jeder von uns lebt seine eigene Autobiografie – eine sich entwickelnde Geschichte mit bedeutenden Kapiteln, Schlüsselszenen, Wendepunkten, Hauptfiguren und Lektionen. Wir organisieren unsere Erfahrungen in Geschichten, die erklären, wer wir sind, wo wir herkommen und wohin wir gehen könnten. Wir haben eine narrative Identität. Forscher haben damit begonnen, persönliche Erzählungen als Ergänzung zu eher traditionellen Persönlichkeitsmerkmalen wie Charakterzügen oder Motiven zu studieren. Lebensgeschichten erzählen uns viel darüber, wie Menschen sich selbst sehen und wie sie sich in die größeren Geschichten der Gesellschaft einfügen.

Die Episoden in unseren Lebensgeschichten berühren typischerweise grundsätzliche Themen. Diese beinhalten:

• **Wirken**: Wege, wie wir unser Leben verändert oder unsere Ziele erreicht haben.

Wir sind stolz auf unsere Familie.

»Das Wichtigste ist, das Leben zu genießen, um glücklich zu sein – das ist alles, was zählt.«

AUDREY HEPBURN, SCHAUSPIELERIN

• **Gemeinschaft**: Verbindung mit anderen Menschen – Liebe, Fürsorge, Zugehörigkeitsgefühl.

• **Wendepunkte**: Zeiten, in denen wir Widrigkeiten überwunden haben, um ein gutes Ergebnis zu erreichen.

• **Kontamination**: Szenen, in denen sich ein gutes Ereignis unerwartet ins Schlechte verkehrte.

• **Bedeutungsverständnis**: Zeiten, in denen wir von einem Ereignis gelernt haben.

• **Explorative Aufarbeitung:** Das Ausmaß, in dem wir unser eigenes Leben durch unsere Geschichte erforscht haben.

• **Positive Auflösung:** Wege, über die wir Konflikte in unseren Lebensgeschichten gelöst haben, um zu einem befriedigenden Abschluss zu kommen.

Wir fangen schon früh an, unsere eigene Geschichte zu schreiben, aber die Geschichte ändert sich mit der Zeit. Im Alter von zwei Jahren beginnen Kleinkinder, Geschichten über Ereignisse zu sammeln und zu erzählen, die ihnen widerfahren sind. Grundschulkinder können zusammenhängende Geschichten über ihr Leben erzählen, mit einem klassischen Anfang, einem Hauptteil und einem Schluss. In der Adoleszenz tritt ein Gefühl von Ursache und Wirkung in die Erzählung ein: »Dieses Ereignis führte zu jenem, und ich verhalte mich auf bestimmte Weise aufgrund meiner Lebenserfahrung.« An diesem Punkt hat eine Person eine narrative Identität gewonnen, obwohl sich diese Identität für den Rest ihres Lebens in Arbeit befindet.

Erzählungen verändern sich im Laufe der Zeit nicht nur aufgrund wachsender Reife,

Jeder entwickelt fortwährend die Geschichte seines eigenen Lebens.

sondern auch, weil Erinnerungen mit der Zeit an Bedeutung gewinnen oder verlieren. Unsere Perspektiven ändern sich, wenn wir die Vergangenheit rekonstruieren. Studenten, die gebeten wurden, zehn Schlüsselereignisse in ihrem Leben zu beschreiben, listeten nur 22 Prozent dieser Ereignisse auf, wenn sie drei Jahre später erneut darum gebeten wurden. Außerdem ist das Gedächtnis notorisch ungenau. Selbst »Blitzlicht«-Erinnerungen – lebendige, emotional aufgeladene Erinnerungen an Ereignisse wie eine nationale Tragödie – sind unzuverlässig. Zum Beispiel baten die Forscher die Studenten, ihre Erinnerungen an die Ereignisse

Das Gehirn entwickelt sich bis in die frühen Zwanziger weiter.

des 11. September 2001 am folgenden Tag und eine, sechs und 32 Wochen später aufzuschreiben. Ihre Erinnerungen verblassten und inkonsistente Details schlichen sich ein, ebenso wie Erinnerungen an unbedeutende Ereignisse. Der einzige Unterschied: Die Probanden waren viel zuversichtlicher, dass sie sich deutlich an das »Blitzlicht«-Ereignis erinnerten. Während

wir unsere Lebensgeschichten erzählen, hängen die meisten unserer Erzählungen von Wendepunkten ab, von großen oder kleinen Schlüsselereignissen. Es könnten Erinnerungen sein wie ein entscheidendes Wort des Lobes von einem Lehrer, die Scheidung der Eltern, an der Hochschule angenommen zu werden, sich als homosexuell zu outen, eine schwere Krankheit zu überleben oder ein Kind zu bekommen. (Tatsächlich haben Forscher herausgefunden, dass Erinnerungen eine größere Anzahl von Ereignissen im Alter von zehn bis 30 Jahren umfassen als jede andere Periode. Diese »Reminiszenzschwelle« tritt wahrscheinlich

deshalb auf, weil diese Passage mehr wichtige Lebensentscheidungen und soziale Kontakte enthält als jede andere Zeit. Unsere natürliche Tendenz als Geschichtenerzähler ist es, diese Punkte zu verbinden. Wir integrieren diese Momente in eine Erzählung mit einheitlichen Themen und Lektionen. Wie wir mit negativen Ereignissen in unseren Geschichten umgehen, erweist sich als besonders bedeutsam. Wir neigen dazu, Ähnlichkeiten zwischen schlechten Momenten sowie Erklärungen dafür zu finden. Die Fähigkeit, Krisen zu verarbeiten und in ihnen eine positive Bedeutung zu finden, ist mit psychischer Reife, Belastbarkeit und langfristigem Wohlbefinden verbunden. Forscher haben auch festgestellt, dass Menschen, die sich von einem früheren Problem distanzieren, indem sie sich im Wesentlichen in der dritten Person betrachten, besser in der Lage sind, das Problem zu verarbeiten. Ein Ereignis als Geschichte mit einem eigenen Protagonisten zu gestalten, hilft uns offenbar, Probleme zu verstehen und zu bewältigen. Unsere Lebensgeschichten sind nicht so sehr wegen ihrer autobiografischen Details wichtig (unsere Erinnerungen sind typischerweise selektiv und verzerrt), sondern wegen der Bedeutung, die wir ihnen geben. Wir flicken eine

persönliche Erzählung zusammen, um unserem Leben ein einheitliches Thema und Ziel zu geben.

Wie alle Geschichten sind auch unsere persönlichen Geschichten dazu da, erzählt zu werden. Wir können sie uns selbst vorlesen, aber sie gewinnen an Macht und Bedeutung, wenn wir sie anderen mitteilen und ihre Reaktionen aufnehmen. Menschen erzählen Geschichten von denkwürdigen Ereignissen immer wieder und passen ihre Erzählungen an die Erwartungen und Reaktionen ihrer Zuhörer an. Forscher haben herausgefunden, dass die Reaktion eines Zuhörers einen starken Einfluss auf den Geschichtenerzähler hat. Eine Erzählung dauerte nur halb so lange, wenn der Zuhörer unaufmerksam war, und der Erzähler empfand die eigene Geschichte als weniger bedeutsam, wenn der Zuhörer abgelenkt war. Aufmerksame Zuhörer, auch feindliche, stärkten das Vertrauen eines Geschichtenerzählers in der Annahme, dass die Erzählung sinnvoll war.

Eltern werden nicht überrascht sein zu erfahren, dass Kinder gerne Geschichten mit der Familie teilen, sobald sie jedoch Jugendliche werden, mehr und mehr ihre ihre Altersgenossen als Publikum bevorzugen. Bei romantischen Partnern gilt: Je mehr sich die

»Jeder ist notwendigerweise der **Held seines eigenen Lebens.**«

JOHN BARTH, SCHRIFTSTELLER

beiden über die Bedeutung einer Erinnerung einig sind, desto mehr wird der Erzähler sie auf Dauer in Erinnerung behalten.

» Kulturelle Kontexte

Jedes Leben mag einzigartig sein, aber wir sehen unsere eigenen Lebensgeschichten im Kontext unserer Kultur. Der Psychologe der Northwestern University, Dan McAdams, stellt fest: »Geschichten leben in der Kultur. Sie werden geboren, sie wachsen, sie vermehren sich, und sie sterben schließlich nach den Normen, Regeln und Traditionen, die in einer bestimmten Gesellschaft herrschen.«

Geschichten folgen bestimmten Regeln, die wir fast von Geburt an kennen. In der modernen westlichen Kultur wird der Protagonist eines Entwicklungsromans von seiner Familie geprägt, wächst durch bestimmte formende Erfahrungen, erlebt Einsichten und Epiphanien, die seinen späteren Werdegang bestimmen, und

Menschen aus verschiedenen Kulturen identifizieren unterschiedliche Höhepunkte in ihren Lebensgeschichten.

entwickelt sich zu Erfolg oder Misserfolg. Huckleberry Finn entkommt seinem brutalen Vater, lernt aus seinen Begegnungen mit verschiedenen Betrügern und Heuchlern am Mississippi und erkennt, dass er seinem eigenen moralischen Kompass folgen muss. Jane Eyre, eine Waise, durchlebt eine schwierige Kindheit, stellt sich dem herrschsüchtigen Mr. Rochester, erkennt ihre eigenen Fähigkeiten und kehrt selbstständig zu Rochester zurück.

Wenn wir unsere eigenen Geschichten erzählen, neigen wir im Westen dazu, auch diesen romanhaften Handlungssträngen zu folgen. Typische Lebensgeschichten folgen den Linien klassischer Erzählungen. Wenn Sie über Ihre eigene Lebensgeschichte nachdenken, sehen Sie sie wahrscheinlich in Form einer klassischen Erzählung: Meine Geburt in eine bestimmte Art von Familie, wichtige

Kindheitserfahrungen, Wendepunkte, die überwundenen Rückschläge und letztendlich der Erfolg.

Woran wir uns in unserem Leben erinnern, ist von unseren Erwartungen geprägt. Weil unsere Vision unseres Lebens von kulturellen Erwartungen geprägt ist, werden Menschen aus verschiedenen Kulturen ihr eigenes Leben auf unterschiedliche Weise sehen. Nordamerikanische Erwachsene etwa erzählen meist frühere und detailliertere

Kindheitserinnerungen als ostasiatische. Wenn Amerikaner mit europäischem Hintergrund mit chinesischen Erwachsenen verglichen wurden, hatten die Amerikaner mehr Erinnerungen an einmalige Ereignisse und ihre Rollen und emotionalen Reaktionen auf diese Ereignisse. Chinesische Erwachsene hatten mehr soziale und historische Erinnerungen und legten mehr Wert auf ihre sozialen Interaktionen. Eine Studie, die typische holländische und japanische »Lebensskripte« verglich, fand fünf gemeinsame Ereignisse: die Ehe, den ersten Vollzeitjob, die Geburt von Kindern, ihren Schulanfang und den Tod der Eltern. Die japanischen Texte enthielten jedoch auch einige

Unsere Vision vom eigenen Leben ist geprägt von kulturellen Erwartungen.

einzigartige Meilensteine: die Aufnahmeprüfungen der High School, große Erfolge, das *Shichi-go-san*-Fest für Kinder und die *Seijinshiki*-Zeremonie (das Erreichen der Volljährigkeit). Die niederländischen Lebensgeschichten nannten drei wichtige Ereignisse, die in den japanischen Geschichten fehlten: das Ausziehen von Zuhause, die erste sexuelle

Erfahrung und der Tod der Großeltern.

Wenn unsere Lebensvision also von der vorherrschenden Kultur geprägt ist, könnte dies implizieren, dass Minderheiten oder marginalisierte Gruppen ausgelassen werden und dass Frauen oder ethnischen Minderheiten eine Vorlage für ihr Leben fehlt. Diesbezüglich gehen die Meinungen auseinander. Einige Forscher glauben, dass unterdrückte Gruppen ihre eigene charakteristische Gegenperspektive für ein Leben außerhalb der Mainstream-Kultur haben.

ZURÜCKGEBEN

Nach seinen eigenen Anweisungen lautet die Inschrift auf Thomas Jeffersons Grabstein:

Die Großeltern spielen in einigen Kulturen eine größere Rolle als in anderen.

Here was buried
Thomas Jefferson
Author of the Declaration
of American Independence
of the Statute of Virginia
for religious freedom
and Father of the University
of Virginia

Was fehlt? Die Kleinigkeit, dass er Präsident der Vereinigten Staaten war. Jeffersons Epitaph spiegelt die Leistungen wider, auf die er am stolzesten war. Die Erklärung, das Statut und die Universität waren sein Vermächtnis an die Welt.

Nur wenige Menschen können mit Jeffersons Leistungen mithalten, aber mit dem Alter beginnen viele darüber nachzudenken, wie sie der Gesellschaft etwas zurückgeben können, bevor sie aus dem Leben scheiden.
George Vaillant nannte diesen Lebensabschnitt »Generativität«. Es ist ein besonders wichtiger und gesunder Teil des Lebenslaufs eines Menschen und ein Faktor für das Wohlbefinden von Erwachsenen.
   Jüngere und ältere Erwachsene mit generativen Ansprüchen zeigen eine größere Erholung nach Stress, Misserfolgen und anderen Problemen des Lebens. Die Kultivierung der Generativität kann Ihnen helfen, das Altern zu meistern. Generativität nimmt im täglichen Leben viele Formen an.

Etwas weiterzugeben trägt maßgeblich zum Wohlbefinden Erwachsener bei.

Sie kann Kreativität umfassen: Ein Buch schreiben, Kunst kreieren, Musik machen.
Sie kann bedeuten, dass wir der Gemeinschaft durch ehrenamtliche Arbeit etwas zurückgeben. Familien sind ein fruchtbarer Nährboden für Generativität, sei es, um Kindern bei Schularbeiten oder als Fußballtrainer zu helfen oder sich um den alternden Vater zu kümmern. Eltern neigen eher zu Generativität, und diejenigen, die auf einer generativen Skala am meisten punkten, sind stärker in das Leben ihrer Kinder involviert, von der

Teilnahme an Elternabenden bis hin zur Freiwilligenarbeit. In größerem Maßstab gesehen kann Generativität auf eine Art von Unsterblichkeit abzielen. Die Menschen wollen, dass ihr Leben einen Sinn hat, der auch nach ihrem Tod weiterbesteht. Sie sehnen sich danach, ihr Unternehmen, ihre Gemeinschaft oder gar die Welt nachhaltig zu beeinflussen.
   Erzählungen von Wiedergutmachungen sind besonders häufig bei Menschen mit starken generativen Motiven, aber auch bei Süchtigen in der Genesung und Häftlingen, die

»Das Leben selbst ist das schönste Märchen von allen.«

HANS CHRISTIAN ANDERSEN, SCHRIFTSTELLER

versuchen, sich zu bessern. Diese Personen könnten einen Wendepunkt beschreiben, an dem sie auf Alkohol oder Drogen verzichteten und stattdessen begannen, ihr Leben wiederaufzubauen und anderen zu helfen, dasselbe zu tun.

Diejenigen, die durch den Tod eines Ehepartners gelitten haben, können später sagen, dass sie aus der Erfahrung Kraft oder Mitgefühl gewonnen haben. Generative Menschen sehen diese harten Episoden eher als Zeiten, in denen das Negative schließlich ins Positive umschlägt.

Das Gegenteil von Wiedergutmachung, Kontamination, ist ein Punkt, an dem sich ein positives Leben zum

Schlechten wendet. Generative Menschen beschreiben diese Momente eher seltener.

Ein Gefühl der Wiedergutmachung ist eine mächtige Triebkraft für das Wohlbefinden – noch mächtiger als eine glückliche Lebensgeschichte. Menschen, die glauben, dass sie Schlechtes in Gutes transformiert und Hindernisse überwunden haben, fühlen sich besser als diejenigen, die berichten, dass das Leben schon immer ziemlich gut war.

Wie die afroamerikanische Literaturwissenschaftlerin und Autorin Bell Hooks, die eine harte Kindheit überstand, um später Lehrerin und Aktivistin zu werden, schrieb:

»Unnötiges und nicht selbst gewähltes Leiden verletzt uns, muss uns aber keine Narben fürs Leben schlagen. Es zeichnet uns. Was wir dieser Zeichnung unseres Leidens zu sein erlauben, liegt in unseren eigenen Händen.«

Von der Kindheit bis ins hohe Alter folgen wir alle bestimmten Szenarien. Wir alle wachsen auf vorhersehbare Weise. Wir erwerben Sprach- und Sozialkompetenz und ausgeprägte Fähigkeiten. Wir machen Fehler und lernen daraus. Dieses Entwicklungsmuster wird bis zu einem gewissen Grad von der universellen Humanbiologie diktiert, doch die Biologie ist nicht die ganze Geschichte.

Während wir altern, können wir über die Menschen, die wir geworden sind, über unsere eigene Lebensgeschichte nachdenken und einen Sinn in dieser Geschichte finden, der uns hilft, unseren Einfluss auf die Welt zu reflektieren.

VERSTAN

D & WELT

Keiner von uns lebt in vollständiger Isolation. Der einsamste Einsiedler auf dem höchsten Berggipfel muss mit seiner Umgebung interagieren. Er muss Entscheidungen treffen, handeln und Probleme lösen. Die meisten von uns leben in einer weitaus gemeinschaftlicheren Welt, in der unsere Persönlichkeiten und Fähigkeiten durch die Art und Weise bestimmt werden, wie wir durch unser soziales Umfeld navigieren. In den nächsten drei Kapiteln werden wir darüber nachdenken, was uns antreibt, wenn wir miteinander und in Gruppen kommunizieren. Wir werden einige überraschende Erkenntnisse darüber gewinnen, wie wir urteilen und kreieren. Und wir werden lernen, wie wir unsere Fähigkeit zur Selbstkontrolle nutzen können, um unsere Ziele zu erreichen.

KAPITEL VIER

SOZIALE WESEN

Ausgeschlossen zu werden ist schmerzhaft – wie das »Cyberball-Experiment« zeigte, sogar im wahrsten Sinne des Wortes. Im Jahr 2003 berichteten Forscher über die Reaktionen der Spieler eines einfachen, virtuellen Online-Ballspiels. Die Versuchsleiter erklärten den Teilnehmern, dass sie das Cyberball-Spiel mit zwei anderen Mitspielern angehen würden, die über das Internet verbunden seien.

Die Studienteilnehmer wussten jedoch nicht, dass die anderen Spieler tatsächlich nur vom Computer simuliert wurden und keine echten Menschen aus Fleisch und Blut waren.

In der ersten Runde des Spiels warfen sich die Spieler frei den Ball zu. Etwas später hörten die simulierten Spieler jedoch auf, den Ball an die Studienteilnehmer zurückzupassen, egal was diese auch versuchten. Die ausgeschlossenen Teilnehmer fühlten sich verletzt, und das nicht nur metaphorisch. Scans des Gehirns zeigten eine größere Aktivität in den Regionen, welche mit der Empfindung von tatsächlichen, körperlichen Schmerzen in Verbindung stehen – die gleiche Art von Schmerz, welche Sie fühlen würden, wenn ein Hammer Ihren Daumen zerschmettert. »Ohne Freunde«, schrieb bereits Aristoteles, »möchte niemand leben, auch wenn er alle übrigen Güter besäße.«

Menschen haben ein grundlegendes Bedürfnis, sich mit anderen zu identifizieren. Es ist ein Verlangen, das sie ihr ganzes Leben lang antreibt. Kleinkinder sind von Geburt an auf ihre Mütter abgestimmt. Jugendliche wenden sich für Bestätigung und Rat an ihre Freunde. Beziehungen und Verbundenheit sind der Schlüssel zum Wohlbefinden bei älteren Erwachsenen und steigern sogar die Langlebigkeit. Wir sind bis auf den Kern soziale Wesen, zutiefst beeinflusst durch unsere Verbundenheit mit anderen. Unsere Beziehungen prägen unsere eigene Identität nicht nur im persönlichen Gespräch mit engen Partnern, sondern auch in größeren Gruppen, welche unsere Überzeugungen und Denkweisen prägen. Im weiteren Sinne sind unsere Persönlichkeiten, Entscheidungen, Motivationen und selbst unsere intellektuellen Fähigkeiten darauf ausgerichtet, uns bei der Navigation im sozialen Umfeld zu unterstützen. Unsere sozialen Bedürfnisse mögen zwar in unserem biologischen Erbe begründet sein, doch drücken sie sich in all unseren Interaktionen und Reaktionen auf die Außenwelt aus.

»Gesellschaft ist nicht die bloße Summe an Individuen,
sondern das System, das von ihrem Verband gebildet wird.«

ÉMILE DURKHEIM, SOZIOLOGE

VERBINDEN UND ABSTOSSEN

Unser soziales Selbst wird zutiefst durch persönliche Bindungen getragen. Um uns wirklich mit einer anderen Person verbunden zu fühlen, müssen wir eine stabile und dauerhafte Beziehung erleben. In einer solchen Beziehung interagieren wir häufig und auf angenehme Weise mit einem engen Freund, ohne unser wahres Selbst zu verbergen. Flüchtige Kontakte mit einer Vielzahl von Fremden sind emotional nicht befriedigend. Wir müssen spüren, dass der andere Mensch uns kennt und unser Wohlbefinden im Herzen hat. Menschen, die solche engen Beziehungen haben, sind nachweislich glücklicher und gesünder als andere. Wenn wir

andererseits von engen Beziehungen abgeschnitten, gemieden oder abgelehnt werden, kann die Erfahrung verheerend sein. Denken Sie an Zeiten, in denen Sie eine romantische Trennung durchgemacht haben, oder an einen Familienstreit, in dem sich ein geliebter Mensch von Ihnen abgewandt hat. Selbst als kleine Kinder erleben wir einige unserer schlimmsten Momente, wenn unsere besten Freunde zu anderen Kindern wechseln, oder wenn eine Gruppe von Kindern uns als Außenseiter behandelt. Diese Momente werden zwangsläufig als schmerzhaft beschrieben.

Tatsächlich beschreibt ein ganzes Vokabular von Schmerz emotionale Trennungen: Unsere Gefühle sind verletzt, unsere Herzen sind gebrochen, wir spüren den Stachel der Zurückweisung. Wie das Cyberball-Experiment zeigt, ist dies kein Zufall. Gefühle der Zurückweisung werden in der Tat als körperliche Schmerzen im Gehirn

registriert. Der vordere anteriore cinguläre Cortex ACC), der sich unter den Stirnlappen des Gehirns befindet, und die vordere Insula, Teil des emotionsverarbeitenden Limbischen Systems, sind beide eng mit der Vermittlung von Informationen über Schmerz und Gefühle verbunden. In der Tat legt die Forschung nahe, dass der Schmerz im Gehirn auf zwei Arten registriert wird: als sensorische Information über den Ort des Schmerzes und als emotionale Information darüber, wie unangenehm dieses Gefühl ist. Wenn ein Kind in Not weint, weil es von seiner Mutter getrennt ist, wird dieses Wehklagen vom ACC ausgelöst. In Fällen, in denen Chirurgen Teile des ACC entfernt haben, berichten Patienten, dass sie das Schmerzempfinden registrieren, ohne es als unangenehm zu empfinden. Abgelehnte Cyberball-Spieler verspürten keinen körperlichen Schmerz, aber sie fühlten die Belastung ihres Ausschlusses genauso wie die Belastung durch einen Schlag in den Bauch. Je mehr sie sich zurückgewiesen fühlten, desto größer wurde der Schmerz.

Für diejenigen, die unter Zurückweisung leiden, kann das Betrachten von Bildern der Isolation, wie dieses von Edward Hopper, schmerzhaft sein.

Einige Menschen scheinen Zurückweisung (und den schmerzhaften Gefühlen, die sie verursacht) gegenüber empfindlicher zu sein als andere. Bei ihnen aktiviert das Betrachten von Bildern einsamer, isolierter Menschen (wie die in Edward Hoppers Gemälden) die emotionalen Schmerzzentren im Gehirn, ebenso wie das Betrachten von Fotos von Menschen mit missbilligenden Gesichtsausdrücken. Auch im Nachhinein empfinden die Menschen bei der Betrachtung des sozialen Verlustes wirklichen Schmerz. Die ACC-Region ist aktiver, wenn Menschen Bilder von Angehörigen betrachten, als Bilder von Fremden. Ebenso registrieren Frauen, die un-

geborene Babys verloren haben, Schmerzen im ACC, wenn sie Bilder von lächelnden Babygesichtern sehen.

Wenn sich also emotionale Schmerzen mit körperlichen überschneiden, kann man einfach eine Tablette nehmen, um sie verschwinden zu lassen? Überraschenderweise ist die Antwort bis zu einem gewissen Grad »ja«. Studien haben gezeigt, dass Leute, die täglich

Tylenol lindert sowohl emotionale als auch körperliche Schmerzen.

über drei Wochen Tylenol einnahmen, ab dem neunten Tag über viel geringere Niveaus der täglichen verletzten Gefühle berichteten, als jene, die Placebos schluckten. Die gleichen Ergebnisse wurden beobachtet, als die ignorierten Cyberball-Spieler täglich Tylenol einnahmen.

Der kulturelle Kontext prägt auch, wie sensibel wir auf Ablehnung oder Ausgrenzung reagieren. Betrachten wir etwa eine in der Türkei durchgeführte Studie, bei der Bauern und Hirten befragt wurden. Die Forscher befragten sowohl Bauern, die selbstständig arbeiteten und ihre Produkte direkt an Läden verkauften, als auch Hirten, die regelmäßig mit

SOZIALE ÄCHTUNG

Dies ist die Macht der Ausgrenzung, die seit Jahrtausenden zur Disziplinierung und Bestrafung von fehlgeleiteten Mitgliedern sozialer Gruppen genutzt wird. Das alte Athen hat das Wort Ächtung durch seine Praxis der Ostrakophorie geboren. Bei den Mittwintertreffen versammelten sich die Bürger und stimmten über Keramikscherben (Ostraka) ab, um prominente Bürger, die als Bedrohung galten, zu vertreiben. Mehrere Religionsgemeinschaften praktizieren die Ächtung, vielleicht am bekanntesten einige Bruderschaften der Amish und der Mennoniten. Getaufte Mitglieder, von denen angenommen wird, dass sie ihr Gelübde gebrochen haben, werden aus der Gemeinschaft ausgestoßen. Andere Amish werden mit den Geächteten weder Nahrung teilen noch Geschäfte machen, bis sie Buße getan haben. Noch drastischer ist die traditionelle Praxis der gesellschaftlichen Ächtung auf Bali, wo lokale und politische Auseinandersetzungen zu einer vollständigen Ausgrenzung von Personen führen können. Die Nachbarn des Übeltäters werden ihn nicht ansehen oder anerkennen; er und seine Familie werden aus den Tempeln verbannt und können keine Schulen oder Gesundheitskliniken benutzen, weil niemand mit den Geächteten sprechen wird. Wenn der geächtete Mensch stirbt, steht er vor der ultimativen Ächtung: Seine Leiche kann nicht auf dem Gemeindefriedhof begraben werden.

Fremden verhandeln mussten, um ihre Tiere zu verkaufen. Sowohl die Bauern als auch die Hirten reagierten mit ähnlichen Schmerzen auf die Erfahrung, von ihren Angehörigen gemieden zu werden. Bei der Meidung durch Fremde reagierten die beiden Gruppen jedoch unterschiedlich. Die Bauern, die nicht auf den Umgang mit Fremden angewiesen waren, ließen sich weniger durch die kalte Schulter von Unbekannten stören. Hirten, die diese

Interaktion benötigen, waren stärker betroffen.

Wenn Sie also das Gefühl haben, dass Ihr Herz gebrochen ist, oder wenn sich eine schneidende Bemerkung wirklich wie ein Stich ins Herz anfühlt, nehmen Sie sie ernst. Ihr Schmerz ist echt.

Aus heutiger Sicht erscheint es merkwürdig, dass scheinbar harmlose soziale Ablehnungen tief verwurzelte körperliche Reaktionen hervorrufen. Aus evolutionärer Sicht ist der

Schmerz der Ausgrenzung jedoch angemessen. Der Mensch ist während seiner langen Zeit der Unreife völlig abhängig von den Eltern und Bezugspersonen, die für Nahrung und Schutz sorgen. Für die meisten Säugetiere bedeutet es den Tod, während der Kindheit von den Bezugspersonen abgeschnitten zu werden. In der frühen Menschheitsgeschichte waren auch Erwachsene auf den Schutz ihrer Artgenossen angewiesen. Soziale Gruppen waren klein und oft in Gefahr, wobei die Mitglieder aufeinander angewiesen waren, um sich mit Nahrung zu versorgen, Nachwuchs aufzuziehen und sich gegen Raubtiere zu verteidigen. Aus der Gruppe vertrieben zu werden, war eine lebensbedrohliche Katastrophe.

Die UCLA-Psychologin Naomi Eisenberger schrieb: »Angesichts der Tatsache, dass eine soziale Trennung so schädlich für das Überleben ist, wurde angenommen, dass im Laufe unserer Evolutionsgeschichte das soziale Bindungssystem – das die soziale Nähe sicherstellt – auf das physische Schmerzsystem zurückgreift und das Schmerzsignal ausborgt, um dem Individuum Fälle von sozialer Ausgrenzung zu signalisieren.« Angespornt von diesen unangenehmen Gefühlen, raufen sich die Menschen zusammen und vermeiden die Gefahren eines einsamen Lebens.

» Nachteile (und Vorzüge) der Zurückweisung

Der Schmerz verletzter Gefühle nach der Zurückweisung wird oft von einem unerwünschten Partner begleitet: der Angst. Ausgeschlossen zu sein macht die meisten Menschen angespannt und ängstlich, da sie spüren, dass Ärger in ihr Leben eingedrungen ist. Auch das macht evolutionär Sinn. Dieses unangenehme Gefühl warnt uns, dass wir Gefahr laufen, von der Unterstützung unserer sozialen Gruppe abgeschnitten zu werden.

Die gewünschte Eingliederung in soziale Gruppen ist ein Faktor der Evolution.

Um das ängstliche Gefühl zu zerstreuen, werden wir versuchen, uns wieder zu vernetzen. Angst kann schon vor der eigentlichen Ablehnung entstehen, ausgelöst durch Warnsignale wie Kritik. Kritische Bemerkungen von einem Familienmitglied oder Chef oder Kommentare von einem geliebten Menschen, dass Sie

zum Beispiel Ihr gutes Aussehen verlieren, sind Signale, dass Zurückweisung und Ablehnung auf dem Weg sein können. Wir mögen über die Kritik verärgert sein, oder wir mögen anderer Meinung sein, aber die Angst, die durch die Kommentare hervorgerufen wird, entsteht trotzdem. Verlegenheit und Schuld dienen ähnlichen Funktionen wie Angst, doch erst im Nachhinein. Unsere Schuldgefühle helfen uns, zukünftige soziale Fehler zu vermeiden und unsere Beziehungen zu reparieren. Bis zu einem gewissen Grad sind Angst, Scham und Schuld wertvoll, weil sie uns vor den Gefahren der sozialen Ausgrenzung schützen.

Von sozialen Gruppen ausgeschlossen zu sein kann zu Angst führen.

ZURÜCK-WEISUNGEN VERARBEITEN

Jeder wird ab und zu zurückgewiesen, und jeder hasst es. Es gibt jedoch Möglichkeiten, gestärkt aus der Sache hervorzugehen. Der Psychologe Todd B. Kashdan kennt nützliche Strategien:

1. Sehen Sie sich die kritisierende Person an – ist sie schöpferisch oder zerstörerisch? Konstruktive Kritik kann hilfreich sein, aber hören Sie nur auf Menschen, die versuchen, auf dem aufzubauen, was Sie geschaffen haben.

2. Wenn Ihre Arbeit abgelehnt wird, schaffen Sie einen psychologischen Raum zwischen Ihnen, also dem Schöpfer, und der Arbeit, Ihrem Produkt. Lernen Sie, Distanz zwischen den Gedanken und dem Denker, den Gefühlen und dem Fühler zu schaffen.

3. Nehmen Sie Ihre unerwünschten Gedanken und wiederholen Sie sie langsam. Trainieren Sie sich, sie als das zu sehen, was sie sind – nur Worte, nichts, was Kontrolle darüber hat, was Sie als Nächstes tun.

4. Verstehen Sie den Unterschied zwischen produktiver und unproduktiver Verzweiflung nach einer Zurückweisung. Fragen Sie: »Kann ich heute etwas tun, das mein Problem löst?« Wenn die Antwort »nein« ist, bestätigen Sie dies und gehen Sie zu etwas Produktivem über.

5. Nähren Sie Ihre Ressourcen. Teilen Sie Ihre Verwundbarkeiten und Vorstellungen mit Menschen, die Ihnen nahestehen. Seien Sie freundlich, auch in einer grausamen Welt.

Die lähmende Unruhe der sozialen Ängste schadet jedoch der Person, die sie erlebt. Soziale Angst ist eine der häufigsten psychischen Störungen (siehe Kapitel 7, Seite 203). Menschen, die darunter leiden, fürchten sich ungewöhnlich stark vor Erniedrigung oder Zurückweisung und vermeiden dementsprechend soziale Handlungen oder Situationen. Wenn Betroffene gezwungen werden, mit anderen zu interagieren, konzentrieren sie sich auf die andere Person, nehmen große Anstrengungen auf sich, um ihre eigenen Gedanken oder Gefühle nicht zu enthüllen, und vermeiden kontroverse Themen, weil sie Angst vor Enthüllung, Blamage und Zurückweisung haben. Das kann soziale Konfliktsituationen glätten, aber es hält andere Menschen auf Abstand. Sozial verängstigte Menschen können sich sogar selbst verunglimpfen oder ihre eigenen Leistungen herunterspielen, um andere nicht herauszufordern. Sie können öffentlichem Lob oder positiver Bewertung ausweichen, da sie Angst davor haben, Neid zu erregen, oder weil sie fürchten, dass sie hohe Erwartungen wecken, die sie nicht erfüllen können. Selbst im Erfolg versuchen jene mit sozialen Ängsten zu scheitern, damit sie ihren untergeordneten Platz in der Hierarchie nicht verlieren.

Auf Ablehnung zu stoßen kann zu Diabetes und Herzerkrankungen führen.

Ablehnung ist nicht nur schlecht für unsere geistige, sondern auch für unsere körperliche Gesundheit. Insbesondere die Erfahrung der Zurückweisung scheint die Prozesse zu stimulieren, die zu Entzündungen im Körper führen. Anhaltende Entzündungen können wiederum Krankheiten wie Diabetes und Herzerkrankungen verschlimmern. Diese Effekte wurden bei Erwachsenen, die vor einer feindlichen Menge Reden halten, und bei Ehepartnern in Konflikten festgestellt. Ablehnung kann besonders in den Jugendjahren schädlich sein, wenn der soziale Status und die Gruppenzugehörigkeit emotional sehr wichtig sind. In einer zweieinhalbjährigen Studie mit jungen Mädchen, die zu Depressionen neigten, waren die Entzündungsmarker am stärksten ausgeprägt, nachdem das

Mädchen, die sich auf der sozialen Leiter ganz oben sehen, leiden mehr unter Stress als andere.

»Wo immer es einen Mann gibt, der Autorität ausübt, gibt es einen Mann, der sich der Autorität widersetzt.«

OSCAR WILDE, SCHRIFTSTELLER

Mädchen eine Episode der Zurückweisung erlebt hatte.

Dies war besonders zutreffend bei Mädchen mit hohem Status (die ihren eigenen Status bewerteten, indem sie ihn auf einer Leiter auswählten, wobei die niedrigen Sprossen unbeliebte, akademisch angeschlagene Mädchen und die hohen Sprossen populäre, akademisch erfolgreiche Mädchen darstellten). Warum ist das so? Studien zeigen, dass höherrangige Menschen stärkere Stressreaktionen auf soziale Bedrohungen liefern als solche mit niedrigerem Status, möglicherweise weil sie evolutionär gesehen mehr zu verlieren haben, wenn sie von ihrer hohen Sprosse der sozialen Leiter gestoßen werden. Auf der anderen Seite kann eine Art von Person durch Ablehnung gedeihen: das stolze, unabhängige Individuum.

Bestseller-Autor Stephen King pinnte sich eine Absage nach der anderen an seine Schlafzimmerwand, als er versuchte, erstmals ein Werk (den Roman *Carrie*) an Verleger zu verkaufen, gab jedoch nicht auf, bis er das Buch beim 30. Versuch schließlich an den Mann brachte.

Studien haben ergeben, dass Menschen, die ungewöhnlich unabhängig sind und ihre eigene Einzigartigkeit schätzen, nach einer Erfahrung der Zurückweisung kreativer sind. In Tests knüpfen sie ungewöhnlichere Wort-

assoziationen und produzieren fantasievollere Geschichten und Zeichnungen. Für diese stolzen Außenseiter mag soziale Ablehnung eher validierend als entmutigend und eher anregend als deprimierend sein.

DAS ÜBERBRÜCKEN VON WELTEN

Der Aufbau von Beziehungen zu anderen ist für unsere körperliche und seelische Gesundheit unerlässlich. Wie machen wir das? Wir können mit Empathie beginnen. Die Fähigkeit, sich mit den Emotionen einer anderen Person zu identifizieren, insbesondere mit dem Schmerz dieser Person, ist für die Bildung von Beziehungen zu anderen von zentraler Bedeutung. Die meisten Menschen, die sehen, wie ein Kind auf dem Spielplatz schikaniert wird oder wie ein Freund nach dem Anschlagen seines Zehs schmerzerfüllte Grimassen schneidet, werden mitfühlend zusammenzucken. Wir scheinen zu fühlen, was andere fühlen. Und das tun wir im wahrsten Sinne des Wortes.

Viele Studien bestätigen, dass unser Gehirn auf den Schmerz einer vertrauten Person so reagiert, als würden wir diesen Schmerz selbst erfahren. So zeigten Forscher in Taiwan einer Gruppe junger Männer, die in enger Verbindung standen, eine Reihe

Sehr einfühlsame Menschen spüren auch den Schmerz anderer.

von Bildern von Händen und Füßen. Einige Bilder zeigten die Gliedmaßen in neutralen Situationen, wie etwa beim Öffnen einer Schublade. Andere zeigten die gleichen Glieder in schmerzhaften Situationen, wie etwa in der Schublade eingeklemmt. Die Versuchsleiter baten die Männer, sich in jedem dieser Szenarien entweder einen Fremden, einen Angehörigen oder sich selbst vorzustellen. Funktionelle MRT-Scans zeigten eine größere Aktivierung in der Schmerzmatrix des Gehirns (unsere Freunde ACC und vordere Insula), wenn man sich einen geliebten Menschen mit Schmerzen vorstellt, im

Vergleich zum Fremden in der gleichen Situation. In der Tat – je enger die Beziehung zwischen dem Subjekt und der signifikanten Bezugsperson, desto mehr hat das Gehirn des Subjekts den Schmerz registriert, als wäre es der eigene. Es sind nicht nur körperliche Schmerzen, die diese empathischen Reaktionen auslösen. Wenn wir sehen, dass andere Menschen soziale Schmerzen erleben, wie etwa Zurückweisung oder Mobbing, leuchten dieselben Bereiche des Gehirns auf. Erinnern Sie sich an die Cyberball-Studie (siehe dieses Kapitel, Seite 109), in der simulierte Spieler in einem gemeinen

Spiel das Subjekt ignorierten? Eine andere Gruppe von Teilnehmern beobachtete lediglich die Interaktionen. Danach wurden sie gebeten, dem ausgeschlossenen Teilnehmer eine E-Mail zu schreiben. Einfühlsame Menschen, die das Spiel beobachteten, zeigten Aktivität in den schmerzbezogenen Regionen ihrer Gehirne. Außerdem schrieben diejenigen, welche die stärksten einfühlsamen Reaktionen zeigten, die sympathischsten E-Mails.

»Lieber Adam«, schrieb ein solcher Beobachter, »Als ich mir dein Cyberball-Spiel ansah, bemerkte ich, dass du dich vielleicht ausgeschlossen gefühlt haben musst, als Erika und Danny den Ball einander immer wieder zuwarfen. Ich wollte nur sagen, dass es mir leid tut, dass dies passiert ist, und ich bin sicher, dass es eine Erklärung dafür gibt, die nichts mit dir zu tun hat. Du schienst ein großartiger Ballwerfer zu sein.«

Ein weniger einfühlsamer Beobachter hatte das Folgende geschrieben: »Hey Ann, danke für die Teilnahme am Spiel mit den anderen beiden Teilnehmern. Es war ein interessantes

»Ich weiß genau, wie du dich fühlst!«

Spiel, und ich hoffe, du hattest Spaß!«

Ist einfühlsames Verhalten rein altruistisch? Evolutionäre Erklärungen würden sagen: nicht ganz. Pro-soziales Verhalten kann sich in einer Gruppe ausbreiten und allen zugutekommen. Wir tun für andere, was wir hoffen, dass sie eines Tages für uns tun werden.

» Das Spektrum der Empathie

Zu große Empathie kann schmerzhaft sein, aber ein völliger Mangel an Empathie ist gefährlich. Erwähnen Sie das Wort »Psychopath«, und das

Bild, das in den Sinn kommt, ist ein wilder Einzelgänger, gruselig und zerzaust, ohne normale menschliche Emotionen, außer vielleicht Hass. Traditionell hat die Psychologie dieser Einschätzung zugestimmt. Theorien der Psychopathie haben gezeigt, dass Psychopathen nicht in der Lage sind, Empathie zu empfinden oder die Gefühle eines anderen Menschen zu verstehen. Aber dann war da noch Ted Bundy, der Serienmörder, dessen Reihe schrecklicher Verbrechen ihn an die Spitze der Liste der gewalttätigen Psychopathen stellt. Vor seiner Hinrichtung

»[Empathie ist] die Fähigkeit zu verstehen, dass, jeder Krieg gewonnen und verloren wird.«

BARBARA KINGSOLVER, SCHRIFTSTELLERIN

1989 gestand Bundy, 30 Mädchen und junge Frauen ermordet zu haben, und er stand im Verdacht, noch für den Tod vieler weiterer Menschen verantwortlich zu sein. Neben dem Entführen, Vergewaltigung und Prügeln seiner Opfer enthauptete er mindestens zwölf Frauen, deren Köpfe er in seiner Wohnung aufbewahrte. Er entkam zweimal aus dem Gefängnis, um weitere Verbrechen zu begehen, bevor er schließlich verhaftet wurde, weil er ein gestohlenes Auto fuhr. Bundy hätte es nie geschafft, so viele Opfer in den Tod zu locken, wenn er ein abstoßender Mensch gewesen wäre. Im Gegenteil,

Nicht alle Psychopathen neigen zu Gewalt oder kriminellem Verhalten.

seine Bekannten und überlebende Opfer beschrieben ihn als charmant, charismatisch und intelligent. Der gut aussehende, freundlich wirkende Mann schien das Gegenteil von gefühllos zu sein. Einmal arbeitete er sogar in einem Selbstmord-Krisenzentrum.

Tatsächlich war es sein Verständnis von Empathie, das es ihm erlaubte, so viele gutherzige Fremde in die Falle zu locken. Er näherte sich vielen seiner Opfer, während er einen Gips an einem Arm oder Bein trug und die Frau um Hilfe beim Tragen von Gegenständen zu seinem Auto bat.

Psychopathie wurde mit Kindesmissbrauch in Verbindung gebracht. Viele Täter wurden selbst als Kinder missbraucht, was sie vielleicht gelehrt hat, andere zu schikanieren, um Macht oder Kontrolle zu erlangen.

Aber der Zustand scheint auch eine physische Grundlage zu haben. Forscher, die Ge-

Der Serienmörder Ted Bundy verstand das Prinzip der Empathie, verspürte sie jedoch nicht.

waltverbrecher studierten, haben herausgefunden, dass sie sowohl kaum Angstreflexe als auch eine geringe Bestrafungsempfindlichkeit haben. Psychologen glauben mittlerweile, dass Psychopathen auch eine verkümmerte Form der Empathie besitzen können. Wie der Schmerz scheint Empathie sowohl eine kognitive als auch eine affektive Komponente zu haben. Psychopathen können den kognitiven Teil besitzen – sie verstehen, was Empathie ist und wie sie funktioniert – jedoch ohne den affektiven Teil. Sie empfinden die Empathie auf der emotionalen Ebene einfach nicht.

Dieser Mangel kann einen effektiven Killer produzieren, ein Raubtier, das andere Menschen manipulieren kann, ohne dabei eine emotionale Verbindung einzugehen. Ted Bundy passte zu diesem Bild. Er fühlte keine Schuld angesichts seiner Verbrechen. Er redete sich schlagfertig aus Polizeiverhören heraus, log, prahlte und änderte seine Geschichte immer wieder, bis zum Tag seiner Hinrichtung.

Nicht alle Psychopathen sind Kriminelle. Als der Neurowissenschaftler James Fallon 2005 in seinem eigenen Gehirnscan die Schlüsselsignaturen der Psychopathie entdeckte, obwohl er stets gesetzeskonform gelebt hatte, erkannte er, dass seine aggressiven Anteile eine biologische Grundlage haben und einen Wettbewerbsvorteil darstellen könnten. Einige Psychologen gehen davon aus, dass bis zu vier Prozent der Personen in leitenden Positionen ebenfalls psychopatische Anteile haben – manipulativ und gefühllos sind, aber dadurch nicht in Konflikt mit dem Gesetz kommen.

(?) SELBSTTEST

DAS MICHELANGELO-PHÄNOMEN

»Du machst mich zu einem besseren Menschen.« Diese herzliche Erklärung ist ein romantisches Klischee, aber wie viele Klischees enthält sie eine zentrale Wahrheit. Enge Partner formen sich gegenseitig, und in den besten Beziehungen helfen sie sich gegenseitig, sich auf ihr ideales Selbst zuzubewegen.

Die Psychologin Caryl Rusbult nannte dies das Michelangelo-Phänomen. Wie Michelangelos ungeschliffener Stein schrieb sie, dass »auch der Mensch ideale Formen besitzt«, eine Sammlung von Träumen, Fähigkeiten, Zielen und Ressourcen, die jeder Mensch erwerben möchte. Unterstützende Partner verstehen diese Ziele und formen im Laufe der Zeit aktiv ihre Lieben, um ihnen zu helfen, ihr ideales Selbst aus dem Marmor zu befreien.

Diese Unterstützung muss keine lebensverändernden Gesten beinhalten. Es kann so einfach sein wie ein Ehemann, der seine schüchterne Frau auffordert, am Esstisch eine charmante Geschichte zu erzählen. Sie muss das widerspiegeln, was der Partner wirklich will – nicht das, was der »Bildhauer« bevorzugt. Paare, die dies erreichen, haben eine größere Beständigkeit in schweren Zeiten und eine größere Anpassung an die Herausforderungen des Lebens bewiesen. Helfen Sie Ihrem Partner, sein ideales Selbst zu erreichen? Stellen Sie sich diese Fragen:

Weiß ich, wie mein Partner sein ideales Selbst sieht? Verstehe ich sein volles Potenzial?

Entsprechen meine Erwartungen diesem Potenzial?
Helfe ich ihm, seine Ziele zu klären?
Helfe ich ihm, diese Ziele zu erreichen?
Lobe ich diese Bestrebungen?

» Du verstehst mich

»Niemand kennt mich so gut wie mein bester Freund.« »Mein Freund versteht mich einfach.« Wenn Sie das Gefühl haben, dass Ihnen jemand wirklich nahesteht, glauben Sie, dass diese Person Sie wie kein anderer versteht. Wenn Sie daran interessiert sind, jemandem näherzukommen, wollen Sie ihn wirklich kennen lernen und verstehen, warum er tut, was er tut. Verständnis ist neben Empathie eine wichtige Form der sozialen Verbundenheit. Es gibt zwei Formen von Beziehungen. Die erste ist das Sich-Kennen. Die Menschen wollen andere kennenlernen und von ihnen erkannt werden. Auch außerhalb intimer Beziehungen ist Wissen, das uns hilft, die Motivationen anderer Menschen zu erfassen und ihr Verhalten zu erklären und vorherzusagen, wertvoll. Wir müssen eine Person kennen, bevor wir entscheiden können, ob sie vertrauenswürdig ist. Die andere Form des Verstehens ist die Reaktionsfähigkeit. Wenn Sie Ihr Lebensgefährte wertschätzt, Sie akzeptiert und in Ihrem besten Interesse handelt,

fühlen Sie sich verbunden und bestätigt. Es hat sich gezeigt, dass Reaktionsfähigkeit der Schlüssel zur Förderung von Sicherheit, Intimität und Vertrauen zwischen den Partnern ist. Einmal begonnen, fließt der Prozess des Verstehens in beide Richtungen.

Da ein Partner dem anderen hilft, seine Ziele zu erreichen, ermutigt diese Reaktionsfähigkeit den helfenden Partner, sich bezüglich seiner eigenen Träume zu öffnen. Der wichtigste Teil des gegenseitigen Verständnisses ist nicht das

Wissen selbst, sondern die Sensibilität und emotionale Unterstützung. Eine Studie ergab, dass, wenn es darum ging, die Persönlichkeit, die Vorlieben oder das Verhalten eines geliebten Menschen zu kennen, das wahrgenommene Wissen wichtiger war als das tatsächliche Wissen. Solange sich die Menschen bestätigt fühlen und ihre Partner ihre Interessen im Auge haben, spielt es keine Rolle, ob die Partner ihre Lieblingsbiere oder Lieblingsfarben wirklich kennen.

»Man versteht einen Menschen erst dann wirklich,
wenn man die Dinge aus seiner Sicht betrachtet.«

HARPER LEE, SCHRIFTSTELLERIN

Kinder gedeihen, wenn ihre Eltern auf ihre Bedürfnisse eingehen.

Das Phänomen »Du verstehst mich« ist nicht auf romantische Partnerschaft beschränkt. Dieses enge Verständnis ist auch die Grundlage für gute Eltern-Kind-Beziehungen. Kinder, deren Eltern auf ihre Bedürfnisse eingehen, sind sicherer verankert und verfügen über bessere soziale Kompetenzen und höhere schulische Leistungen.

» Dankbarkeit

Wenn Sie einen reaktionsschnellen und verständnisvollen Partner haben, fühlen Sie sich fast zweifellos dankbar. Das Gefühl der Dankbarkeit ist ein weiterer starker Faktor beim Aufbau der Beziehungen zwischen zwei Menschen. Auch außerhalb einer engen Beziehung kann Dankbarkeit das positive Handeln innerhalb einer Gruppe verstärken und einem Betroffenen helfen, in der Not Stärke zu finden. Aus praktischer Sicht ist Dankbarkeit einfach nützlich. Es ist ein Nutzen-Detektor. Sie sind dankbar, wenn Sie ein Geschenk bekommen oder wenn Sie eine Art Vorteil erhalten, den Sie mit einem bestimmten Schenkenden in Verbindung bringen können. Die Dankbarkeit verstärkt sich, wenn Sie glauben, dass das Geschenk für den Schenkenden kostspielig war (ob als Geld, Zeit oder Mühe); wenn das Geschenk persönlich wertvoll und gut gewählt wurde (diese Flasche alter Glenlivet ist perfekt für den schottischen Liebhaber, nicht so sehr für den genesenden Alkoholiker);

»Dankbarkeit öffnet die Tür ... zur Kraft, der Weisheit, und der Kreativität des Universums.«

DEEPAK CHOPRA, SCHRIFTSTELLER

und wenn der Schenkende nicht verpflichtet war, das Geschenk zu geben.

Ein spontanes, außergewöhnliches Geschenk kann das beste Geschenk von allen sein. In jedem Fall sind wir nicht so sehr für das Geschenk oder den Nutzen selbst dankbar, sondern weil der Akt des Gebens zeigt, dass die Menschen an uns denken, dass sie sich um uns sorgen und dass die Welt nicht so schlecht ist. Dankbarkeit ist auch deshalb nützlich, weil sie jene Gabe ist, die weitergibt; sie verstärkt freundliche Gesten. Wenn wir den Menschen für ihre Gaben danken, einschließlich des Einsatzes ihrer Zeit, Unterstützung und Weisheit, werden diese Menschen in Zukunft wieder großzügiger zu uns und anderen sein. Dankbarkeit motiviert uns auch, freundliche Gesten an andere zu richten – um das Gute weiterzugeben. Wenn die Person vor Ihnen bei Starbucks unerwartet für Ihren Kaffee bezahlt, sind Sie motiviert, das für die Person hinter Ihnen zu tun. Güte erzeugt Güte, und wir werden inspiriert, so gut zu sein wie die Person, die uns geholfen hat. Das Gefühl der Dankbarkeit ermöglicht eine blühende, gesunde Gesellschaft. Dankbarkeit zu vermitteln ist jedoch nicht immer einfach. Angst, Verlegenheit, Traurigkeit und Wut können

unseren Ausdruck der Emotion begleiten. Dankbarkeit lässt uns erkennen, wie verwundbar und wie abhängig wir von anderen sind, um durch die Untiefen des Lebens zu navigieren. (Vor allem Männer haben Schwierigkeiten, Dankbarkeit auszudrücken.) Therapeuten drängen manchmal dazu, einen Dankesbrief an jemanden zu schreiben, der ihnen nahesteht – vielleicht an einen Verwandten oder an einen Freund – und ihn laut vorzulesen. Dieses Vorlesen kann an einem Grabstein oder einem anderen emotional resonanten Ort stattfinden. Wie zu erwarten, sind die Emotionen in diesen Zeiten gemischt, Liebe und Dankbarkeit vermischen sich mit Trauer. Noch belastender sind Briefe (nicht vorgelesen) von Frauen an die misshandelnden Ehemänner, die sie zurückgelassen haben. Obwohl die Briefe therapeutisch sein können, wenn die Frauen darüber nachdenken, wie sie nach der Erfahrung stärker, unabhängiger und sozial verbundener wurden, ist die Dankbarkeit verständlicherweise oft unter Gefühlen von Trauer und Wut begraben.

» Gute Absichten, schlechte Ergebnisse

Vergebung ist eine gute Sache. Menschen, die in der Lage sind zu verzeihen, sind körperlich

ÜBUNG

DANKE!

Viele Menschen schreiben in einem privaten Tagebuch auf, wofür sie dankbar sind. Es ist nicht schwer, und man muss es nicht jeden Tag tun – schon ein oder zwei Mal pro Woche können genügen. Hier einige Tipps:

• Achten Sie auf kleine Dinge: Sie können dankbar sein für einen Sonnenstrahl, der auf Ihren Frühstückstisch trifft oder den Geschmack eines Kekses am Nachmittag.

• Fassen Sie sich kurz, aber nicht zu kurz. Machen Sie keine Diplomarbeit aus Ihrem Dankbarkeitstagebucheintrag, sondern fügen Sie genügend emotionale Details hinzu, damit Sie nicht nur eine Aufzählung niederschreiben.

• Erinnern Sie sich an schlechte Zeiten als Hintergrundbild. Dies scheint kontraintuitiv, aber wenn wir an besonders schwere Zeiten denken, hilft es uns, dankbar dafür zu sein, wie viel besser unser Leben jetzt ist.

• Beziehen Sie andere Menschen mit ein. Die Forschung zeigt, dass Dankbarkeit gegenüber Menschen einen tieferen Einfluss hat als Dankbarkeit gegenüber Dingen.

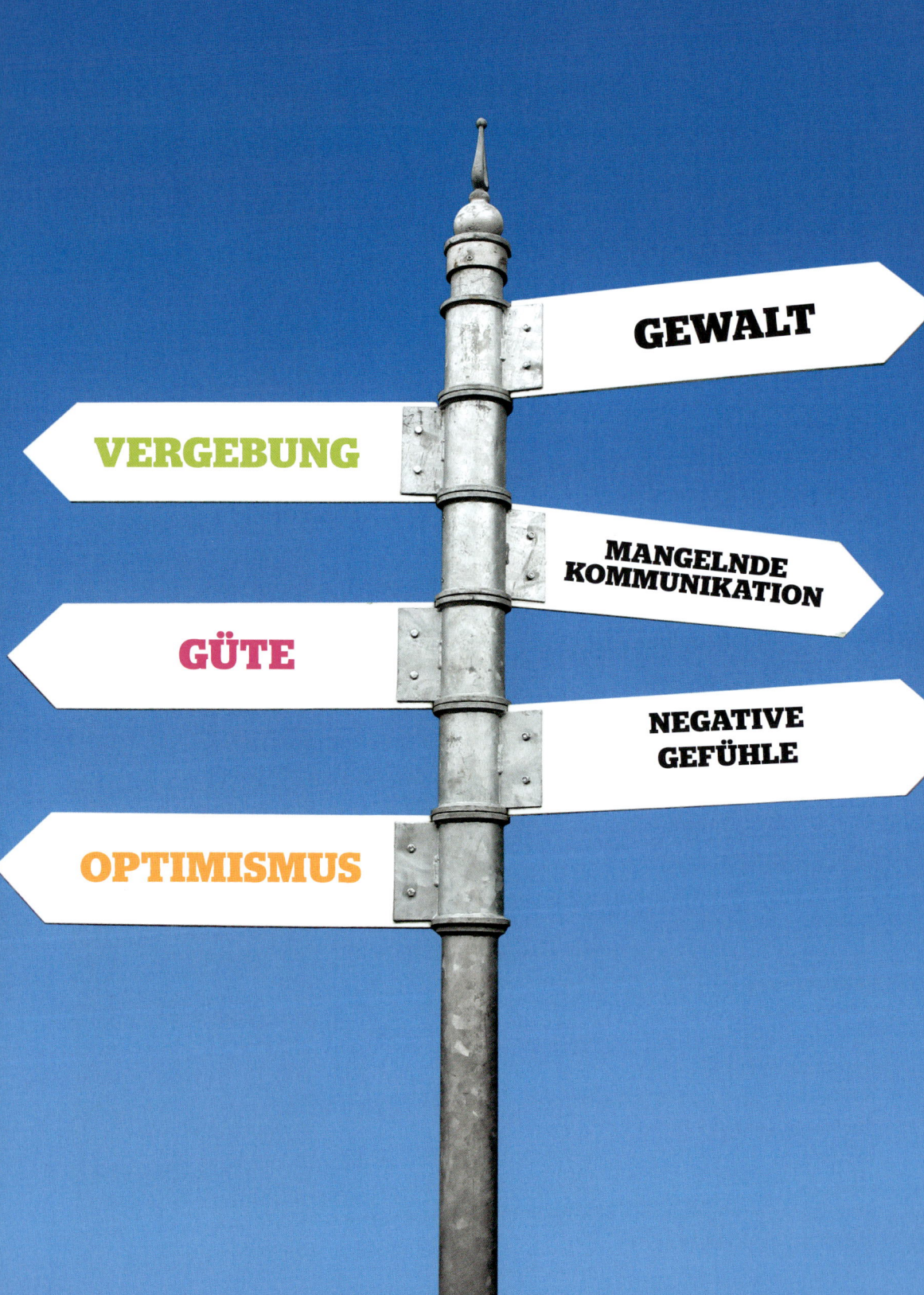

Sich in Dankbarkeit und Güte zu üben hält Beziehungen auf dem richtigen Kurs.

und mental besser aufgestellt. Sie zeigen mehr Zufriedenheit mit dem Leben und weniger allgemeine psychische Belastung. Selbst ihr Blutdruck ist gesünder als der ihrer weniger vergebenden Kollegen. Beziehungen gedeihen typischerweise durch Vergebung. Ehemänner, deren Ehefrauen eine Übertretung eher verzeihen, berichten bis zu einem Jahr später von einer effektiveren Kommunikation. Und doch bleibt die Frage: Ist Vergebung immer gut? Eine Studie über Frauen in Frauenhäusern für häusliche Gewalt maß ihre Vergebung gegenüber ihren missbräuchlichen Partnern. Auf einer gleitenden Skala stimmten die Frauen Aussagen wie »Ich hege immer noch einen Groll gegen die betreffende Person« und »Obwohl es mir nicht gefiel, kann ich akzeptieren, was passiert ist« zu. Dann wurden sie über Aussagen wie »Ich vermisse meinen Partner sehr« oder »Ich will meinen Partner wiedersehen« danach bewertet, wie wahrscheinlich sie zu ihnen zurückkehren werden. Je mehr Vergebung eine Frau dem Mann, der sie verletzte, gegenüber empfand, desto wahrscheinlicher war ihre Rückkehr, unabhängig von anderen Faktoren wie der Schwere

des Missbrauchs. Tatsächlich scheint Vergebung Gewalt in missbräuchlichen Beziehungen zu fördern. Weniger verzeihende Ehegattinnen werden in den ersten Jahren einer Ehe einen Rückgang der Häufigkeit von Aggressionen gegen sie erleben. Vergebende Partner werden mit stabilen oder steigenden Werten bestraft. Wie bei Medizin ist Vergebung in der richtigen Menge gut, aber in einer Überdosis giftig.

Menschen und ihre Beziehungen gedeihen, wenn sie flexibel und verständnisvoll sind und dennoch die Härte aufbringen, eine schlechte Situation zu erkennen und zu korrigieren.

Güte ist ein weiteres Beispiel für eine Stärke, die sich in der falschen Situation in Schwäche verwandeln kann.

Im Allgemeinen führt die Güte gegenüber einem Partner in Zeiten persönlicher Krisen zu einer höheren Zufriedenheit

Vergebung sollte in einer Beziehung mit Selbstachtung in Einklang gebracht werden.

mit der Beziehung. Selbst im Umgang mit Fremden fühlen sich Menschen, die zehn Tage lang jeden Tag »zufällige Taten der Güte« vollbringen, zufriedener.

Andererseits kann Freundlichkeit eine notwendige ehrliche Auseinandersetzung behindern. In einer vierjährigen Studie von Ehen hatten Ehefrauen, die ihrem Ehepartner bei Problemlösungsgesprächen eher Widerstand leisteten oder ihn kritisierten, am Ende der Studie tatsächlich bessere, stabilere Ehen, beiden Ehepartnern zufolge.

Andere Forschungen unterstützen die Idee, dass Kritik ein Beziehungsretter sein

Beziehungen brauchen Güte und ehrliche Konfrontation.

kann, wenn sie Menschen dazu anhält, sich mit ernsten Problemen auseinanderzusetzen. Bei Kleinigkeiten zieht die Kritik jedoch eine Ehe in die Tiefe.

Freundlichkeit ist ebenfalls kein Ersatz für konkrete Formen der Unterstützung. Sie funktioniert, wenn sie angemessen und und der Sache dienlich ist. Ein Ehepartner, der beim Abwaschen

ellenbogentief in schmutzigem Geschirr steckt, wird ein freundliches Wort nicht so sehr zu schätzen wissen wie eine helfende Hand.

Für den Optimismus gelten die gleichen Regeln. Generell ist er ein Pluspunkt. Menschen, die erwarten, dass die Ereignisse gut ausgehen, weisen im Laufe ihres Lebens mehr Wohlbefinden auf und haben bessere Beziehungen. Optimismus verringert Stress und Depressionen bei jungen Menschen. Jedoch kann übertriebener Optimismus Menschen für schlechte Ergebnisse und schlechtes Verhalten blind machen. Optimisten sind eher bereit, auch nach Verlusten im Glücksspiel weiterzuspielen. Optimistische Frauen, die mit externen Gründen für das Verhalten ihres gewalttätigen Ehepartners aufwarten (»er ist gerade von der Arbeit gestresst«), sind einem größeren Risiko für psychischen oder physischen Missbrauch ausgesetzt.

Im Allgemeinen sind Ehepartner, die sich angesichts schwerer Probleme wohlwollende Ausreden einfallen lassen, seltener in der Lage, diese Probleme zu lösen, als diejenigen, die Ärger anerkennen und ihren Partner damit konfrontieren. Wir profitieren auch nicht davon, wenn wir optimistisch sind, was unser eigenes Verhalten angeht. Die negativen

Ich weiß, Sie können nicht vergessen, aber Sie sollten lernen zu vergeben ...

Wir leben alle in Gruppen. Schulkameraden sind eine Art natürliche Gruppe.

Emotionen, die schlechte Handlungen begleiten, sind ein Ansporn zur Veränderung und veranlassen uns, das zu beheben, was uns schmerzt.

GRUPPENDYNAMIK

Wir alle leben in Gruppen – Verbindungen, die Teil größerer Gruppen sind, welche wiederum noch größere Gruppen bilden und sich mit anderen Verbindungen in einem komplexen Mengendiagramm menschlicher Beziehungen überschneiden. Denken Sie an die Gruppen, denen Sie angehören, und Sie werden überrascht sein, wie viele es sind. Gehören Sie zu einer Familie? Einer Klasse in der Schule oder einer Gruppe von Mitarbeitern im Büro? Einem Buchzirkel, einem Softball-team, einer Skat-Runde? Sind Sie mit »Freunden« in sozialen Medien verbunden? Twitter-Anhänger? Mitglied einer politischen Partei, einer christlichen Gemeinde oder einer Moschee? Einer weltweiten Gemeinschaft von Glaubensgenossen? Identifizieren Sie sich mit einer Nationalität? Wie sieht es mit temporären Gruppen aus – stehen noch andere Leute mit Ihnen in einer Warteschlange für Tickets oder sitzen neben Ihnen im Kino?

Der Erzähler von Kurt Vonneguts Roman *Katzenwiege* gehört einer fiktiven, religiösen Gruppe an, die als Bokonisten bekannt ist: »Wir Bokonisten glauben, dass die Menschheit in Teams organisiert ist, Teams, die Gottes Willen verrichten, ohne jemals zu bemerken, was sie tun.« Ein solches Team wird von Bokonon als Karass bezeichnet. »Ein Karass ignoriert nationale, institutionelle, berufliche, familiäre und Klassengrenzen.« Das Gegenteil von einem »Karass« ist für den Bokonisten ein »Granfalloon« oder falsches Team. Beispiele dafür finden sich in Vonneguts Roman und »jedweder Nation, überall«.

Für diejenigen, die soziale Verbindungen untersuchen, sind beide Arten von Gruppen – der Karass und der Granfalloon – plausibel. Zwei oder mehr Menschen, die durch soziale Beziehungen verbunden sind, bilden eine Gruppe. Sozialpsychologen trennen sie typischerweise in primäre und sekundäre Gruppen. Primärgruppen sind langfristige, eng zusammenhängende Gruppen, deren Mitglieder häufig von Angesicht zu Angesicht interagieren und ein hohes Maß an Solidarität aufbringen. Menschen werden oft unfreiwillig Teil einer primären Gruppe, mit der Familie als Paradebeispiel. Ihre engen Freunde und Partner könnten auch Teil ihrer Primärgruppe werden. In der frühen Menschheitsgeschichte waren Primärgruppen die einzigen, die es gab. Die Menschen lebten in kleinen Stämmen oder Ansammlungen von Jägern und Sammlern zusammen, isoliert von äußeren sozialen Einflüssen. Als die Gesellschaften wuchsen und sich entwickelten, begannen sich jedoch sekundäre Gruppen zu bilden.

Sekundäre Gruppen gibt es in unzähligen Formen, aber im Allgemeinen sind sie größer und formeller organisiert, involvieren jedoch weniger Emotionen als primäre Gruppen. Sekundäre Gruppen sind jedoch entscheidend, um die Identität und die Rolle des Einzelnen in der Gesellschaft

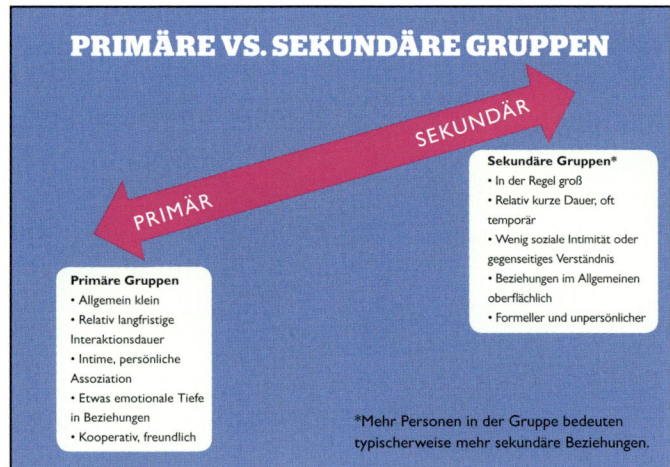

zu definieren. Diese Ansammlungen können von Demonstranten in einer Stadt bis hin zu den Mitarbeitern eines Unternehmens reichen. Die Forscherin Holly Arrow und ihre Kollegen haben die charakteristischen Formen solcher Sekundärgruppen identifiziert:

• **Gemischte Gruppen** werden von Personen oder Behörden außerhalb der Gruppe organisiert. Die Besatzungen eines Flugzeugs oder einer militärischen Einheit, die unter dem Kommando eines Außenstehenden zusammengestellt werden, sind Beispiele hierfür.

• **Gegründete Gruppen** werden von Einzelpersonen

gegründet, die Mitglieder der Gruppe bleiben. Expeditionsteams, Buchgruppen oder Internet-Start-up-Unternehmen können gegründete Gruppen sein.

• **Umstandsbedingte Gruppen** entstehen als Reaktion auf temporäre äußere Kräfte. Fluggäste, die zusammen in einem verschneiten Flughafen gestrandet sind, oder ein Mob, der Schaufenster zerbricht, bilden eine umstandsbedingte Gruppe.

• **Selbstorganisierte Gruppen** können auch als Reaktion auf Umstände entstehen, aber ihre Mitglieder richten sich nach und nach aus und

»Die Gesellschaft greift früh ein,
wenn der Einzelne hilflos ist.«

B. F. SKINNER, PSYCHOLOGE

kooperieren miteinander. Autofahrer, die darauf warten, aus einem überfüllten Parkhaus herauszukommen, und Jugendliche auf einer Party, die sich entscheiden, die Musik aufzudrehen und zu tanzen, sind Gruppen, deren Aktionen zunehmend durch winzige soziale Anpassungen koordiniert werden.

Sekundäre Gruppen sind wie Organismen. Sie haben einen vorhersehbaren Lebenszyklus und eine charakteristische Dynamik. Psychologe B.T. Bruce Tuckman von der Ohio State University identifizierte fünf Stadien der Gruppenentwicklung in einer klassischen Studie:

Gruppen erreichen das sogenannte Normierungsstadium, wenn sie kohärenter werden.

Formierung. Die Mitglieder orientieren sich aneinander. Sie werden voneinander abhängig und konzentrieren sich auf eine Aufgabe.

Stürmung. Konflikte entstehen, wenn Mitglieder um den Status kämpfen und die Gruppe ihre Ziele diskutiert. Normierung. Konflikte verschwinden, wenn die Gruppe strukturierter und kohärenter wird. Die Mitglieder öffnen sich einander und äußern ihre Meinung.

Durchführung. Die Gruppe wendet sich ihrer Aufgabe zu. Vertagung. Die Gruppe hat ihre Funktion erfüllt. Die Mitglieder können sich traurig oder ängstlich fühlen, wenn sich die Gruppe auflöst.

» **Soziale Einflüsse**
Die meisten von uns würden gerne glauben, dass wir selbstständig denken und handeln – aber jahrzehntelange Forschung zeigt das Gegenteil. Als soziale Tiere werden wir von den Normen unserer Gruppen und von der Macht der Autoritätspersonen zutiefst und leicht beeinflusst. Meinungen, Einstellungen und Verhaltensweisen bewegen sich in Wellen durch eine Gruppe. Denken Sie an Modetrends, Internet-Memes oder politische Meinungen. Selbst UFO-Sichtungen oder Ausbrüche von Anfällen treten in Clustern auf.

Auch kulturelle Normen können sich schnell ändern. Beispielsweise stieg in den 13 Jahren zwischen 2001 und 2014 die Unterstützung für

gleichgeschlechtliche Ehen von 35 Prozent der amerikanischen Öffentlichkeit auf 52 Prozent, wobei 35 Staaten sie legalisierten. Menschen sind beeinflussbar. Wir passen unser Denken an Gruppennormen an, ohne uns der Veränderung bewusst zu sein. Viele klassische Experimente haben dies gezeigt.

Eine Studie von 1936 bat eine Gruppe von Männern zu schätzen, wie weit sich ein Lichtpunkt fortbewegt hatte. Ausgehend von ihren eigenen Schätzungen änderten die Männer allmählich ihre Maße auf den Gruppendurchschnitt – auch wenn sie die Möglichkeit hatten, die Schätzungen allein zu äußern. Der Groupthinking-Effekt blieb bestehen, auch wenn sich die Mitglieder der Gruppe veränderten; neue Rekruten übernahmen die bereits existierende Norm.

Das gleiche Phänomen zeigte sich in den Experimenten von Solomon Asch im Jahr 1951. Einer Versuchsperson wurde gesagt, dass sie und ihre Gruppe an einem Wahrnehmungstest teilnahmen. Die Probanden sollten beurteilen, welche von drei Linien die

gleiche Länge hat wie die Standardlinie, die zum Vergleich daneben dargestellt wurde. Ein Versuchssubjekt in Unwissenheit lassend, wurden die anderen Mitglieder der Gruppe vom Versuchsleiter eingeweiht.

Konsequenterweise wurde normgerecht eine falsche Linie erkannt. Als die Versuchspersonen die Frage alleine beantworten durften, irrten sie sich in weniger als einem Prozent der Fälle. Als sie in eine Gruppe eingeteilt wurden,

verlagerten sie ihr Urteil in einem Drittel der Fälle auf die eindeutig falsche Norm.

Die Konformität beginnt sehr früh; in Spielgruppen ändern Kinder gerne ihre Handlungen und Vorlieben, um sie an die ihrer Freunde anzupassen. Sie kleiden sich, reden und handeln, um die beliebtesten Kinder nachzuahmen. Selbst Kinder, die Brokkoli nicht mögen, werden ihn essen, wenn es ihre Freunde tun. Wie jeder weiß, der je-

DER SOLOMON-ASCH-TEST

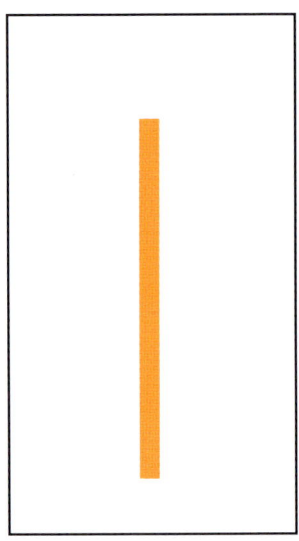
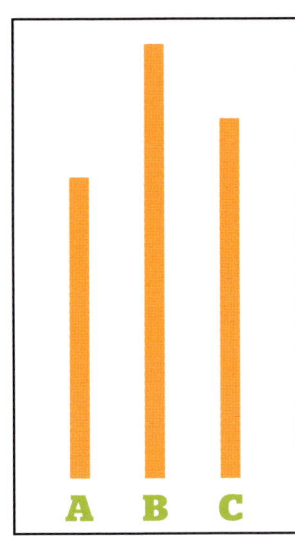

Welche Linie hat die gleiche Länge wie die linke? Was würden Sie tun, wenn alle anderen in Ihrer Gruppe »Linie A« sagen würden?

mals die Schulbank gedrückt hat, sind Cliquen eine definierende soziale Struktur unter Jugendlichen, die sich selbst in Sportler, Denker, Rebellen und mehr organisieren. So sehr wir auch Nonkonformisten bewundern mögen, nur wenige von uns würden in einer Zivilisation ohne Regeln und soziale Struktur leben wollen.

Die meisten Menschen reagieren auf natürliche Art und Weise auf Autorität und Gruppenkonsens. Als Mitglied einer Gruppe gewinnen wir wertvolle Informationen und Sicherheit. Wir leiden auch unter schmerzhaften Folgen, wenn wir zurückgewiesen werden. Diese Tendenz kann für eine gut funktionierende Gesellschaft sorgen, gleichzeitig aber auch zu schrecklichen Machtmissbräuchen führen. Das Verhalten der Nazis während des

Holocaust ist ein berüchtigtes Beispiel. An zwei Tagen im September 1941 wurden beispielsweise in der Schlucht von Babi Yar in der Ukraine unter der Leitung mehrerer Kommandeure systematisch 33 771 Juden mit Maschinengewehren erschossen. Diese Soldaten waren keine einmalige Ansammlung von Monstern. Es waren gewöhnliche Deutsche und Ukrainer, die »nur Befehle befolgten«, um Adolf Eichmann zu zitieren. Und wieder andere haben sich unter Lebensgefahr der Autorität widersetzt. Zwei Jahre nach Babi Yar verstreute die Widerstandskämpferin Sophie Scholl von der Widerstandsgruppe »Weiße Rose« Flugblätter von einem Balkon in München aus und rief zum Boykott der Nazi-Herrschaft auf – kurz darauf wurde sie von Nazi-Richtern zum Tode verurteilt und hingerichtet.

In einer großen Gruppe ist es schwer, nonkonformistisch zu bleiben.

Legendäre Führer wie Nelson Mandela und Mahatma Gandhi haben durch friedliche Opposition einen tiefgreifenden Wandel bewirkt. Gruppendenken ist eine starke Kraft. Sie kann sich in Organisationen wie der Nazi-Armee oder in spontanen Gewaltausbrüchen wie den Unruhen nach dem Freispruch der Polizisten von Los Angeles äußern, die in ihrem eigenen Ausbruch von Gruppengewalt den Bauarbeiter Rodney King nach einer Verfolgungsjagd zusammenschlugen. Gruppendenken führt natürlich nicht immer zu Missbrauch, aber es schafft eine Einstellung, die Missbrauch toleriert. Experimente wie der Solomon-Asch-Test haben ergeben, dass bestimmte Bedingungen den Konformitätsdruck erhöhen.

»Deine Freunde sind Gottes Art, sich für, deine Verwandten zu entschuldigen.«

WAYNE DYER, AUTOR

AUTORITÄT & GEHORSAM

Die berühmten psychologischen Gehorsamkeits-Studien von Stanley Milgram sind immer noch erschreckend in ihren Implikationen. Milgram begann sie 1961 als Reaktion auf die »einfach Befehle befolgt«-Erklärungen, die bei Adolf Eichmanns Prozess geäußert wurden. Insgesamt führte er 20 Tests unter leicht variierenden Bedingungen durch, aber der grundsätzliche Aufbau war wie folgt: Milgram rekrutierte Teilnehmer in seinem Labor an der Yale University und erzählte ihnen, dass es darum ginge, die Auswirkungen von Bestrafung auf den Lernprozess zu studieren. Jeder Teilnehmer wurde zum »Lehrer« ernannt, während ein anderes Subjekt, tatsächlich ein Eingeweihter des Versuchsleiters, den »Lernenden« spielte. In einem angrenzenden Raum wurde der Lernende mit Elektroden verkabelt, während dem Lehrer gesagt wurde, dass jedes Mal, wenn der Lernende einen Fehler in einem Worttest machte, der Lehrer ihn mit einem Stromschlag bestrafen und die Stromspannung mit jedem Fehler erhöhen sollte. Die für den Lehrer sichtbaren Schockpegel lagen zwischen 15 Volt (leicht) und 450 Volt (schwer und lebensgefährlich). In Wirklichkeit taten die Elektroden nichts, aber den Lernenden war gesagt worden, dass sie sich so verhalten sollten, als ob sich zunehmend die Schmerzen verstärken würden. Im weiteren Verlauf des Experiments machten die Lernenden absichtlich viele Fehler. Als die Lehrer das vermeintliche Schockniveau erhöhten, begannen die Lernenden vor Schmerzen zu grunzen, zu röcheln und auf hohen Stromniveaus zu schreien: »Holt mich hier raus!« Wenn der Lehrer sich weigerte, einen Schock zu verabreichen, ermutigte ihn eine Autoritätsperson im weißen Kittel mit kleinen Anstößen wie »Bitte weitermachen« oder »Sie haben keine andere Wahl als weiterzumachen.« 63 Prozent der Lehrer schockten die schreienden Lernenden bis zur höchsten Stufe. Milgram war erstaunt über dieses Ergebnis, aber im Laufe der Jahre haben wiederholte Tests mit anderen Probanden seine Zahlen bestätigt. Die Versuchsleiter fanden heraus, dass bestimmte Bedingungen Gehorsam begünstigen:
• Wenn die Autoritätsperson zugegen war, trug sie einen weißen Kittel und suggerierte die Übernahme der Verantwortung.
• Wenn die Experimente in einer offiziellen Umgebung stattfanden.
• Wenn der Lehrer jemand anderen anweisen könnte, den Schalter zu drücken.
• Wenn der Lernende in einem anderen Raum oder weiter entfernt war.

Andererseits war es unter bestimmten Umständen unwahrscheinlicher, dass die Lehrer schmerzhafte Schocks verabreichten:
• Wenn der Lehrer den Lernenden körperlich zwingen musste, seine Hand auf eine Schockplatte zu legen.
• Wenn andere Teilnehmer dabei gesehen wurden, wie sie sich weigerten zu gehorchen. In diesen Fällen fiel der Gehorsam auf nur 10 Prozent.

Darunter die Gruppengröße (drei oder mehr Personen), die Einstimmigkeit der Gruppe (alle außer Ihnen stimmen zu), die Kontrolle (andere beobachten Sie) und die Unsicherheit (Sie fühlen sich inkompetent, besonders im Vergleich zu anderen in der Gruppe).

» Religiöse Sekten

Das menschliche Bedürfnis nach Zuneigung, die Angst vor Ablehnung und die Tendenz, sich Autoritätspersonen unterzuordnen, verbinden sich in einer extremen Form in religiösen Sekten (darunter auch einige bekannte hochgradig restriktive religiöse Organisationen oder Glaubensgruppen) – ein relativ kleiner, aber nicht zu vernachlässigender Anteil religiöser Gruppen weltweit. In den Vereinigten Staaten gehören etwa zweieinhalb Millionen Menschen Sekten an. Die meisten dieser Gruppen sind klein, mit weniger als 100 Mitgliedern, und ziehen wenig Aufmerksamkeit auf sich.

Die Forscherinnen Cynthia Matthews und Carmen Salazar, die Sekten studiert und ihre Anhänger befragt haben, identifizierten einige Kriterien, die Sekten von gewöhnlichen religiösen Institutionen unterscheiden:

- **Patriarchat**, Geschlecht und Rolle. Die meisten (aber nicht alle) Sekten sind männerdominiert und halten sich an traditionelle patriarchalische Strukturen. Frauen werden aufgefordert, sich der männlichen Autorität zu unterwerfen, und werden diszipliniert, wenn sie es nicht tun.

- **Alleinige Entscheidungsgewalt**. Sektenführer treffen alle Entscheidungen für die Gruppe. Ein ehemaliges Kultmitglied, das von Matthews zitiert wurde, sagte: »Entscheidungen wurden vom Führer getroffen – alles ging von ihm aus. Schuldgefühle, Scham und Ausgrenzung traten auf, wenn du ihn nicht als deinen Anführer oder seine Entscheidungen akzeptiert hättest.«

- **Gehorsamkeit gegenüber Autorität**. Sektenmitglieder müssen sich ohne Frage den Entscheidungen ihres Führers unterwerfen.

- **Isolation**. Sektenführer nutzen die Isolation von äußeren Einflüssen als Kontrolltaktik. In vielen Sekten werden die Mitglieder zu Hause unter-

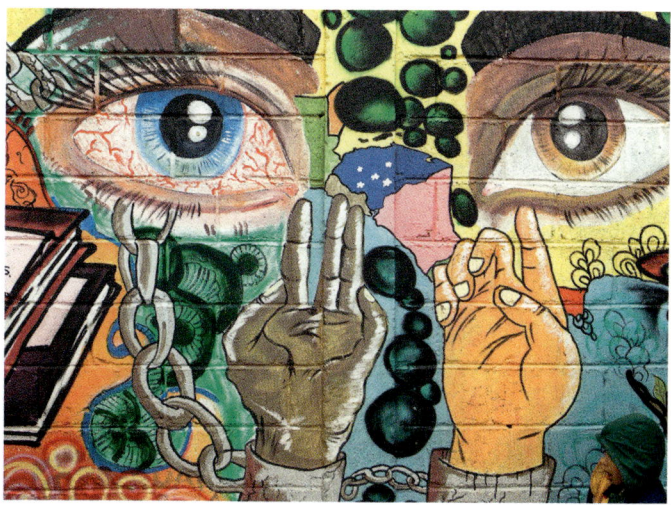

Gang-Graffitis in Honduras zeigen, wie Gruppen Dominanz anzeigen.

richtet und heiraten innerhalb der Gruppe. Äußere Einflüsse werden als böse angesehen.

- **Elterliche Autorität**. Wenn ganze Familien einem Kult angehören, repräsentieren Väter die Macht der Sektenführung. Typischerweise setzen sie Wut und Bestrafung ein, um den Gehorsam ihrer Kinder durchzusetzen, während Mütter Schuld und Scham anwenden.

- **Religiosität**. Den Sektenmitgliedern wird oft gesagt, dass ihr Weg der einzige Weg zur Erlösung oder Erleuchtung ist.

- **Misshandlung**. Psychologische, emotionale, körperliche und sexuelle Übergriffe im Namen der Sekte gehören zu den schädlichsten Merkmalen solcher Organisationen. Alle ehemaligen Sektenmitglieder, die von Matthews und Kollegen befragt wurden, berichteten von irgendeiner Form von Missbrauch. Menschen, die Sekten verlassen, können jahrelang trauern oder wütend sein. Viele jedoch greifen auf die Unterstützung anderer zurück, die mit ihnen gehen, und finden Heilung, indem sie anderen helfen, ebenfalls auszutreten.

»Wo alle das Gleiche denken, da denkt keiner viel.«

WALTER LIPPMANN, JOURNALIST

Kulturelle Moralvorstellungen sind eine Richtschnur für das Beurteilen von Recht und Unrecht.

» Moral und Tabus

Einige unserer Überzeugungen und Verhaltensweisen als soziale Tiere sind so weit verbreitet und verwurzelt, dass wir sie fast als Naturgesetze betrachten. Darunter sind auch moralische Regeln. Philosophen debattieren weiterhin über den Ursprung der Moral; in den letzten Jahrzehnten wurde das Thema von Forschern der Evolutionsbiologen bis hin zu Psychologen verschiedener Couleur neu untersucht. Die Meinungen sind nach wie vor unterschiedlich, aber eine überzeugende Schule hält fest, dass Moral eine Kombination von intuitiven Mechanismen ist, die durch evolutionären Druck geformt und bis zu einem gewissen Grad fest mit dem Gehirn verkabelt ist. Der Sozialpsychologe Jonathan Haidt nennt moralische Systeme »ineinandergreifende Werte, Praktiken, Institutionen und entwickelte psychologische Mechanismen, die zusammenwirken, um Egoismus zu unterdrücken oder zu regulieren und soziales Leben zu ermöglichen«. Moral entsteht, so behauptet er, »aus der Koevolution von Genen und kulturellen Innovationen«.

Moralische Fragen können je nach Kultur mehr oder weniger wichtig sein, aber es gibt gemeinsame Themen:

• **Fürsorge/Schädigung:** Bindungssysteme und die Fähigkeit, den Schmerz anderer zu spüren, die den Tugenden der Güte, Sanftmut und Fürsorge zugrunde liegen.

• **Fairness/Betrug:** Evolutionärer reziproker Altruismus, zugrunde liegende Vorstellungen von Gerechtigkeit, Recht und Autonomie.

• **Loyalität/Betrug:** Bezug zur Fähigkeit, soziale Netzwerke und Verbindungen zu bilden, Grundlage für den Stolz und die Selbstakribie der Gruppe.

• **Autorität/Untergrabung:** Hierarchische soziale Interaktionen, die den Tugenden von Führung und Gefolgschaft, einschließlich der Achtung vor legitimer Autorität und der Achtung von Traditionen, zugrunde liegen.

• **Unantastbarkeit/Erniedrigung:** Ekel und Verunreinigung, die den religiösen Vorstellungen vom Streben nach einem Leben in einer nobleren Welt zugrunde liegen; Respekt vor unserem Körper, der durch unmoralische Aktivitäten entweiht werden kann.

Die doppelte Natur des moralischen Urteils – Instinkt plus kulturelle Konditionierung – ist offensichtlich, wenn wir mit moralischen Dilemmata konfrontiert sind. Im Umgang mit moralischen Fragen haben die Menschen oft eine schnelle, intuitive Reaktion, die der rationalen Analyse nicht gerecht wird.

Ein berühmtes Gedankenexperiment, das dies illustriert, ist das »Straßenbahnproblem«. In einer von vielen Varianten sind Sie der Fahrer einer Straßenbahn. Gerade als die Bremsen der Bahn versagen, sehen Sie fünf Arbeiter vor sich, die sicher getötet werden, es sei denn, Sie legen eine Weiche um, um die Bahn auf eine andere Spur zu lenken, auf der nur ein Arbeiter steht, der allerdings auch getötet werden würde. Würden Sie die Weiche umlegen? Stellen Sie sich nun vor, Sie

SELBSTTEST

GESELLSCHAFTLICHE TABUS

Jede Kultur hat ihre Tabus, die manchmal nachvollziehbar, oft aber übertrieben wirken. Forscher haben herausgefunden, dass Instinkt, kulturelle Konditionierung und soziale Klasse die Sichtweise der Menschen auf verbotene Handlungen prägen. In einer Studie stellten Forscher den Menschen in Brasilien und den USA die folgenden Szenarien vor und fragten nach ihren Reaktionen. Wie sehr stören Sie diese Situationen – wenn überhaupt?

• Eine Frau räumt ihren Schrank auf und findet ihre alte Nationalflagge. Sie will die Flagge nicht mehr, also schneidet sie sie in Stücke und benutzt die Lumpen, um ihr Badezimmer zu reinigen.
• Eine Frau lag im Sterben, und auf ihrem Sterbebett bat sie ihren Sohn zu versprechen, dass er jede Woche ihr Grab besuchen würde. Der Sohn liebte seine Mutter sehr, also versprach er, dies zu tun. Aber nach dem Tod der Mutter hielt der Sohn sein Versprechen nicht ein, weil er sehr beschäftigt war.
• Der Hund einer Familie wurde von einem Auto vor ihrem Haus überfahren. Sie hatten gehört, dass Hundefleisch köstlich ist, also haben sie den Körper des Hundes zerschnitten, gekocht und zum Abendessen gegessen.
• Ein Bruder und eine Schwester küssen sich gerne auf den Mund. Wenn niemand zugegen ist, suchen sie ein geheimes Versteck und küssen sich leidenschaftlich.
• Ein Mann geht einmal die Woche in den Supermarkt und kauft ein totes Huhn. Aber bevor er das Huhn kocht, hat er Geschlechtsverkehr mit ihm. Dann kocht und isst er es.

Die meisten Menschen (sowohl in den USA als auch in Brasilien) sind nicht besonders durch die »Fahne« oder die »Totenbett«-Geschichten erschüttert, aber die meisten werden durch die Szenarien »Hund«, »Küssen« und »Huhn« abgeschreckt und sind der Meinung, dass die Beteiligten gestoppt oder bestraft werden sollten. Die soziale Klasse hat einen starken Einfluss auf die Reaktionen. Menschen mit höherem sozioökonomischem Status, wie etwa Studenten, sind die tolerantesten.

stehen auf einer Brücke mit Blick auf die Straßenbahn, die außer Kontrolle geraten ist, da der Fahrer in Ohnmacht gefallen ist. Neben Ihnen steht ein dicker Mann. Wenn Sie ihn auf die Schienen schubsen, wird er getötet, aber er wird verhindern, dass der Wagen die fünf Arbeiter tötet. Würden Sie ihn hinunterschupsen?

Die meisten Leute, die das erste Szenario beurteilen, würden die Weiche umlegen; im zweiten Fall würden die meisten den Mann jedoch nicht von der Brücke stoßen. Doch die zweite Option hat genau das gleiche Ergebnis wie die erste: Ein Mann stirbt, um fünf andere zu retten. Menschen scheinen intuitiv zwischen vorsätzlichem Schaden und Schaden als Nebeneffekt zu unterscheiden – zwischen Töten und

Unser Gehirn reagiert auf den Schmerz eines Freundes, als ob wir ihn selbst erleben würden.

Sterben lassen –, unabhängig vom Ausgang.

Wenn es um moralische Dilemmata oder Tabusituationen geht, haben Experimente gezeigt, dass die Menschen dazu neigen, ihre Urteile auf ihre ersten Bauchreaktionen zu gründen und diese dann später zu rationalisieren.

So war es mit dem »Straßenbahnproblem« und den Szenarien des grünen Kastens auf Seite 135, aber auch mit anderen Fragen zu Sex, Essen (würden Sie beispielsweise aus einem Glas Wasser trinken,

nachdem eine sterilisierte Kakerlake darin eingetaucht wurde?) oder Aberglaube (Würden Sie für zwei Dollar einen Vertrag unterschreiben, mit dem Sie fiktiv dem Teufel Ihre Seele verkaufen?).

Wenn sie befragt werden, werden viele Menschen große Schwierigkeiten damit haben, ihre Abneigung gegen diese Handlungen zu erklären, und dennoch behaupten, dass es einen Grund dafür geben muss.

Dieses Verhalten wird als »moralisch verblüffend« bezeichnet: Wir wissen nur, dass etwas nicht stimmt, aber wir können nicht erklären, warum. Unser Bedürfnis, uns mit anderen zu verbinden, prägt nicht nur jedes einzelne Leben, sondern auch die menschliche Kultur als Ganzes, im Guten wie im Schlechten.

»Kein Mensch ist eine Insel«, schrieb der englische Schriftsteller John Donne – und die Psychologen stimmen dem zu. Das Erkennen der Macht unserer sozialen Bindungen kann uns helfen zu verstehen, wie stark wir von anderen beeinflusst werden – und dass wir schädliche Einflüsse ablehnen und auch für unsere eigenen Überzeugungen eintreten können.

Das »Straßenbahnproblem« ist ein klassisches Gedankenexperiment, das moralisches Urteilsvermögen untersucht.

KAPITEL FÜNF

INTELLIGENZ NEU ÜBERDACHT

Eines Abends im Jahr 1881 spazierte der kroatische Ingenieur Nikola Tesla durch einen Park in Budpest und zitierte für seinen Begleiter eine Passage aus dem *Faust*. »Als ich die inspirierenden Worte aussprach, kam mir die Idee wie ein Blitz, und in einem Augenblick enthüllte sich mir die Wahrheit«, schrieb Tesla später.

Ich zeichnete mit einem Stock die Diagramme in den Sand, die sechs Jahre später in meiner Ansprache vor dem American Institute of Electrical Engineers gezeigt wurden ... Die Bilder, die ich sah, waren wunderbar scharf und klar und hatten die Festigkeit von Metall und Stein, so sehr, dass ich ihm sagte: ›Siehst du meinen Motor hier; sieh, wie ich ihn umreiße‹.

Was Tesla in den Sand gezeichnet hatte, war der Induktionsmotor, angetrieben durch Wechselstrom, die Grundlage der heutigen weltweiten Stromversorgung. Nur wenige Menschen würden heute bestreiten, dass Tesla ein Genie war – aber was bedeutet das wirklich? Tesla, ein Studienabbrecher, hatte in der Schule Elektrotechnik gelernt. Haben ihn seine analytischen Fähigkeiten und sein gesammeltes Wissen zu seiner Antwort geführt? War seine poetische Einsicht ein Moment reiner Intuition, die sich auf etwas Tieferes als bewusstes Denken stützte? Besaß er eine weitaus größere Kreativität als der durchschnittliche Mensch – oder war er einfach hartnäckiger, jahrelang über das Thema Elektromotoren nachdenkend? All diese Fähigkeiten und mehr mögen zu Teslas Leistungen beigetragen haben, denn

Intelligenz hat heute eine viel breitere Definition als Buchwissen. Nach Ansicht zeitgenössischer Forscher bedeutet »klug« zu sein, dorthin zu gelangen, wo man hinwill: Es ist die dynamische Mischung aus Können und Engagement bei der Verfolgung seiner Ziele. Es kann ein bewusster Prozess sein, ein intuitiver oder eine Mischung aus beidem. Intelligenz ist keine einsame Fähigkeit, die nur in Ihrem Kopf existiert. Zusammen mit der Kreativität ist es die Art und Weise, wie Ihr Verstand mit der Außenwelt zusammenarbeitet, um Ihnen zu helfen, zu überleben und zu gedeihen.

Ingenieur Nikola Tesla in seinem Labor in Colorado Springs

DIE SICH ÄNDERNDE DEFINITION VON INTELLIGENZ

Die Idee, dass Intelligenz eine isolierte Fähigkeit ist, hat schon lange ihre Anhänger und Kritiker. Im frühen 20. Jahrhundert schlug der englische Statistiker Charles Spearman die Idee vor, dass jeder Mensch ein gewisses Maß an allgemeiner Intelligenz besitzt, als »g« bezeichnet. Er bemerkte, dass eine Person, die in einem Bereich wie dem Wortschatz gut abschneidet, normalerweise auch in anderen Bereichen überdurchschnittlich gut abschneidet. Ein gewisses Maß an Intelligenz scheint auf der ganzen Linie zu gelten. Andere Forscher haben darauf hingewiesen, dass »g« hauptsächlich als Maßstab für analytische Fähigkeiten funktioniert, die neuartige Probleme betreffen, wie sie in der Schule auftreten können, nicht aber für andere reale Situationen. Für die meisten Menschen in der modernen Gesellschaft geht es bei Intelligenz um Zahlen. IQ-Tests, staatliche standardisierte Tests, die SATs und dergleichen weisen einer Reihe von akademischen Fähigkeiten Werte zu, die in einem Klassenzimmer oder Labor gemessen werden. Diese Werte sind Tore zu weiterführenden Klassen, Hochschulen und Graduiertenschulen. Sie sind recht gute Prädiktoren für den akademischen Erfolg, aber allzu oft werden sie zu Etiketten, die Kinder nur schwer abziehen können. »Sie hat einen IQ von 110«, könnte ein Lehrer sagen, als ob die Punktzahl eine angeborene Eigenschaft wäre, wie braunes Haar. Aber ein Ergebnis bei einem standardisierten Test ist genau das. Es ist einfach eine Punktzahl in einem Test an einem bestimmten Tag und misst eine begrenzte Anzahl von analytischen Fähigkeiten. Es macht mehr Sinn zu sagen, »sie hat 110 Punkte im Test erreicht, als sie zehn war«, genau wie man vielleicht sagen würde, dass »sie letzte Woche eine Zwei in ihrem Algebra-Test bekommen hat«.

Standardisierte Tests messen in der Regel Leistung, Eignung oder beides. Leistung spiegelt das, was Sie gelernt haben wider, wie etwa Wortschatz oder allgemeines kulturelles Wissen. Eignung sagt voraus, wie gut Sie etwas erlernen können, indem Sie Fähigkeiten wie Problemlösungskompetenz oder räumliches Denken einsetzen. Ein häufig verwendeter Intelligenztest für Erwachsene, der Hamburg-Wechsler-Intelligenztest (HAWIE), besteht aus vier Abschnitten, die Sprachverständnis, Wahrnehmungsgebundenes logisches Denken, das Arbeitsgedächtnis und Verarbeitungsgeschwindigkeit messen. Kritiker wiesen darauf hin, dass diese Art von Tests oft eine eingebaute sozioökonomische Voreingenommenheit mit sich bringen, die Probanden benachteiligt, die mit bestimmten Themengebieten nicht vertraut sind. Sie merken an, dass Menschen, die dazu neigen, während Tests zu stagnieren – und wir alle kennen Menschen, die bei Prüfungen eine Blockade haben –, schlechter abschneiden werden. Auch beeinflusst die Selbstwahrnehmung die Testergebnisse. Frauen, denen gesagt wird, dass Frauen und Männer bei einem bestimmten Test gleich gut abschneiden, werden besser abschneiden als Frauen, denen man dieses

Zugeständnis vorenthalten hat. Tests in der frühen Kindheit können die späteren Erfahrungen eines Menschen nicht berücksichtigen, Ereignisse, die Teile des Gehirns, die an kognitive Fähigkeiten

gebunden sind, stimulieren werden. Diejenigen, die diese Tests entwerfen, sind sich der Kritik bewusst und versuchen, möglichst gleiche Rahmenbedingungen zu schaffen. Bei richtiger Anwendung sagen

FOKUS

DER FLYNN-EFFEKT

Sind Sie klüger als Ihre Großmutter? ihre Oma ist da vielleicht nicht Ihrer Meinung, aber die IQ-Werte besagen etwas anderes. Im Laufe des letzten Jahrhunderts sind die Werte von China bis Brasilien stetig zwischen 5 und 25 Punkten pro Generation gestiegen. Es ist ein verblüffendes Phänomen, benannt nach dem neuseeländischen Forscher James Flynn, der als Erster darauf hingewiesen hat. Typische IQ-Tests, wie der Stanford-Binet- oder Hamburg-Wechsler-Intelligenztes, standardisieren ihre Ergebnisse Ein Punktestand von 100 stellt den Mittelwert dar, den Mittelpunkt der glockenförmigen Kurve der aufgezeichneten Punkte. Die Auswerter haben festgestellt, dass sie den Mittelwert regelmäßig zurücksetzen mussten, um steigende Werte zu berücksichtigen. Nach heutigen Maßstäben wäre die durchschnittliche Punktzahl von vor hundert Jahren (etwa 76) ein Anzeichen für eine geistige Behinderung. Dieser Effekt wurde in einer Vielzahl von Tests, Ländern und Jahren bestätigt. Er ist vor allem bei kulturell bedingten Fragen, wie etwa dem Wortschatz, von Bedeutung, aber auch die Werte für rein mathematische oder »Fluide Intelligenz« steigen stetig an. Der Grund oder die Ursachen hierfür sind ein Rätsel. James Flynn glaubt, dass es ein kultureller Effekt ist. Seiner Ansicht nach haben moderne Bildung, Massenmedien und der Übergang von der Landwirtschaft zur Industriewirtschaft unser Vokabular erweitert und unsere analytischen Fähigkeiten geschärft. Diese gesellschaftlichen Veränderungen erklären jedoch nicht vollständig den Anstieg der fluiden Intelligenz. Eine verbesserte Ernährung mag eine Rolle spielen, wie sie es mit zunehmender Lebenserwartung weltweit getan hat, doch auch hier scheint sie alleine die Größenordnung des IQ-Anstiegs nicht zu erklären. Kleinere Familien, bessere Gesundheit oder stimulierende Umgebungen können ebenfalls zu einer höheren Punktzahl beitragen. Was auch immer der Grund ist, der Effekt scheint real zu sein.

die Tests die Leistungen in der Schule und in bestimmten Bereichen grob voraus. Jedoch kann kein einziger Test die breiteren Aspekte der Intelligenz erfassen, die es einer Person erlauben, in ihrer Umgebung zu gedeihen. Ein indigener Ureinwohner australiens etwa könnte bei den SAT-Tests schlechter abschneiden als ein amerikanischer Studienanwärter, könnte aber bei der Navigation in einer weitläufigen Wüstenumgebung den angehenden Studenten übertrumpfen.

Die IQ-Werte steigen um 5–25 Punkte pro Generation.

» Multiple Intelligenzen

Wenn Intelligenz nicht aus einer, sondern mehreren Fähigkeiten besteht, wie heute die meisten Forscher glauben, was sind diese Fähigkeiten, wie definieren wir sie – und sind sie miteinander verbunden? Der amerikanische Psychologe Howard Gardner identifizierte

Logisch-mathematisches Denken stellt nur eine Art Intelligenz dar.

acht verschiedene Intelligenzen: linguistisch, logisch-mathematisch, musikalisch, räumlich, körperlich-kinästhetisch, intrapersonal (Selbst), zwischenmenschlich und naturalistisch. Obwohl diese Kategorien intuitiv sinnvoll sind, haben Gardners Kritiker darauf hingewiesen, dass sie nicht alle wissenschaftliche Grundlagen haben. Eine alternative Theorie, gestützt durch Tests, ist Robert Sternbergs dreiteilige oder triarchische Idee der Intelligenz:

Jedes Kind hat eine einzigartige Reihe von Lernfähigkeiten.

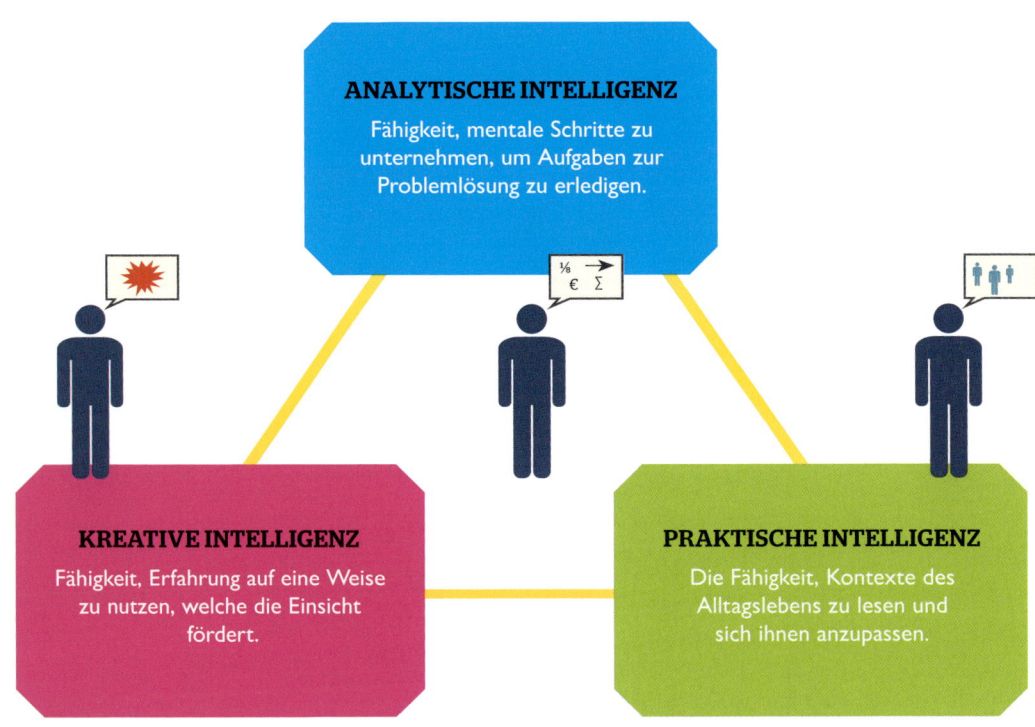

ANALYTISCHE INTELLIGENZ
Fähigkeit, mentale Schritte zu unternehmen, um Aufgaben zur Problemlösung zu erledigen.

KREATIVE INTELLIGENZ
Fähigkeit, Erfahrung auf eine Weise zu nutzen, welche die Einsicht fördert.

PRAKTISCHE INTELLIGENZ
Die Fähigkeit, Kontexte des Alltagslebens zu lesen und sich ihnen anzupassen.

• **Analytische Intelligenz**: Die Fähigkeit, akademische Problemlösungsaufgaben, wie etwa in der Schule oder bei traditionellen Intelligenztests, mit einer einzigen richtigen Antwort zu lösen. Diese Fähigkeit, die unserer Vorstellung von Intelligenz am nächsten kommt, wird genutzt, wenn wir Informationen analysieren, bewerten oder vergleichen. Es geht aber nicht nur um Buchklugheit, sondern auch um alltägliches Denken. So untersuchten Sternberg und Kollegen den Unterschied zwischen Vorhersage und »Retrokognition« – sich vorzustellen, wie etwas in der Vergangenheit gewesen sein muss. Wenn Sie zum Beispiel einen festen Pfirsich haben, wie lautet Ihre Vorhersage zur Zukunft? Wird er in einer Woche fest oder weich sein? Und was ist Ihre Vermutung zur Konsistenz des Pfirsichs vor einer Woche? War er fest oder weich? Die Wissenschaftler fanden heraus, dass die Vorhersage für die Menschen einfacher ist als die Retrokognition. Es ist schwieriger zu analysieren, was in der Vergangenheit geschehen ist, als zu erraten, was in der Zukunft geschehen wird.

• **Kreative Intelligenz**: Die Fähigkeit, mit neuen und ungewöhnlichen Situationen erfolgreich umzugehen und aus vorhandenen Kenntnissen und Fähigkeiten auf

»Wir wissen, was wir sind, aber nicht, was wir sein könnten.«

WILLIAM SHAKESPEARE, SCHRIFTSTELLER (*HAMLET*)

neue Antworten zu schließen. Menschen mit hoher kreativer Intelligenz eignen sich zu Innovatoren, die gut darin sind, neue Ideen oder Produkte zu entdecken oder zu erfinden.

• **Praktische Intelligenz**: Die Fähigkeit, sich an das tägliche Leben anzupassen, indem man auf vorhandenes Wissen oder Fähigkeiten zurückgreift. Menschen mit hoher praktischer Intelligenz sind Macher. Sie verstehen, was in einer bestimmten Situation zu tun ist, und nehmen es dann in Angriff. Man könnte sagen, dass sie implizites Wissen besitzen, die Art von Know-how, das durch Erfahrung gesammelt wird, aber nicht leicht zu erklären ist. Fahrrad fahren, ein Omelett braten oder ein Auto verkaufen bedeutet implizites Wissen.

Laut Sternberg und Kollegen besitzt jeder Mensch alle drei Arten von Intelligenz, aber in unterschiedlichem Maße. Einige Personen verfügen über hohe Fähigkeiten in allen Bereichen, aber typischerweise ist eine Person in einigen Bereichen stärker als in anderen. Alle drei Fähigkeiten können in einer Vielzahl von Situationen eingesetzt werden, vom Klassenzimmer über

den Arbeitsplatz bis hin zur Wohnung.

Können wir also aus dieser dreiteiligen Perspektive einfach sagen, dass eine Person intelligent ist? Irgendwie schon. Wir können intelligente Menschen durch ihr Handeln und bestimmte Schlüsselqualitäten identifizieren.

• **Eine intelligente Person kann ihre Ziele im Leben nennen und erreichen.**
Damit wird anerkannt, dass Intelligenz für jeden Menschen etwas anderes bedeutet. Eine Frau, die Polizistin werden will, geht einen anderen Weg als der Mann, der ein angesehener Schriftsteller werden möchte. Intelligenz wird auch durch den sozialen Kontext einer Person gedämpft. Es ist viel schwieriger, ein angesehener Schriftsteller zu werden, wenn man aus einem armen Elternhaus

UM DIE ECKE GEDACHT

Ein Zeichen kreativer Intelligenz ist die Fähigkeit, neue Probleme zu lösen. Werfen Sie einen Blick auf die folgenden Fragen, die von den Psychologen Robert Sternberg und Joyce Gastel entwickelt wurden:

1. Zum Schreiben wird Kreide verwendet. Deshalb ist Tinte zu Papier wie Kreide zu: a) Wort b) Tafel c) Radiergummi d) Klassenzimmer.

2. Die Hand ist das Organ des Hörens. Deshalb ist das Auge zur Blendung wie die Hand zu: a) glatt b) berührend c) ohrenbetäubend d) abgenutzt.

3. Manche Menschen sind schwerer als andere. Welche Antwort vervollständigt die folgende Serie?
Mager, schlank, durchschnittlich, mollig, …
a) hungrig b) dünn c) fett d) sportlich

4. Die Möbel werden nach dem Gericht gegessen. Welche Antwort vervollständigt die folgende Serie?
Aperitif, Suppe, Salat, Hauptgericht ….
a) Tisch b) Brot c) Menü d) Vorspeise

Die Fragen 2 und 4 stellen neue Probleme dar.

1 b, 2 c, 3 c, 4 a.

LÖSUNG

Dr. Robert Biswas-Diener vergleicht das Leben mit einem Boot auf dem Weg zum Ziel.

mit wenig Bildungschancen kommt. Jedoch hat die intelligente Person die Fähigkeiten, das Ziel zu erreichen, oder zumindest einen Plan, um diese Fähigkeiten zu erwerben.

• **Eine intelligente Person profitiert von Stärken und korrigiert oder kompensiert Schwächen.** Wenn Sie diese Eigenschaften erkennen und nach dem Muster Ihrer Fähigkeiten arbeiten können, ist das ein Zeichen von Intelligenz. Wie viel Aufmerksamkeit Sie Ihren Schwächen widmen müssen, hängt davon ab, wie schädlich sie wirklich sind.

Dr. Robert Biswas-Diener vergleicht Schwächen mit Löchern im Rumpf eines Bootes. Wenn Ihr Leben das Boot ist, das zu Ihrem gewünschten Ziel fährt, sind Ihre Schwächen Lücken im Rumpf. Kleine Lücken lassen ein wenig Wasser herein, aber nicht genug, um Sie wirklich zu bremsen. Wenn Sie zu viel Zeit damit verbringen, sich um Ihre Schwächen zu kümmern, kommen Sie nicht an Ihr Ziel. Eine größere Schwäche, in unserem Beispiel ein größeres Loch, erfordert eine gewisse

> ## Die erste Option, die einem in den Sinn kommt, ist in der Regel die beste.

Aufmerksamkeit und Energie. Sie müssen es reparieren, um weiterfahren zu können. Manchmal ist die Schwäche so groß, dass sie droht, das Boot zu versenken und die Reise zu beenden. Dann müssen Sie das Boot aus dem Wasser ziehen und sich darum kümmern, bevor Sie fortfahren – Ihre Stärken und Ihr Ziel für eine kleine Weile ignorieren, bis Ihre Schwäche überwunden ist. Manche Berufe erkennen unterschiedliche Stärken an und strukturieren ihre Aufgaben entsprechend. Im Vereinigten Königreich kann beispielsweise ein Rechtsanwalt ein »Solicitor« (Rechtsanwalt an höheren Gerichten) oder ein »Barrister« (Rechtsanwalt mit eingeschränkter Kompetenz) sein. »Solicitors« sind Rechtsanwälte, die sich

mit Mandanten befassen und in der Kanzlei arbeiten, Fälle analysieren und aufbereiten. »Barristers« werden für ihre Redegewandtheit genutzt und erscheinen vor Gericht, wo sie überzeugend argumentieren.

• **Eine intelligente Person passt sich ihrer Umgebung an, formt sie und wählt sie aus.** Ein intelligenter Mensch wird sich mit einer wechselnden Szene verändern. Ein Präsident beispielsweise zeigt diese Art von Intelligenz, wenn er in Kriegs- oder Friedenszeiten gleichermaßen gut führen kann. Intelligente Menschen können auch ihre Umgebung so gestalten, dass sie zu ihnen passt, oder eine Situation zugunsten einer anderen aufgeben, die ihre Stärken besser nutzt. Eine Führungskraft, die sich mit Menschen wohlfühlt, aber im Büroalltag nicht aufblüht, könnte Intelligenz zeigen, indem sie ihren Beruf auf das Unterrichten verlagert.

• **Eine intelligente Person setzt alle drei Arten von Intelligenz ein** – analytisch, kreativ und praktisch –, um ein Ziel zu erreichen.

> ## »Ein Mensch von wahrhafter Genialität lebt niemals vor seiner Zeit.«

JOSEPH HENRY, WISSENSCHAFTLER

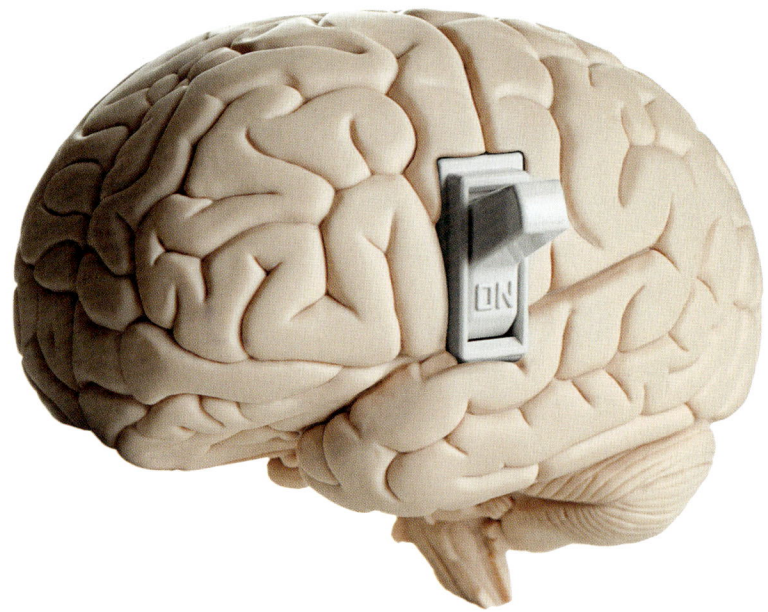

BEWUSSTES UND UNBEWUSSTES DENKEN

Als das Diagramm des Induktionsmotors ungebeten in Nikola Teslas Verstand auftauchte, wurde es wahrscheinlich durch einen unsichtbaren Gedankenprozess erzeugt, der als unbewusste Erkenntnis bekannt ist. Wir neigen dazu, die Funktionsweise der Intelligenz als bewusst und absichtlich zu betrachten, wobei die schrittweise Problembewältigung in das Lesen einer Karte oder das Hinzufügen einer Reihe von Zahlen einbezogen wird. Und tatsächlich nimmt ein Teil unseres Denkens, unserer bewussten Erkenntnis, diese Form an. Allerdings findet eine große Menge an Informationsverarbeitung unterhalb der Ebene des Bewusstseins statt. Dieses kognitive Unbewusste ist ein Ort schneller Urteile und rascher Wahrnehmungen, die unser Denken und Verhalten beeinflussen. Eine der wichtigsten Rollen des kognitiven Unbewussten ist die eines Zensors. Unser Gehirn filtert die unzähligen sensorischen Details heraus, die uns sonst in den Wahnsinn treiben würden.

Stellen Sie sich vor, Sie fahren ein Auto: Wenn Sie sich um jede kleinste Körperbewegung kümmern müsstest, um jedes andere Auto, Straßenschild, Gebäude, jede Wolke am Himmel, jeden Baum am Straßenrand, den Lärm von draußen und das Zappeln Ihrer Kinder auf dem Rücksitz, könnten Sie es keine 100 Meter die Straße hinunter schaffen. In der Tat stellen langjährige Autofahrer

Wenn unser Gehirn nicht störende sensorische Informationen ausblenden würde, könnten wir nicht funktionieren.

»Weisheit und tief reichende Intelligenz erfordern ehrliche Wertschätzung des Geheimnisvollen.«

THOMAS MOORE, POET

MORALISCHE ALGEBRA

Benjamin Franklin, Staatsmann, Erfinder und Schriftsteller, war ein methodischer Denker. In einem Brief von 1772 beschrieb er dem englischen Wissenschaftler Joseph Priestley seinen Entscheidungsprozess:

»Wenn diese schwierigen Fälle auftreten, sind sie vor allem deshalb schwierig, da, während wir abwägen, alle Gründe für und wider nicht gleichzeitig im Verstand zugegen sind; doch manchmal zeigt sich ein Satz von selbst und manchmal ein anderer, wenn der erste wieder außer Sicht ist. Daher die verschiedenen Zielsetzungen oder Neigungen, die abwechselnd vorherrschen, und die Unsicherheit, die uns verwirrt.

Um darüber hinwegzukommen, ist mein Weg, ein halbes Blatt Papier durch eine Linie in zwei Spalten zu teilen und über die eine Spalte Pro und die andere Kontra zu schreiben. Dann habe ich während drei oder vier Tagen Überlegungszeit unter den verschiedenen Überschriften kurze Hinweise auf die verschiedenen Motive niedergeschrieben, die mir zu unterschiedlichen Zeiten für oder gegen die Maßnahme einfallen. Nachdem ich sie also alle in einer Ansicht zusammengeführt habe, bemühe ich mich, ihre jeweiligen Gewichtungen zu schätzen; und wo ich zwei, eine auf jeder Seite finde, die gleich scheinen, streiche ich sie beide aus: Finde ich einen Grund dafür, welcher zwei Gründen dagegen gleicht, streiche ich die drei aus. Wenn ich zwei Gründe dagegen gleichwertig mit drei Gründen dafür beurteile, streiche ich alle fünf aus; und so fahre ich fort, bis ich zu einer Balance finde; und wenn nach einem oder zwei Tagen der weiteren Überlegung nichts Neues von Bedeutung auf beiden Seiten aufkommt, komme ich zu der entsprechenden Entscheidung.

Und obwohl das Gewicht der Argumente nicht mit der Genauigkeit der algebraischen Quantitäten gemessen werden kann, so denke ich doch, dass wenn jeder einzelne so getrennt und vergleichsweise betrachtet wird und das Ganze vor mir liegt, ich besser beurteilen kann und weniger wahrscheinlich einen voreiligen Schritt machen werde;

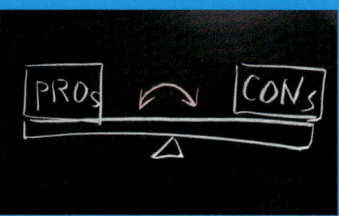

und tatsächlich habe ich in dem, was man Moralische oder Prudenzielle Algebra nennen kann, einen großen Vorteil in dieser Art von Gleichung gefunden.«

oft fest, dass sie die vorbeifliegende Szenerie so erfolgreich ausgeblendet haben, dass sie ganze Stadtteile im Autopiloten durchfahren haben, ohne die Umgebung überhaupt zu registrieren.

Dieser Filter wird als latente Hemmung bezeichnet. Es ist die Fähigkeit des Gehirns, Informationen auszusortieren, die für die jeweilige Aufgabe irrelevant sind. Menschen mit fehlerhaften mentalen Filtern sind ablenkbar, zerstreut oder schlimmer: Schizophrene haben beispielsweise keine latente Hemmung, sodass es für sie schwer ist, unnötige Signale aus ihrer Umwelt zu filtern. Als Ergebnis werden sie von einem Sturm sensorischer Eindrücke bombardiert, der es erschwert, normal zu funktionieren.

Das kognitive Unbewusste dient auch als Lernzentrum. Frühe Science-Fiction stellte futuristische Lernsituationen dar, in denen Erwachsene eine Fremdsprache erlernen konnten, indem sie einfach im Schlaf Tonbänder anhörten. Obwohl dieser unkomplizierte Weg zur Wissensvermittlung leider noch nicht realisiert wurde, haben Wissenschaftler entdeckt, dass der Verstand Informationen ohne unsere bewusste Beteiligung verarbeiten kann. Deshalb verstehen wir die Dinge manchmal schnell, fast instinktiv, ohne sie

»Die Ausführung ist der Streitwagen der Genialität.«

EPITAPH AUF DEM GRABSTEIN DES ERFINDERS REGINALD FESSENDEN

zu durchdenken. Wir können zum Beispiel eine Sprache nicht über Nacht lernen, aber wir erfassen grammatikalische Regeln und Muster, ohne sie bewusst zu erkennen.

In einem Experiment wurden den Teilnehmern Buchstabenketten gezeigt, die in Mustern angeordnet waren, welche neue und schwierige grammatikalische Regeln widerspiegelten. Nach einiger Zeit waren sie in der Lage, zwischen »grammatischen« und »ungrammatischen« Mustern in neuen Buchstabenketten zu unterscheiden, auch wenn sie die Regeln, die diese Grammatik bestimmten, nicht bewusst identifizieren konnten. Irgendwie hatte ihr Verstand durch Erfahrung die Muster ausgearbeitet und sie wiedererkannt. Selbst unter Narkose kann das Gehirn lernen. In einem anderen Experiment spielten die Forscher bei 25 anästhesierten Patienten, die sich einer Herzoperation unterzogen, Tonbänder von Wortpaaren vor. Später erinnerte sich keiner der Patienten an die Erfahrung, doch sie erinnerten sich an die Assoziation der Wortpaare. Etwas in ihrem Gehirn hatte die Bänder nicht nur gehört, sondern auch von ihnen gelernt.

» Mentale Abkürzungen

Unbewusste Erkenntnis hilft uns nicht nur zu lernen, sondern auch, schnelle Entscheidungen durch die als Heuristik bezeichneten mentalen Abkürzungen zu treffen. Angesichts der Auswahlmöglichkeiten könnten ordnungsliebende Menschen wie Benjamin Franklin (siehe Kasten gegenüber) Vor- und Nachteile aufschreiben, aber die meisten von uns verlassen sich auf Faustregeln, um zu einem Ergebnis zu kommen. Bestimmte Antworten erscheinen uns einfach richtig. Zu viele Informationen können der Entscheidungsfindung im Wege stehen, indem sie uns mit einer Datenflut belasten. Heuristik, in ihrer besten Form, spart uns Zeit und hilft uns, genauere Entscheidungen zu treffen. Forscher haben verschiedene Arten von Heuristiken identifiziert, die es uns

ermöglichen, Energie einzusparen. Wenn wir beispielsweise mit der Erkennungsheuristik zwischen zwei Optionen wählen, legen wir mehr Wert auf die uns vertraute Option. Studien haben ergeben, dass sich Aktienportfolios, deren Inhalte einfach nach dem Wiedererkennungswert ausgewählt werden, besser entwickeln als der Markt. Der Wiedererkennungswert kann sogar den sportlichen Erfolg vorhersagen.

Der Grad, in dem Tennisfans Amateur-Tennisspieler erkannten, erwies sich als besserer Indikator für die Wimbledon-Spiele der Sportler in den Jahren 2004 und 2006 als ihre Setz- oder Ranglisten. Was, wenn beide Möglichkeiten bekannt sind?

In diesem Fall sind Sie vielleicht besser dran, wenn Sie auf denjenigen wetten, der Ihnen zuerst in den Sinn kam.

Dies ist bekannt als die fließende Heuristik. So zeigten die Forscher beispielsweise erfahrenen Handballspielern Videoclips aus einem Profispiel und

Explizite Werbung wie »Trink Coca-Cola« funktioniert nicht gut.

fragten sie, was sie in bestimmten Situationen getan hätten (den Ball passen; einen Torwurf versuchen). Im Durchschnitt war die erste Option, die den Probanden in den Sinn kam, besser als die, an die sie später dachten, wenn sie länger darüber grübelten.

Der gleiche Effekt wurde bei Basketballspielern beobachtet.

Athleten verwenden auch eine gängige Heuristik, die als »One-Clever-Cue« bekannt ist. Konfrontiert mit mehreren Faktoren – sagen wir, die Haltung eines Baseballspielers, die Windrichtung sowie die Flugbahn und Geschwindigkeit seines Abschlags – hält ein Feldspieler einfach einen konstanten optischen Winkel zwischen sich und dem Baseball aufrecht. Mit anderen Worten, behält er ihn einfach im Auge.

Heuristik, wie Benjamin Franklin bemerken würde, hat ihre Vor- und Nachteile. Nur weil uns eine Option zuerst in den Sinn kommt oder bekannter ist, bedeutet das nicht,

Mentale Abkürzungen helfen dabei, schnelle Entscheidungen zu treffen.

Unser Denken kann durch sensationelle oder beängstigende Informationen beeinflusst werden.

dass sie die genauesten Informationen liefert. Viele Dinge sind uns bekannt, weil sie sensationell oder beängstigend sind. Leute lesen über Lotteriegewinner und überschätzen die Chancen, dass auch sie den Jackpot knacken. Sie fürchten das statistisch sichere Flugzeug mehr als das statistisch gesehen gefährliche Auto.

Unbewusste Entscheidungen funktionieren gut, wenn wir große Mengen an Informationen schnell integrieren müssen. Bewusstes Denken ist besser, wenn wir komplexe Zusammenhänge bedenken und unwahrscheinliche Möglichkeiten ausschließen müssen. Wenn es um komplexe Sachverhalte geht, sind wir besser dran, wenn wir beide Fähigkeiten zur Entscheidungsfindung nutzen. Studien haben ergeben, dass Menschen, die komplexe Probleme zunächst logisch durchdenken und dann unbewusste Präferenzen berücksichtigen, die Probleme besser lösen als diejenigen, die beide Strategien isoliert anwenden.

» Verschüttete Emotionen

So viel Informationsverarbeitung findet unter der Oberfläche des Bewusstseins in unserem Gehirn statt, weil wir

»Durch sein Genie unterhalten sich entfernte Länder und **Männer segeln ohne Furcht vor der Tiefe.**«

EPITAPH AUF DEM GRABSTEIN DES ERFINDERS REGINALD FESSENDEN

Die Angst vor unterschwelligen Werbebotschaften in den 1950er-Jahren erwies sich als übertrieben.

überwältigt wären, wenn wir uns bewusst um alles kümmern müssten. Dasselbe gilt für emotionale Prozesse.

Obwohl wir uns dessen nicht bewusst sind, reagieren unsere Emotionen auf einer Ebene unterhalb des Bewusstseins auf unsere Umwelt. Sie können unser Verhalten und unsere Entscheidungen ohne unser Wissen beeinflussen. Viele Menschen haben von einem Experiment des Marktforschers James Vicary aus dem Jahr 1957 gehört. Nach Vicarys Angaben blendete er während einer Vorführung des Films Picknick die Nachrichten »Trink Coca-Cola« und »Hungrig? Iss Popcorn«

im Film alle fünf Sekunden für 1/3000 Sekunden ein – eine Dauer weit unterhalb der Grenzen der bewussten Wahrnehmung. Seine Behauptungen, dass die Verkäufe von Cola um 18,1 Prozent und die von Popcorn um erstaunliche 57,8 Prozent stiegen, sorgten für öffentliches Aufsehen, als darüber berichtet wurde.

Leider stellte sich für die Popcorn-Macher auf der ganzen Welt heraus, dass Vicarys Ergebnisse fabriziert waren. Niemand sonst war in der Lage, sie zu replizieren.

Unterschwellige Werbung funktioniert einfach nicht in dieser Größenordnung. Unterschwellige Signale können jedoch unsere Emotionen auf subtilere Weise beeinflussen.

Positive oder negative Bilder, die zu kurz aufblitzen, um bewusst wahrgenommen zu werden, verändern die Stimmung der Menschen zum Guten oder Schlechten. In zwei Studien wurden die Teilnehmer beispielsweise gebeten, ihre Reaktionen auf neutrale Bilder (chinesische Symbole, die sie noch nie zuvor gesehen hatten) zu bewerten. Bevor jedes Symbol gezeigt wurde, erschien kurz ein fröhliches oder wütendes Gesicht, zu schnell, um wissentlich gesehen zu werden. Glückliche Gesichter erhöhten die Vorlieben der Teilnehmer für die Symbole, während wütende Gesichter die Vorlieben verringerten, selbst wenn den Probanden gesagt wurde, dass versteckte Bilder ihr Urteilsvermögen beeinflussen könnten. Explizite unterschwellige Botschaften (»Trink Coca-Cola«) funktionieren vielleicht nicht gut, aber emotionale Hinweise können den Konsum definitiv beeinflussen, besonders wenn der Konsument ohnehin in diese Richtung tendiert. Die Versuchsleiter, die durstigen Teilnehmern unterschwellige Bilder von glücklichen, neutralen oder wütenden Gesichtern aufblitzen ließen, fanden heraus, dass die Probanden keinerlei Stimmungsänderungen erfuhren. Trotzdem tranken die, die glückliche Gesichtsausdrücke sahen, danach 50 Prozent mehr von einem fruchtigen Getränk und waren bereit, etwa doppelt so viel für das Getränk zu bezahlen. Es scheint widersprüchlich zu sagen, dass wir Gefühle haben, die wir nicht fühlen können. Es wäre vielleicht zutreffender zu sagen, dass wir auf all unsere Gefühle reagieren, doch sind wir uns nur einiger davon bewusst. Dies ist aus evolutionärer Sicht sinnvoll.

Emotionen sind nützliche Überlebensinstrumente. Sie warnen uns vor Veränderungen in unserer Umwelt, ob gut oder schlecht, und lösen eine entsprechende Reaktion aus. Wir fürchten und hassen Dinge, die uns bedrohen. Wir mögen und fühlen uns zu Dingen hingezogen, die uns helfen. Wenn wir aber wie bei anderen Empfindungen emotional auf jede Kleinigkeit reagieren würden, würden wir uns in eine zittrige Masse von Nerven verwandeln. Wir müssen auf die Umwelt reagieren, ohne überzureagieren.

KREATIVES DENKEN

Ein ergänzender Zusatz verbindet die Worte »Saft«, »Küchlein« und »Ernte« miteinander … welches Wort ist gemeint? Es ist das Wort »Apfel«. Haben Sie es erraten? Dann denken Sie nun darüber nach, was Sie getan haben, um das Rätsel zu lösen. Haben Sie sich jedes Wort abwechselnd angesehen und systematisch die Möglichkeiten erarbeitet, die zu jedem Wort passen? Oder haben Sie die Antwort einfach frei assoziiert?

Forscher haben herausgefunden, dass wir eher Geistesblitze, also kreative Ausbrüche des Bewusstseins, erleben, wenn wir unsere Gedanken schweifen lassen. Wir können sicher eine Lösung durch systematisches Denken entwickeln, aber wir sollten die fruchtbaren Vernetzungen unseres Gehirns nicht unterdrücken. Sie können uns mühelos die Lösung »Apfel« liefern.

Niemand kann jede Minute des Tages konzentriert und aufmerksam bleiben. Denken Sie an das letzte Mal, als Sie an einem Meeting teilgenommen haben. Haben Sie dort auf jedes Wort geachtet? Das ist eher unwahrscheinlich.

Langeweile, Ablenkung und nachlassende Konzentration ziehen uns unweigerlich von der vor uns liegenden Situation in die eigene Gedankenwelt. Das ist nicht unbedingt eine schlechte Sache. Wenn wir unsere Gedanken schweifen lassen, benutzen sie vielleicht ein standardmäßiges mentales Netzwerk, das Informationen auf neuartige Weise verarbeitet. Tagträume können ein grundlegender Bestandteil der Kreativität sein. Kreative Ideen sind originell, innovativ und anpassungsfähig – nützlich auf neue Art und Weise. Sie kommen nicht aus dem Nichts; Tesla hätte seinen Induktionsmotor nicht erfinden können, ohne die Jahre, die

Einige unserer besten Ideen entstehen, wenn wir unsere Gedanken umherschweifen lassen.

(?) **ÜBUNG**

IDEEN-TAGEBUCH

»Ein intimes Tagebuch ist interessant, im Besonderen in der Hinsicht, dass es die Entstehung von Ideen dokumentiert«, notierte der Autor André Gide in seinem Tagebuch.

Nun können Sie Ihre eigenen neu erwachenden Pläne und Ideen kultivieren, indem Sie sie in einer Ideensammlung notieren – ob in Papierform oder in Ihrem Smartphone oder Tablet. Wenn Sie das nächste Mal ein kreativer Geistesblitz überkommt –eine Idee für ein Buch, ein Kunstprojekt, eine Geschäftsidee oder was auch immer – schreiben Sie es so schnell wie möglich auf, bevor die Idee im Trubel des Alltags untergeht. Fragen Sie sich beim Schreiben, was Sie gerade getan hatten, als Sie die Idee hatten … waren Sie vielleicht grade beim Spazierengehen? Unter der Dusche? Oder beim Mittagessen? Vielleicht stellen Sie fest, dass die meisten kreative Momente dann auftreten, wenn Ihr Verstand im Leerlauf ist.

MEIN TAGEBUCH

Tagträumen Ist wichtig.

»Warum zerstört Bildung bei so vielen Kindern augenscheinlich den Schöpferdrang?«

ALDOUS HUXLEY, AUTOR

er in das Studium elektrischer Geräte investiert hatte. Aber unsere Standardnetzwerke scheinen Informationen zu entdecken und zu konsolidieren, die bereits im Gehirn herumflattern.

Eine Studie mit professionellen Schriftstellern und Physikern ergab, dass mehr als 40 Prozent ihrer kreativen Ideen aufkamen, wenn sie in eine nicht arbeitsbezogene Tätigkeit involviert waren und/oder über etwas nachdachten, das nichts mit dem Thema zu tun hatte. Diese »Heureka-Momente« lieferten nicht notwendigerweise kreativere Ansätze als das bewusste Nachdenken, aber sie trugen eher dazu bei, eine geistige Sackgasse zu überwinden.

Sie können von Ihren Emotionen auch einen Schub erhalten, während Sie Ihren Geist wandern lassen, besonders wenn Sie sich durch eine langweilige Aufgabe quälen. Menschen, die mentale Pausen einlegen, stellen fest, dass die Atempause ihre Sichtweise verbessert. Der beste Weg, einen mentalen Inkubationsprozess zu nutzen, ist nicht, nichts zu tun, sondern an einer einfachen Aufgabe zu arbeiten. In einer Studie wurden Schüler mit kreativen Problemen konfrontiert, aufgefordert, diese zu lösen, und dann entweder mit anspruchsvollen Aufgaben, anspruchslosen Aufgaben, einer Ruhepause oder gar keiner Pause konfrontiert. Danach schnitten die Schüler besser ab, denen die einfachen Aufgaben übertragen wurden, als sie sich erneut an den kreativen Problemen versuchten. Die Zeit der milden geistigen Aktivität war ein Brutkasten

für fantasievolles Denken gewesen. Das nächste Mal, wenn Sie mit einem kreativen Problem konfrontiert sind, das einer Lösung bedarf, versuchen Sie sich an einer anspruchslosen Tätigkeit, wie etwa dem Aussortieren von Papieren oder einem Spaziergang auf dem Laufband. Beobachten Sie, ob die Antworten, die Sie benötigen, so völlig ungezwungen von selbst zu Ihnen kommen.

Das nächtliche Träumen ähnelt dieser Art von Tagträumen, da die explizite Aufmerksamkeit verblasst und der Geist unerwartete Wege geht.

Obwohl sich die Wissenschaftler über die Bedeutung und Funktion von Träumen

Machen Sie eine Pause für kreative Aktivitäten, um Ihre Arbeitsleistung zu verbessern.

uneins sind (siehe Kapitel 9, Seite 253), finden viele kreative Menschen im Schlaf Inspiration. Einige erleben sogar die Art von »Heureka-Moment«, die Tesla im Budapester Park erfuhr.

Der Neurowissenschaftler Otto Loewi beispielsweise schilderte einen berühmten Fall von Trauminspiration. 1920 untersuchte Loewi die chemische Übertragung von Nervensignalen. An einem Samstagabend träumte er von einem Experiment, das diese Art der Übertragung demonstrieren könnte. »Ich erwachte, schaltete das Licht ein und schrieb ein paar Notizen auf einen winzigen Zettel«, schilderte Loewi später. »Dann schlief ich wieder ein. Um sechs Uhr morgens fiel mir ein, dass ich in der Nacht etwas Wichtiges aufgeschrieben hatte, aber ich konnte das Gekritzel nicht entziffern.« In der nächsten Nacht schlief er mit einem Gefühl der Verzweiflung ein und träumte wieder von dem neuen Experiment. Dieses Mal erwachte er, erinnerte sich an das Verfahren und ging sofort in sein Labor, um es auszuprobieren. Für den erfolgreichen Test, der die chemischen Transmitter Acetylcholin und Adrenalin identifizierte, gewann er anschließend den Nobelpreis.

Eine Generation nach Loewi studierte auch der neuseeländische Physiologe John Carew Eccles die Neurotransmission. Seine Theorie darüber, wie sich elektrische Signale zwischen den Zellen bewegen, kam ihm ebenfalls im Traum. »Als ich erwachte, erinnerte ich mich an Loewis Traum, also hielt ich mich eine Stunde lang wach, um jeden Aspekt des Traumes durchzugehen, und stellte fest, dass er allen experimentellen Beweisen entsprach«, schrieb Eccles. Auch

Üben Sie sich im
»Schönwetterdenken«

er gewann einen Nobelpreis für seine Arbeit.

Selbst bei denjenigen unter uns, die nicht für einen Nobelpreis infrage kommen, kann das Führen eines Traumtagebuchs und das Notieren unserer nächtlichen Gedanken (ordentlich!) zu kreativen Entdeckungen führen.

» Kreative Prozesse

Das Stereotyp des extravaganten Künstlers ist gar nicht so falsch. Kreative Menschen sind im Allgemeinen offen für neue Erfahrungen, flexibel, mutig, unabhängig und unkonventionell. Dies gilt insbesondere für Künstler, weniger für Wissenschaftler, doch auch technologisch kreative Menschen sind offener und unabhängiger als der Durchschnitt.

Kreativität ist ein bevorzugter Faktor bei der sexuellen Selektion.

Humor ist ebenfalls mit Kreativität verbunden. Humor und Einfallsreichtum setzen beide Verspieltheit, Neugier und die Fähigkeit voraus, verblüffende neue Verbindungen zwischen Konzepten herzustellen. Studien zeigen, dass Humor selbst ein kreativer Prozess ist. Lustige Menschen sind typischerweise kreativ, obwohl das Gegenteil nicht immer der Fall ist: Kreative Menschen können auch humorlos sein. Ob Sie sich selbst als künstlerisch betrachten oder nicht: Sie können Ihren kreativen Output

FOKUS

KOLLEKTIVES BRAINSTORMING?

Brainstorming-Sitzungen sind überaus beliebt am Arbeitsplatz. Ein Problem muss gelöst, ein Projekt gestartet, eine Kampagne geplant werden: Versammeln Sie das Team und machen Sie ein Brainstorming! Brainstorming als Geschäftstechnik wurde in Alex Osborns Buch *Your Creative Power* von 1948 popularisiert. Der Schlüssel zum Erfolg der Methode sei ein positiver, von allen Seiten akzeptierter Ansatz. »Kreativität ist eine so zarte Blume, dass Lob sie zum Blühen bringt, während Entmutigung sie oft im Keim erstickt.« In den folgenden Jahrzehnten verbreitete sich die »Alles-ist-denkbar-«-Methode in großen und kleinen Unternehmen. Doch wie der Autor Jonah Lehrer bemerkt, »gibt es ein Problem mit dem Brainstorming – es funktioniert nicht.« Eine Studie nach der anderen hat gezeigt, dass Gruppen im Durchschnitt weniger Ideen haben als Einzelpersonen, die alleine arbeiten. Darüber hinaus neigen Ideen, die in einer allseitig positiven Gruppenerfahrung entstehen, dazu, sich in einer Lösung zu vereinen, anstatt kreativ zu divergieren. Das klassische Brainstorming hemmt das kreative Denken. Keine Angst, liebe Fans des kollaborativen Denkens. Kreatives Denken kann gefördert werden, indem man Menschen mit unterschiedlichen Perspektiven nahe beieinander platziert und dafür sorgt, dass sie sich häufig begegnen. In Meetings sollten die Kritiklosigkeit einer fruchtbaren Debatte weichen. Ebenfalls sollten Unternehmen die Menschen ermutigen, ihre eigenen Ideen selbst zu entwickeln und die Ergebnisse später anderen mitzuteilen.

fördern, indem Sie verstehen, wie der kreative Prozess funktioniert. Die erste Regel ist, nicht auf die Inspiration zu warten, denn die Inspiration kommt erst nach der kreativen Idee. Sobald Sie eine kreative Idee haben, tritt die Inspiration ein, um sie zu verwirklichen. Die Inspiration selbst kann drei Formen annehmen: Transzendenz, Evokation und Annäherungsmotivation.

Transzendenz ermöglicht es einer Person, in ihrer kreativen Idee Möglichkeiten zu sehen, die über das Gewöhnliche hinausgehen. Evokation ist Inspiration, die durch die kreative Idee oder Handlung einer anderen Person ausgelöst wird. Annäherungsmotivation ist der Wunsch, auf die Idee einzugehen, sie auszudrücken und zu verwirklichen. Wenn kreative Menschen inspiriert werden, beginnen sie mit einer Idee, die

möglicherweise durch jemand anderen ausgelöst wird, dann erkennen sie ihr Potenzial und wollen sie in die Tat umsetzen. Obwohl es kontraintuitiv erscheint, lebt der kreative Prozess von Zwängen. Mit einem leeren Blatt Papier und der Anweisung, absolut frei damit zu tun, was immer sie möchten, fühlen sich die meisten Menschen überfordert und neigen dazu, zu wiederholen, was sie in der Vergangenheit getan haben. Durch Einschränkungen gewinnt die Sache an Ausrichtung und Möglichkeit. Wissen ist eine solch positive Einschränkung. Ein Schöpfer muss auf seinem Gebiet etwas gelernt und Fähigkeiten erworben haben – alles Talent der Welt wird aus einem ungeschulten Bildhauer keinen Michelangelo machen. Wir werden auch einfach durch die Grenzen unseres Gehirns eingeschränkt, da selbst die hellsten von uns nur eine begrenzte Menge an Informationen verarbeiten können. Die Notwendigkeit der Veränderlichkeit ist eine weitere Einschränkung; eine herausfordernde Aufgabe wird mehr originelles Denken anregen als eine sich wiederholende. Und wir werden durch die Grenzen unserer Fähigkeiten eingeschränkt. Einige von uns sind einfach talentierter als andere.

Kommen wir nun zum Aspekt der Stimmung: Fördert

Kreativität braucht einen Sinn für Ausrichtung und Möglichkeit.

eine düstere, Ludwig van Beethoven-ähnliche Spannung die Kreativität, oder sollte man eine positive Einstellung im Benjamin-Franklin-Stil anstreben, um kreativ zu sein? Beides ist hilfreich, wie sich herausstellte. Negative Stimmungen scheinen die Konzentration und präzise Ausführung zu fördern, vor allem wenn die Aufgabe selbst als ernsthaft eingestuft wird. Positive Stimmungen fördern Kreativität bei der Betrachtung der

Aufgabe, wenn diese als spaßig und unterhaltsam empfunden wird. Beethovens Wut und Verzweiflung passen zum gängigen Bild des verrückten Künstlers. An diesem Stereotyp ist etwas Wahres. Kreativität ist bei vielen Künstlern mit Traumata und Stimmungsstörungen verbunden, aber es kann auch die Rettungsweste sein, die diesen Personen hilft, ihre Probleme zu überwinden. Intellektuell begabte Menschen kommen typischerweise aus liebevollen Haushalten, aber sehr kreative Menschen tragen oft schmerzhafte Erinnerungen mit sich herum. Sie sind eher Kinder geschiedener Elternteile, haben in ihrer Kindheit einen oder beide Elternteile verloren oder andere belastende Erfahrungen gemacht. Ihre inhärenten Talente haben es ihnen vielleicht ermöglicht, sich den Herausforderungen ihres Lebens zu stellen und produktiv zu werden.

Der Mangel an latenter Hemmung, der für Schizophrene so behindernd sein kann, mag bei manchen Menschen auch seine positive Seite haben. Jene mit Aufmerksamkeitsdefizit/Hyperaktivitätsstörung (ADHD) erzielen bei standardisierten Tests in der

Vincent van Goghs psychische Krankheit beflügelte seine Kunst, wie zum Beispiel sein Meisterwerk »Sternennacht«, das er in einer Anstalt malte.

Klassisches Brainstorming hemmt das kreative Denken.

Regel schlechtere Ergebnisse als andere Menschen, doch sie tendieren dazu, bei Labormessungen der Kreativität höher zu punkten, und können bei kreativen Aufgaben mehr

erreichen als andere. Stimmungsstörungen wie Depressionen oder bipolare Störungen sind zwar in vielerlei Hinsicht lähmend, aber bei Schriftstellern und Künstlern acht bis zehn Mal häufiger als in der Allgemeinbevölkerung. Der Komponist Robert Schumann, der an einer bipolaren Störung litt, wechselte zwischen manischen Phasen und depressiven Episoden, litt unter Halluzinationen und versuchte, sich durch einen Sprung von einer Brücke

Ludwig van Beethoven

»Fantasie ist
wichtiger als Wissen.«

ALBERT EINSTEIN, PHYSIKER

das Leben zu nehmen. In seinen manischen Phasen vollendete er etwa viermal so viele Werke wie in depressiven Episoden. Nach Ansicht der meisten Musiker verbesserte sich jedoch die Qualität seiner Arbeit nicht mit zunehmender Quantität; die Musik, die er in depressiven Momenten schrieb, gilt als ebenso gut wie die seiner manischen Phasen.

Der amerikanische Lyriker Theodore Roethke, ein weiterer Betroffener der bipolaren Störung, schrieb nach seinen Zusammenbrüchen einige seiner bedeutendsten Werke. »In einer dunklen Zeit beginnt das Auge zu sehen«, beginnt eines der Gedichte.

Nur wenige Menschen haben die Genialität eines Schumann oder Roethke, aber wir alle besitzen kreative und intellektuelle Fähigkeiten, die gefördert werden können. Ihre eigenen Formen der Intelligenz zu verstehen – das Wissen um die Ihnen eigenen analytischen, praktischen und kreativen Fähigkeiten – kann Ihnen dabei helfen, den besten Weg zur Verwirklichung Ihrer Ziele einzuschlagen. Wenn Sie die verborgenen Ressourcen Ihres Geistes und seine Fähigkeit, Verbindungen herzustellen, nutzen, können Sie Lösungen finden, die Sie bewusst niemals für möglich gehalten hätten. Wenn wir unserem Verstand erlauben, die analytische Spur zu verlassen und tiefere, mehr assoziative Bereiche anzuzapfen, können wir unsere Genialität zum Vorschein bringen.

Mit den verborgenen Ressourcen unseres Geistes lassen sich ungeahnte Fähigkeiten freisetzen.

KAPITEL SECHS

DAS GPS DES LEBENS

Am 14. Januar 2015 erklommen zwei amerikanische Kletterer triumphierend den Gipfel des El Capitan, einer berühmten Felsformation im Yosemite Nationalpark. Als ersten Menschen war ihnen die freie Besteigung der Dawn Wall gelungen, einer 915 Meter hohen Steilwand des Berges.

Nur mit der Kraft ihrer Arme und Beine, die Seile lediglich zum Schutz vor dem Absturzen verwendend, zogen sich Tommy Caldwell und Kevin Jorgeson 19 Tage lang von einem hauchdünnen Riss im Gestein zum nächsten. Jeder Abschnitt der Wand (oder jede Seillänge) stellte seine eigenen Herausforderungen dar. An einer schwierigen Stelle fiel Jorgeson, kletterte erneut aufwärts und fiel wieder, zehn ganze Tage hintereinander. Die Finger der Kletterer bluteten und ihre Muskeln brannten. Aber die beiden Männer blieben beharrlich, und an einem sonnigen Nachmittag wurde schließlich jener Aufstieg, der sieben Jahren geplant worden war, erfolgreich abgeschlossen.

Was war es, das diese Kletterer dazu brachte, eine derart schwierige Aufgabe bewältigen

zu wollen? Warum hatten sie Erfolg damit? Persönlichkeitsforscher könnten behaupten, dass die beiden Extremkletterer in Sachen Extravertiertheit, emotionale Stabilität und Aufgeschlossenheit hohe Punktzahlen erzielten. Motivationsforscher könnten davon ausgehen, dass die Kletterer motiviert waren, sich neuen Herausforderungen zu stellen und ihre Ziele aktiv zu erreichen. Und Wissenschaftler, die das Feld der Selbstbeherrschung untersuchen, könnten sagen, dass die Kletterer über ein hohes Maß an Ausdauer und Beharrlichkeit verfügten.

Nur wenige von uns werden einen so medienträchtigen Erfolg feiern. Aber wir alle definieren uns jeden Tag durch das, was wir tun und durch die Art und Weise, wie wir mit anderen Menschen und mit

unserer Umwelt interagieren. Unser Charakter wird geprägt von unserem Antrieb, unserer Motivation und unserer Bereitschaft, auf das Erreichen unserer Ziele hinzuarbeiten. Diese Persönlichkeitsmerkmale, Motive und Triebkräfte verbinden sich zu einer einzigartigen Identität.

PERSÖNLICHKEIT

Tausende und Abertausende von Adjektiven beschreiben Persönlichkeitsmerkmale wie gesellig, freundlich, geduldig, unhöflich, faul, distanziert und Co. Psychologen im 20. Jahrhundert, die versuchten, vage Vorstellungen der Persönlichkeit wissenschaftlich messbar zu erforschen, begannen zu erkennen, dass bestimmte Adjektive mit anderen korrelierten. Gesprächige Menschen wurden eher als

Tausende von Adjektiven sind mit Persönlichkeitsmerkmalen verknüpft.

durchsetzungsfähig beschrieben. Launische Menschen waren oft unsicher. Forscher gehen mittlerweile davon aus, dass sich diese Adjektive weitgehend in fünf breite Klassen von Persönlichkeitsfaktoren einordnen lassen, die oft als »Big Five« bezeichnet werden: Aufgeschlossenheit, Gewissenhaftigkeit, Extraversion, Verträglichkeit und Neurotizismus.

Jede Persönlichkeit enthält eine Mischung aus all diesen Faktoren. Jede dieser Eigenschaften kann auf einer Skala von sehr niedrig bis sehr hoch quantifiziert werden. Sie repräsentieren weit gefasste Kategorien, nicht individuelle Lebensgeschichten. Über alle Bevölkerungsschichten hinweg lassen Persönlichkeitsfaktoren auf bestimmte gesundheitliche oder soziale Auswirkungen schließen. Menschen, die eine große Verträglichkeit aufweisen, werden oft als sympathisch und freundlich beschrieben. Es überrascht nicht, dass hohe

Persönlichkeitsmerkmale können gesundheitliche Auswirkungen haben.

Gewissenhaftigkeit stark mit besserer Gesundheit und längerer Lebensdauer verbunden ist. Leute am oberen Ende dieser Skala haben wahrscheinlich gesunde Ernährungsgewohnheiten, benutzen Sicherheitsgurte und zählen seltener zu den Rauchern oder Trinkern. Stark extravertierte Menschen haben gute soziale Netzwerke, die sich positiv auf die Gesundheit auswirken, aber sie rauchen eher, trinken eher zu viel und neigen eher zu riskantem Sex. Sehr verträgliche Menschen trinken wahrscheinlich auch mehr als der Durchschnitt, aber diejenigen am unteren, feindlichen Ende der Skala sind anfälliger für Herz-Kreislauf-Erkrankungen. Ängstliche Menschen mit hohen Neurotizitätswerten erfahren im Allgemeinen eine schlechtere Gesundheit als andere, von Essstörungen über Drogenmissbrauch bis hin zu Tinnitus.

» Aufgeschlossenheit

Der Charakterzug der Aufgeschlossenheit spiegelt die Tendenz wider, neuen Erfahrungen und Erkenntnissen gegenüber offen eingestellt zu sein. Menschen, die in Sachen Aufgeschlossenheit punkten, sind empfänglich für neue Ideen; sie gehen eher als andere in Kunstgalerien oder Konzerte, lernen etwas einfach um des Lernens willen, probieren neue Lebensmittel aus oder gestalten ihren Wohnraum aus reiner Lust um. Bis zu einem gewissen Grad ist dieser Faktor mit Intelligenz und Bildung korreliert, sodass einige Psychologen glauben, dass er in zwei Kategorien unterteilt werden sollte: Intellekt und Offenheit für Erfahrungen. Aufgeschlossenheit misst jedoch grundlegender die Bandbreite und Originalität der mentalen Strukturen eines Menschen. Zu den Ergebnissen, die durch hohe Werte bei der Aufgeschlossenheit vorhergesagt werden, gehören mehr abgeschlossene Ausbildungsjahre, mehr Erfolg in künstlerischen Berufen, mehr Mobilität

SELBSTTEST

PERSÖNLICHKEITSINVENTUR

Wozu tendieren Sie in Sachen Persönlichkeit? Wählen Sie für jede Aussage eine Zahl, die angibt, inwieweit Sie damit einverstanden oder nicht einverstanden sind. Die resultierende Punktzahl zeigt an, wo Sie sich auf einer Skala von 1 bis 7 befinden.

ICH SEHE MICH SELBST ALS:

1. _____ Extravertiert, enthusiastisch.

(1 = Absolut nicht 2 = Mäßig abweichend 3 = Ein wenig abweichend 4 = Weder noch 5 = Ein wenig übereinstimmend 6 = Ziemlich übereinstimmend 7 = Absolut)

2. _____ Kritisch, streitsüchtig.

(1 = Absolut 2 = Ziemlich übereinstimmend 3 = Ein wenig übereinstimmend 4 = Weder noch 5 = Ein wenig abweichend 6 = Ziemlich abweichend 7 = Absolut nicht)

3. _____ Zuverlässig, selbstdiszipliniert.

(1 = Absolut nicht 2 = Mäßig abweichend 3 = Ein wenig abweichend 4 = Weder noch 5 = Ein wenig übereinstimmend 6 = Ziemlich übereinstimmend 7 = Absolut)

4. _____ Ängstlich, leicht verärgert.

(1 = Absolut 2 = Ziemlich übereinstimmend 3 = Ein wenig übereinstimmend 4 = Weder noch 5 = Ein wenig abweichend 6 = Ziemlich abweichend 7 = Absolut nicht)

5. _____ Offen für neue Erfahrungen, komplex.

(1 = Absolut nicht 2 = Mäßig abweichend 3 = Ein wenig abweichend 4 = Weder noch 5 = Ein wenig übereinstimmend 6 = Ziemlich übereinstimmend 7 = Absolut)

6. _____ Reserviert, ruhig.

(1 = Absolut 2 = Ziemlich übereinstimmend 3 = Ein wenig übereinstimmend 4 = Weder noch 5 = Ein wenig abweichend 6 = Ziemlich abweichend 7 = Absolut nicht)

7. _____ Sympathisch, warm.

(1 = Absolut nicht 2 = Mäßig abweichend 3 = Ein wenig abweichend 4 = Weder noch 5 = Ein wenig übereinstimmend 6 = Ziemlich übereinstimmend 7 = Absolut)

8. _____ Unorganisiert, nachlässig.

(1 = Absolut 2 = Ziemlich übereinstimmend 3 = Ein wenig übereinstimmend 4 = Weder noch 5 = Ein wenig abweichend 6 = Ziemlich abweichend 7 = Absolut nicht)

9. _____ Ruhig, emotional stabil.

(1 = Absolut nicht 2 = Mäßig abweichend 3 = Ein wenig abweichend 4 = Weder noch 5 = Ein wenig übereinstimmend 6 = Ziemlich übereinstimmend 7 = Absolut)

10. _____ Konventionell, unkreativ.

(1 = Absolut 2 = Ziemlich übereinstimmend 3 = Ein wenig übereinstimmend 4 = Weder noch 5 = Ein wenig abweichend 6 = Ziemlich abweichend 7 = Absolut nicht)

ERGEBNISSE
Extraversion: 1 + 6 addieren und durch 2 teilen
Verträglichkeit: 2 + 7 addieren und durch 2 teilen
Gewissenhaftigkeit: 3 + 8 addieren und durch 2 teilen
Emotionale Stabilität (geringer Neurotizismus): 4 + 9 addieren und durch 2 teilen.
Aufgeschlossenheit: 5 + 10 addieren und durch 2 teilen

KREATIV SEIN ÜBEN

Kreativität wird typischerweise mit der Eigenschaft der Aufgeschlossenheit assoziiert. Probieren Sie die folgenden Kreativitätsübungen mit Freunden aus:

1. Gängige Nudelnamen sind: Spaghetti, Tortellini, Fettuccine, Ravioli und Manicotti. Wie viele originelle Namen für Nudeln fallen Ihnen ein? Nehmen Sie sich eine Minute Zeit, um sich so viele Pasta-Namen wie möglich auszudenken und aufzuschreiben.

2. Wie viele Verwendungsmöglichkeiten gibt es für einen einzelnen Ziegelstein? Schreiben Sie in einer Minute so viele Verwendungsmöglichkeiten auf, wie Sie können.

Auswertung: Für die Pasta-Frage werden abweichende Namen, die nicht mit »i« enden, in der Regel kreativer beurteilt als solche, die den Stichworten genau folgen. Wie viele unterschiedliche Namen hat sich jeder von Ihnen ausgedacht? Für die Verwendung eines Ziegelsteins enthalten die kreativeren Listen vielfältigere, überraschendere und detailliertere Antworten. Wie viele Verwendungen hat sich jeder von Ihnen ausgedacht und wie kreativ waren diese?

und eine größere Neigung, sich Tätowieren zu lassen. Sehr offene Menschen haben auch ein höheres Risiko für bipolare Störungen. Sie haben lebhaftere Träume als andere und erinnern sich eher an sie. Menschen mit niedrigen Punktzahlen dagegen sind eher politisch konservativ. Menschen mit einem hohen Maß an Aufgeschlossenheit sind eher bereit, Veränderungen vorzunehmen, haben dadurch aber auch mehr Stress.

» Gewissenhaftigkeit

Als Persönlichkeitsfaktor ist Gewissenhaftigkeit genau das, wonach es klingt. Menschen mit einem hohen Maß an Gewissenhaftigkeit sind fleißig, organisiert und zuverlässig. Sie haben eine ausgezeichnete Impulskontrolle. Gewissenhafte Leute lernen wahrscheinlicher als andere für Tests, machen ihre Betten ordentlich und planen voraus. Eine hohe Punktzahl auf der Skala der Gewissenhaftigkeit bedeutet oft gute Noten in der Schule, Erfolg bei der Arbeit, bessere Gesundheit und ein längeres Leben. Aber auch sehr gewissenhafte Menschen können unflexibel und besessen sein. Diejenigen, die am unteren Ende der Gewissenhaftigkeitsskala punkten, sind typischerweise impulsiv, chaotisch und nicht bereit, vorauszudenken.

Wir verdanken etwa 50 Prozent unserer Persönlichkeit unseren Genen.

In der Schule und bei der Arbeit ergeht es ihnen oft schlechter. Niedrige Werte sind mit schlechten Gesundheitsgewohnheiten wie Rauchen, Drogenmissbrauch und schlechten Ernährungs- und Bewegungsgewohnheiten verbunden. Menschen mit geringer Gewissenhaftigkeit neigen zu riskantem Sexualverhalten und leben oft promiskuitiver. Glücksspieler und Kriminelle haben in diesem Bereich in der Regel besonders niedrige Punktzahlen.

Auch wenn es im Extremfall schädlich sein kann, sorgt ein hohes Maß an Gewissenhaftigkeit im Allgemeinen für ein problemloseres, gesünderes und erfolgreicheres Leben.

» Extraversion

C. G. Jung stellte die Begriffe extravertiert und introvertiert der Öffentlichkeit vor, und die Worte werden immer noch häufig verwendet, um

Menschen, die weit oben auf der Aufgeschlossenheitsskala stehen, lassen sich eher tätowieren als andere.

gegensätzliche Persönlichkeitstypen zu beschreiben.

Heute erkennen die meisten Psychologen eine Skala für Extraversion an, die den stillen Einzelgänger am einen Ende und das Partytier am anderen Ende einordnet. Menschen, die in Sachen Extraversion punkten, genießen soziale Aufmerksamkeit und reagieren emotional stark auf positive Reize. In einem Experiment wurden Menschen mit hoher und niedriger Extraversion

Man sollte die Persönlichkeit nicht immer vom Aussehen her beurteilen.

Bilder von Welpen gezeigt, während ihr Gehirn mit einem MRT gescannt wurde. Menschen mit hohen Punktzahlen zeigten mehr Gehirnaktivität als Menschen mit niedrigen Punktzahlen. Sie sind in der Regel aktiv, gesprächig, flirten häufiger als andere und neigen bei der Arbeit eher dazu, Führungsrollen zu übernehmen.

Diejenigen, die wenig extravertiert sind, sind in der Regel ruhig, zufrieden mit Isolation und emotional gedämpfter. Doch gesellige, sehr extravertierte Menschen sind nicht

immer unbedingt angenehme Zeitgenossen. Extravertierte können auch aggressiv und unangenehm werden. Sie tendieren manchmal zu Nervenkitzel, was auf Kosten der persönlichen Sicherheit oder Stabilität gehen kann. Eine Studie zeigte, dass Extravertierte eher in Autounfälle verwickelt werden, da sie gern schnell fahren und dabei Musik hören.

Die Introversion hat ihre Stärken: Introvertierte können eher auf andere hören, selbstständig arbeiten und durchdachte Lösungen finden. Der extravertierte Bill Clinton schaffte es in die Präsidentschaft der Vereinigten Staaten, jedoch auch der Introvertierte Abraham Lincoln. Introvertierte können genauso viel erreichen wie Extravertierte, indem sie ihre Unabhängigkeit, Nachdenklichkeit und ruhige, beständige Natur nutzen. Albert Einstein, Isaac Newton und T. S. Eliot gelten als introvertiert. Genau wie Bill Gates und J.K. Rowling.

Kreative Introvertierte können ihre Fähigkeit, in stiller Isolation zu arbeiten, produktiv einsetzen. Sie haben oft unternehmerische Fähigkeiten, arbeiten oft besser selbstständig und gehen neue Wege, ohne von der Masse beeinflusst zu werden. Introvertierte vermeiden nicht unbedingt die öffentliche Aufmerksamkeit, wenn sie etwas beizutragen

Extravertierte Menschen genießen soziale Aufmerksamkeit.

haben. Meryl Streep und Harrison Ford werden oft als Introvertierte zitiert, die in der Lage sind, ihr Bühnenleben von einem ruhigen Privatleben zu trennen.

» Verträglichkeit

Wie die Gewissenhaftigkeit, so ist auch die Verträglichkeit genau das, wonach sie klingt. Diejenigen, die in Sachen Verträglichkeit sehr gut abschneiden, sind kooperativ, einfühlsam, vertrauensvoll und bescheiden. Sie vermeiden Konflikte und Feindseligkeiten. Sehr verträgliche Menschen sind sensibel für die Gefühle anderer Menschen. Sie neigen dazu, gut über andere zu

SKALA DES PERSÖNLICHKEITSKONTINUUMS

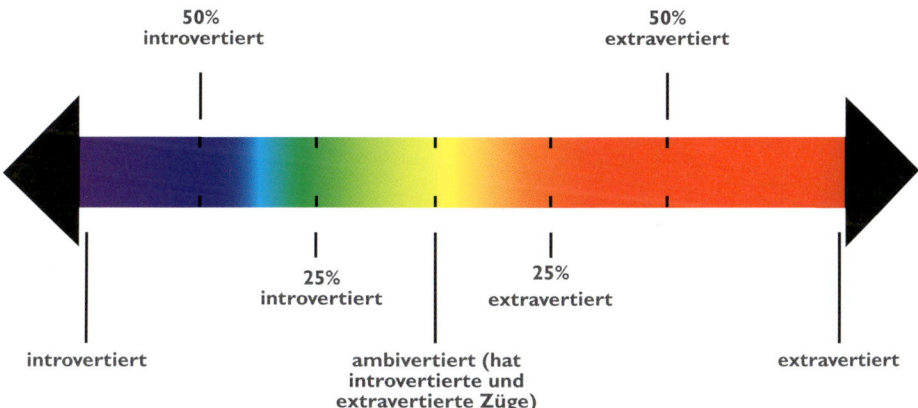

sprechen, Gegenstände an Freunde zu verleihen, die sie brauchen, und anderen bei Bedarf Trost zukommen zu lassen. Sie spenden eher für wohltätige Zwecke. Menschen, die sich ehrenamtlich engagieren, verbinden typischerweise hohe Verträglichkeit mit hoher Extraversion. Sehr verträgliche Menschen arbeiten auch gut in Gruppen und werden oft erfolgreiche Politiker. Menschen, die auf der Verträglichkeitsskala schlecht abschneiden, können gleichgültig bis hin zu aktiv aggressiv und antagonistisch sein. Sie suchen eher den Konflikt. Das tägliche Leben in einem Haushalt mit einer unverträglichen Person kann eine Menge knallender Türen, lauter Streits und geballter Fäuste beinhalten. Niedrige Werte auf der Verträglichkeitsskala stehen außerdem im Zusammenhang mit Herz-Kreislauf-Erkrankungen im späteren Leben.

» Neurotizismus

Der Big Five-Faktor des Neurotizismus hat am positiven Ende seiner Skala als Gegenpol die emotionale Stabilität. Ein Punktestand

am unteren Ende der Neurotizismusskala zeigt an, dass sie typischerweise auf einem gleichmäßigen emotionalen Niveau sind, nicht dazu neigen, sich übermäßig Sorgen zu machen oder durch Lebensereignisse aus der Balance zu geraten. Ein hoher Punktestand dagegen ist weniger angenehm, denn Menschen

mit hohem Neurotizismusniveau sind launisch, ängstlich, reagieren stark auf negative Ereignisse und zweifeln ständig an ihren eigenen Handlungen und Fähigkeiten. Menschen mit hohem Neurotizismusniveau haben instabilere Beziehungen und Karrieren als andere. (Beachten Sie aber, dass eine hohe Punktzahl im

> **»Menschen können ihr Leben verändern, indem sie ihre Geisteshaltung ändern.«**

Neurotizismus nicht dasselbe ist wie eine Neurose. Für Psychologen ist »Neurose« der altmodische Begriff für psychische Störungen wie etwa Zwangsstörung/Zwangsneurose).

Hohe Werte im Neurotizismus sind oft mit Phobien, riskantem Verhalten, Abgeschlagenheit und schlechter Gesundheit verbunden. Obwohl eher geneigt, sich über ihre Gesundheit Sorgen zu machen, tendieren Menschen im hohen Bereich der Skala paradoxerweise seltener dazu, sie zu erhalten, obwohl sie häufig den Arzt konsultieren. Stressige Lebenserfahrungen, wie der Tod eines geliebten Menschen, führen bei diesen Personen eher zu einem

> **Selbstbeherrschung kann sich wie ein Muskel anfühlen; sie ermüdet nach langem Training.**

emotionalen Trauma. Hohe Werte im Neurotizismus sind außerdem ein wesentlicher Risikofaktor für Depressionen. Es gibt aber auch Vorteile des Neurotizismus: Studien zeigten, dass Menschen mit mäßig hohem Neurotizismus bei der Beurteilung von Problemen

und potenziellen Gefahren realistischer sein können als andere. Eine sonnige Perspektive ist eben nicht immer die beste. Einige Wissenschaftler glauben, dass Menschen mit hohem Neurotizismus ein leicht aktivierbares Limbisches System haben (Gehirnstrukturen unter dem Großhirn, die mit Emotionen verbunden sind). Niveaus der Neurotransmitter, jener Chemikalien, die Informationen zwischen Gehirnzellen transportieren, scheinen auch je nach Persönlichkeitstyp im Allgemeinen zu variieren. Das Enzym Monoaminoxidase (MAO), das Neurotransmitter abbaut, hat sich in seiner Konzentration bei sensationssuchenden Persönlichkeiten als unterdurchschnittlich

Menschen mit hohem Neurotizismus neigen dazu, launisch und ängstlich zu sein.

erwiesen. Es kann sein, dass diese wilden Partylöwen und Autobahnraser zu hohe Neurotransmitterwerte haben, was ihre Sicherheit gefährdet.

Zu wissen, wo Sie in das große Spektrum der Persönlichkeitstypen passen, kann Ihnen sowohl in Sachen Selbstakzeptanz als auch bei der persönlichen Veränderung helfen. Wenn Sie zum Beispiel erkennen, dass Sie von Natur aus introvertiert sind, können Sie aufhören, sich selbst ständig dafür zu kritisieren, dass Sie große Partys meiden, und die Stärken der Introvertiertheit schätzen und nutzen. Wenn Sie wegen Ihrer Introvertiertheit unter Isolation leiden, können Sie zudem nachvollziehen, dass Selbsterkenntnis der erste Schritt zur Besserung ist. Nichts in Ihrem Verhalten ist in Stein gemeißelt. Sie können Ihre natürlichen Tendenzen erkennen und bewusst daran arbeiten, sie nach und nach in andere Bahnen zu lenken.

» Vererbte Persönlichkeitsmerkmale

Woher kommt die Persönlichkeit? Die meisten Menschen verweisen auf ihre Erziehung: Eltern, die sie ermutigt oder entmutigt haben, Familiendynamik, die ihren Charakter geprägt hat. Allerdings weisen Persönlichkeitsstudien in eine

Leicht gestresste Menschen haben oft ein überaktives Limbische System.

andere Richtung – zur Genetik. Forschungen mit Zwillingen bestätigen dies. Eineiige Zwillinge sind selten und kommen nur bei etwa drei von 1000 Geburten vor. Eineiige Zwillinge, die bei der Geburt getrennt wurden und in getrennten Haushalten aufwuchsen, sind extrem selten, aber bei Wissenschaftlern, die versuchen, die Einflüsse von Anlage und Umwelt zu analysieren, sehr begehrt.

Betrachten wir ein berühmtes Paar: die Jim-Zwillinge. Bei der Geburt 1939 in

verschiedene Familien aufgenommen, fanden die Männer (beide namens Jim) 1979 wieder zusammen. Sie waren sich körperlich ähnlich, beide 1,83 Meter groß und 82 Kilogramm schwer. Auch ihre Persönlichkeiten und Lebensgeschichten waren sich bemerkenswert ähnlich.

Beide hatten Hunde namens Toy, als sie aufwuchsen. Beide waren zweimal verheiratet, der erste Zwilling mit einer Frau namens Linda und der andere mit einer namens Betty. Beide rauchten Salem-Zigaretten und

Eineiige Zwillingen zeigen, dass Persönlichkeit teils genetisch bedingt ist.

Die Geburts-
reihenfolge hat
wenig Einfluss
auf die Persön-
lichkeit eines
Erwachsenen.

eineiigen Zwillingen, die in getrennten Haushalten aufwuchsen, sind hoch korreliert, sondern auch ihre Pendants, die Adoptivkinder, die zusammen mit den Kindern der Adoptiveltern aufwuchsen, zeigen im Wesentlichen keine Persönlichkeitskorrelation mit ihren Geschwistern oder Adoptiveltern.

Doch wenn 50 Prozent der Persönlichkeit vererbbar sind, bedeutet das immer noch, dass 50 Prozent aus der Umwelt stammen. Die nahe liegende Umgebung, um dies zu betrachten, ist der gemeinsame des Haushalt: Die meisten Menschen sind sich einig, dass ihre Persönlichkeit von ihrer Erziehung geprägt ist. Überraschenderweise wird dies von der Forschung nicht bestätigt. Gemeinsame Lebensumgebungen scheinen wenig Einfluss auf die grundlegenden Persönlichkeitsmerkmale zu haben, wie die fehlende Ähnlichkeit zwischen den adoptierten Geschwistern zeigt. Selbst die Reihenfolge der Geburt

tranken Bier der Marke Miller Lite. Sie hatten beide als Teilzeit-Sheriffs gearbeitet, liebten die Heimwerkerei, knabberten an ihren Fingernägeln und hinterließen auf Zetteln Liebesbotschaften für ihre Frauen im Haus. Jeder hatte einen Sohn, der eine hieß James und der andere auch. Standardisierte Tests bestätigten anekdotische Beobachtungen; die beiden Männer hatten sehr ähnliche Persönlichkeiten. Die Jims waren nur ein Beispiel und könnten ein Zufall gewesen

sein, aber Bevölkerungsstudien im Allgemeinen bestätigen, dass Persönlichkeit und Intelligenz in hohem Grade vererbbar sind. Persönlichkeit scheint so immateriell (und wird durch so viele kleine Verhaltensweisen und Gewohnheiten ausgedrückt), dass es schwer zu glauben ist, dass sie in unseren Genen enthalten ist, aber etwa 50 Prozent der Variation in der Persönlichkeit können tatsächlich der Genetik zugeschrieben werden. Nicht nur die Persönlichkeiten von hat wenig Einfluss auf die Persönlichkeit eines Erwachsenen. Die Dynamik des rechthaberischen, leistungsstarken Erstgeborenen und des unverantwortlichen Jüngsten in der Rolle des Nesthäkchens kann sich bei Geschwistern in ihrer familiären Umgebung typgerecht entfalten. Es definiert jedoch nicht ihre Persönlichkeiten oder Leistungen außerhalb des Elternhauses. Erstgeborene Kinder kommen zum Beispiel in der Schule nicht besser zurecht als ihre Geschwister.

Was macht also die 50 Prozent der Persönlichkeit aus, die nicht vererbt werden? Wir wissen es nicht. Das nicht gemeinsam erlebte Umfeld, wie etwa der Freundeskreis, kann einen starken Einfluss haben. Vielleicht kommen viele kleine Faktoren zum Tragen.

» Motivationen

Persönlichkeitsmerkmale prägen unsere Interaktionen mit der Welt, doch es gibt noch andere Faktoren, die erklären, warum wir tun, was wir tun. Wir alle haben Bedürfnisse und Wünsche. Diese Grundmotive sind unsere (oft versteckten) Gründe für das Streben nach einem Ziel.

Wir werden von unseren Grundbedürfnissen angetrieben. Wie wir in Kapitel 1 (siehe Seite 31) gesehen haben, hat die Evolution in uns eine Hierarchie von

FOKUS

FRAGWÜRDIGE TESTS

Psychologen, Personalmanager, Staatsanwälte und eine Vielzahl anderer Leute verwenden psychologische Tests, um alles Mögliche auszuloten – von der Eignung einer Person für einen bestimmten Job bis hin zur Feststellung krimineller Energie. Einige der beliebtesten dieser Tests, darunter der Rorschach-Test und der Myers-Briggs-Typenindikator, sind

jedoch kaum mehr als unterhaltsame Formen des Zeitvertreibs. Der von dem Schweizer Psychologen Hermann Rorschach entwickelte Formdeuteversuch ist ein klassischer projektiver Test. Wie eine Person ein zweideutiges Bild interpretiert, soll die Persönlichkeit und die verborgenen Tendenzen dieser Person offenbaren. Es macht intuitiv Sinn, daraus zu schließen, dass die Person, die einen toten Elternteil in einem Bild sieht, andere psychologische Probleme hat als die Person, die eine Blume zu erkennen glaubt. In Wirklichkeit ist der Rorschach-Test aber einfach nicht wissenschaftlich fundiert. Eine sehr subjektive Bewertung und keine echte statistische Zuverlässigkeit oder Validierung machen ihn bestenfalls suggestiv, aber nicht prädiktiv für einen breiten Personenkreis. Noch weiter verbreitet ist der Myers-Briggs-Typenindikator (MBTI). Seine Erfinderinnen, Katherine Briggs und ihre Tochter Isabel Briggs Myers, hatten keine wissenschaftliche Ausbildung, sondern entwickelten den Test auf Basis ihrer Interpretationen der Persönlichkeitstheorien von C. G. Jung. Der MBTI verwendet Ja-Nein-Fragen, um Menschen in 16 Kombinationen von Introversion/Extraversion, Intuition/Sensorik, Denken/Fühlen und Beurteilen/Wahrnehmen zu unterteilen. Kritiker wiesen darauf hin, dass das Ja-Nein-Format und die willkürlichen Kategorien eine falsche Dichotomie erzeugen. Eine Person wird als introvertiert oder extravertiert eingestuft, als Richter oder Beobachter, kann aber nicht irgendwo auf der Skala zwischen den beiden Polen rangieren. Außerdem ist das Myers-Briggs uneinheitlich. Bis zu 50 Prozent der Personen, die den Test zweimal ablegten, erzielten beim zweiten Versuch abweichende Ergebnisse. Auch sagt der Test den Erfolg am Arbeitsplatz nicht besonders gut voraus, trotz seines häufigen Einsatzes am Bewerbungstisch. Er ist bei Berufsberatern beliebt, aber wenn Sie den Test machen, gehen Sie ihn mit Skepsis an.

Verhaltensmotiven verankert, die von den unmittelbaren physiologischen Bedürfnissen unseres Körpers und dem Bedürfnis nach Sicherheit bis hin zum Wunsch, einen Partner zu finden und Kinder zu bekommen, reichen können. Hunger ist ein Motiv, das aus dem Bedürfnis nach Nahrung

Zugehörigkeit ist ein menschliches Grundbedürfnis.

erwächst, er treibt uns an, Nahrung zu beschaffen oder zumindest sehnsüchtig ans Essen zu denken. Leistungsbereitschaft kann eine weitere Motivation sein, die auf dem Bedürfnis basiert, uns erfolgreich oder kompetent zu fühlen, sie treibt uns an, herausfordernde, aber nicht unmögliche Aufgaben anzugehen.

Auf der grundlegendsten Ebene, dem Hintergrundniveau, kann man sagen, dass jeder Mensch zwei Hauptmotivationen besitzt. Wir werden aufgefordert, uns entweder einem gewünschten

Manche Menschen sind motiviert, etwas zu erreichen.

Ergebnis zu nähern oder ein unerwünschtes Ergebnis zu vermeiden. Es ist nicht neu, dass wir uns dem Vergnügen zuwenden und Schmerzen vermeiden. Aber das Ausmaß, in dem wir das Positive verfolgen oder das Negative vermeiden, variiert von Person zu Person und ist mit Persönlichkeitsmerkmalen korreliert. Eher extravertierte Menschen haben wahrscheinlich ein annäherungsorientiertes Temperament; diejenigen, die höhere Punktzahlen im Neurotizismus aufweisen, haben eher ein vermeidungsorientiertes Temperament. Viele gesellschaftliche Entscheidungen unterstreichen unsere Annäherungs- oder Vermeidungstendenz. Wir

wissen, dass Zugehörigkeit ein menschliches Grundbedürfnis ist, und dass Ablehnung buchstäblich schmerzhaft wirkt (siehe Kapitel 4, Seite 22). Auf der Suche nach einer Zugehörigkeit könnte eine annäherungsorientierte Person einen Fremden auf einer Party ansprechen. Eine vermeidungsorientierte Person wird sich demselben Fremden nicht nähern, da sie Angst hat, abgewiesen zu werden.

Annäherungs- oder Vermeidungsorientierung prägen unsere Interpretation sozialer Szenarien. Beispielsweise lasen die Teilnehmer einer Studie einen Aufsatz über eine Samstagabend-Party und wurden dann gebeten, den

Aufsatz aus dem Gedächtnis niederzuschreiben. Diejenigen mit Annäherungsansatz erinnerten sich mehr an die positiven Interaktionen der Geschichte, während diejenigen mit einer Vermeidungshaltung die Geschichte mit einem Akzent auf dem Negativen beschrieben.

Annäherung und Vermeidung beeinflussen unsere Entscheidungen und Belohnungen auch in engen Beziehungen. Partner, die sich für ihre bessere Hälfte aufopfern, weil sie ihr gefallen oder ihre Intimität stärken wollen, berichten von einer größeren Zufriedenheit in ihren Beziehungen als diejenigen, die Opfer bringen, um Konflikte oder Enttäuschungen zu vermeiden.

Menschen, die durch extrinsische Ziele motiviert sind, sind unglücklicher als andere.

Wenn Annäherung oder Vermeidung bei der Verfolgung von Lebenszielen ins Spiel kommen, werden diese Motivationen oft als Promotion oder Prävention bezeichnet. Promotion bedeutet, sich in Richtung einer positiven Be-

lohnung zu bewegen; sie ist ein Fokus auf Erfolg, Wachstum und Erfüllung. Eine promotionsorientierte Person kann mit dem Laufen beginnen, um an einem Marathon teilzunehmen. Prävention bedeutet dagegen, ein negatives Ergebnis zu vermeiden; der Schwerpunkt liegt dabei auf der Sicherheit. Ein präventionsorientierter Mensch kann mit dem Laufen beginnen, um nicht krank zu werden. Promotionsorientierte Menschen gehen neue Beziehungen ein, indem sie nach Übereinstimmungen suchen; präventionsorientierte Menschen versuchen, Unstimmigkeiten zu vermeiden. Erfolg und Misserfolg wecken je nach Fokus unterschiedliche Emotionen bei den Menschen. Erfolg

Ich hab' den Job!

macht promotionsorientierte Menschen glücklich und Misserfolg macht sie traurig. Präventionsorientierte Typen fühlen sich ruhig, wenn sie erfolgreich sind, und ängstlich, wenn sie versagen.

Ihre eigenen Reaktionen auf Erfolg können Ihnen sagen, welchen Fokus Sie typischerweise haben. Wenn Ihnen etwas gelingt, fühlen Sie sich dann fröhlich, energiegeladen und beschwingt? Das ist charakteristisch für einen promotionsorientierten Fokus. Wenn Sie sich dagegen erleichtert, entspannt oder weniger ängstlich fühlen, haben Sie einen Präventionsschwerpunkt.

Die Kultur beeinflusst vermutlich mit, welche Perspektive Sie haben. Ostasiaten aus eher kollektivistischen Kulturen sind eher präventionsorientiert. Sie wollen nicht scheitern und ihre Familien und Freunde nicht enttäuschen. Westliche Menschen aus eher individualistischen Kulturen tendieren dazu, sich auf die Promotion zu konzentrieren. Sie streben eher nach Erfolg und Selbstverbesserung. Promotions- und Präventionsansätze können zu Erfolg oder Misserfolg führen.

Zum Beispiel sind Menschen mit einer starken Promotionsorientierung weniger anfällig für Unterlassungsfehler, während diejenigen mit einem starken Präventionsfokus weniger anfällig für Kommissionsfehler sind. Denken Sie an zwei Schüler in einem Klassenzimmer: Der eifrige Promotionsschüler könnte seine Hand heben, um jede Frage zu beantworten, und dabei neben ein paar falschen Antworten einen Großteil richtiger liefern. Der aufmerksame Präventionsschüler hebt nur dann die Hand, wenn er sicher ist, dass er die richtige Antwort weiß: Er vermeidet zwar Fehler, beantwortet jedoch auch nicht so viele Fragen.

Wenn Sie Ihre eigenen Motivationen kennen, können Sie sich für eine Problemlösungsstrategie entscheiden, die für Sie am besten geeignet ist und Sie stärker motiviert. Menschen haben unterschiedliche Motivationsschwerpunkte und benötigen daher

unterschiedliche Herangehensweisen. Eine Studie untersuchte den Sachverhalt mit Studenten. Die Probanden wurden je einem Promotions- und Präventionsszenario ausgesetzt. Eine Studentin wollte beispielsweise um 8:30 Uhr einen spannenden Psychologiekurs besuchen, also stand sie früh auf (ein Promotionsszenario); eine Studentin besuchte einen Fotokurs, um gleichzeitig zu vermeiden, einen Spanischkurs zu belegen (ein Präventionsszenario). Später erinnerten sich die Studenten mit natürlichem Promotionsschwerpunkt klarer an das

»Die Möglichkeiten der menschlichen Natur sind in der Regel knapp bemessen.«

ABRAHAM MASLOW, PSYCHOLOGE

Die Kenntnis der eigenen Motivation kann Ihnen helfen, Ihre Ziele zu erreichen.

Promotionsszenario, diejenigen mit Präventionsschwerpunkt besser an das Präventionsszenario. Im Allgemeinen führt ein Promotionsschwerpunkt zu mehr Glück und Kreativität bei der Problemlösung, auch wenn er im Umkehrfall eines Misserfolges in größere Enttäuschung mündet. Sie können einen Promotionsschwerpunkt in sich selbst oder anderen bewusst aktivieren, indem Sie positive Anreize und Auslösereize setzen. Das Kind, das einen Kinobesuch als Belohnung für ein gutes Zeugnis bekommt, aber bei einem schlechten Zeugnis keine

Verluste erleidet, erhält eine klare Promotionsorientierung. Es schneidet in der Schule womöglich besser ab, als das Kind, das einer Präventionsorientierung folgt und keine Belohnung für gute Noten erhält, sondern dem das Smartphone für eine Woche weggenommen wird, wenn die Noten schlecht ausfallen.

Ein Ziel mit den eigenen Werten in Einklang zu bringen, erhöht die Wahrscheinlichkeit eines promotionsorientierten Ansatzes. Wenn Sie bei einer Aufgabe also erfolgreich sein wollen, weil dies Ihre eigenen Kernideale widerspiegelt, werden Sie bessere Leistungen

erzielen, als wenn Sie nur einer Verpflichtung gerecht werden wollen.

» Leistung und Erfolg
Annäherung und Vermeidung (oder Promotion und Prävention) können uns motivieren, unsere Ziele zu erreichen, aber die Art der Ziele, die wir anstreben, prägen auch unsere Identität. Generell kann man sagen, dass wir entweder Lern- oder Leistungsziele verfolgen. Das sieht man leicht im Klassenzimmer, wo ein Schüler die Bestnote bei einem Test anstrebt, während sich sein Klassenkamerad neben ihm nicht um die Note kümmert,

»Langweiler: Eine Person, die spricht, wenn Sie wollen, dass sie zuhört.«

AMBROSE BIERCE, SATIRIKER

solange er das Material beherrscht. Bei den Leistungszielen geht es darum, dort Kompetenz zu zeigen, wo andere sie sehen können, während es bei den Lernzielen um Selbstzufriedenheit geht. In einer Welt, in der Noten und Titel Prestige verleihen, kann es schwierig sein, an bestimmten Zielen festzuhalten. Dennoch ist es langfristig wahrscheinlicher, dass eher Lernziele zum Erfolg führen. Schüler mit Lernzielen (»Ich möchte so viel wie möglich von dieser Unterrichtseinheit lernen«) sind eher bereit, größere Anstrengungen in ihre Arbeit zu investieren und mehr Ausdauer zu zeigen, wenn sie mit Hindernissen konfrontiert werden. Sie bringen mehr Selbstkontrolle beim Lernen auf und verinnerlichen das Gelernte besser. Sie werden eher um Hilfe bitten, wenn sie Rat brauchen, und sich auch eher gegen Entmutigung wehren.

In einer Studie etwa wurden zwei Gruppen von Teilnehmern gebeten, Fragen zu einem psychologischen Text zu beantworten. Eine Gruppe erhielt Lernziele als Vorgabe: »Sie sind hier, um sich neues Wissen anzueignen, das später einmal nützlich für Sie sein könnte.« Den anderen wurden Leistungsziele vorgegeben: »Sie sind hier, um eine gute Note im Multiple Choice Test zu erhalten, Ihre Fähigkeiten zu beweisen und Ihre Kompetenzen zu zeigen.« Dann wurde jedem Teilnehmer ein externer E-Mail-Partner mit einer

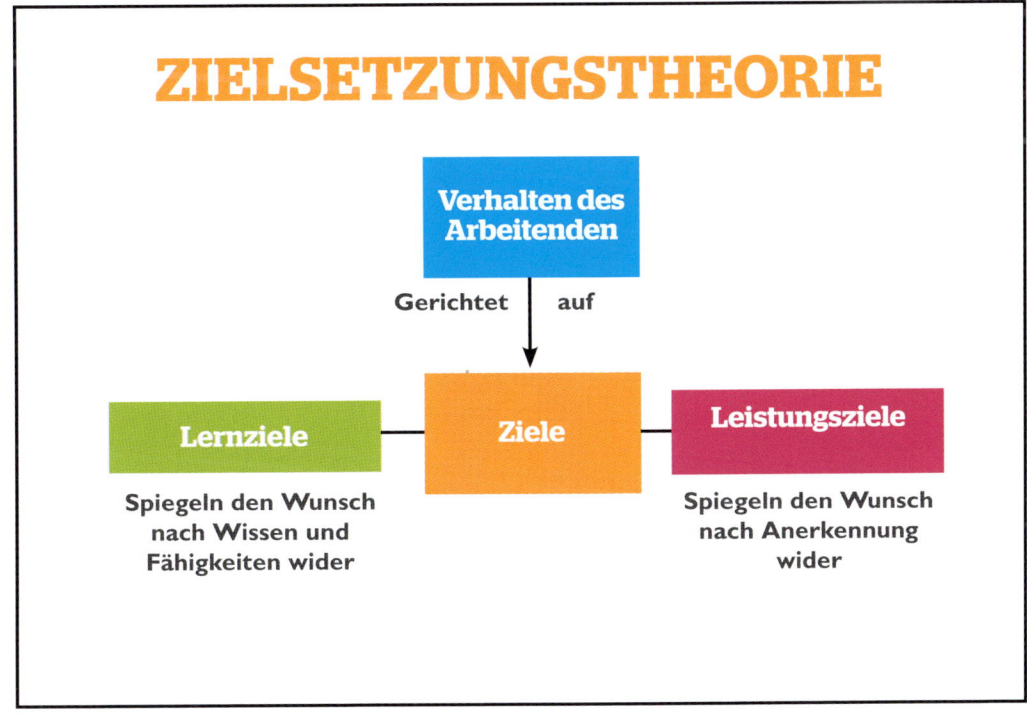

ZIELSETZUNGSTHEORIE

Verhalten des Arbeitenden

Gerichtet auf

Lernziele — Ziele — Leistungsziele

Spiegeln den Wunsch nach Wissen und Fähigkeiten wider

Spiegeln den Wunsch nach Anerkennung wider

»Ich kann Ihnen versichern, dass keiner von uns
diese Ähnlichkeit erwartet hätte.«

THOMAS BOUCHARD, PSYCHOLOGISCHER LEITER EINER ZWILLINGSSTUDIE

vorgefertigten Antwort zuge-
wiesen, die entweder die Leistung der Probanden lobte
oder kritisierte. Teilnehmer,
denen Lernziele vorgegeben
worden waren, ließen sich
weniger durch schlechte Kritik entmutigen und meisterten
die Aufgabe besser als die Teilnehmer mit Leistungsziel, die
durch das negative Feedback
aus dem Konzept gebracht
wurden. Lernziele sind wünschenswert, aber Sie sollten
sie nicht vortäuschen, wenn es
nicht der Tatsache entspricht.
Menschen, die vorgeben, Lernziele zu haben, weil das andere
besser über sie denken lässt,
erbringen schlechtere Leistungen als diejenigen, die das Lernen um seiner selbst willen
anstreben.

» Multiple Motivationen

Viele, die das menschliche
Verhalten studiert haben, versuchten, die Bandbreite der
menschlichen Motive zu definieren und zu benennen. Die
meisten sind sich einig, dass
sie sowohl physische als auch
emotionale Antriebe umfassen und dass die Stärke dieser
Motivation von Person zu
Person variiert. Nachdem
er Tausende von Menschen

befragt hatte, kam der Psychologe Steven Reiss zu dem
Schluss, dass jeder von uns 16
grundlegende Motivationen
besitzt, die unser Leben organisieren, und dass es mit positiven Gefühlen verbunden
ist, wenn unsere Bedürfnisse
erfüllt werden. Diese sind:
• **Macht** – der Wunsch
zu beeinflussen. Gefühl:
Wirkungskraft.
• **Neugier** – der Wunsch nach
Wissen. Gefühl: Staunen.
• **Unabhängigkeit** – der

Wer bin ich?

Wunsch, autonom zu sein.
Gefühl: Freiheit.
• **Status** – der Wunsch nach
gesellschaftlichem Ansehen.
Gefühl: Stolz.
• **Sozialer Kontakt** – der
Wunsch nach Kameradschaft.
Gefühl: Spaß.
• **Rache** – der Wunsch, sich
zu rächen. Gefühl: Vergeltung.
• **Ehre** – der Wunsch, einem
traditionellen Moralkodex zu
entsprechen. Gefühl: Loyalität.
• **Idealismus** – der Wunsch,
die Gesellschaft zu verbessern.
Gefühl: Mitgefühl.
• **Körperliche Bewegung** –
der Wunsch, Muskeln zu trai-
nieren. Gefühl: Vitalität.
• **Romantik** – das Verlangen
nach Sex. Gefühl: Lust.
• **Familie** – der Wunsch, die
eigenen Kinder großzuziehen.
Gefühl: Liebe.
• **Ordnung** – der Wunsch,
sich zu organisieren. Gefühl:
Stabilität.
• **Nahrung** – der Wunsch zu
essen. Gefühl: Sättigung.
• **Akzeptanz** – der Wunsch
nach Anerkennung. Gefühl:
Selbstbewusstsein.
• **Ruhe** – der Wunsch,
Angst und Furcht zu ver-
meiden. Gefühl: Sicherheit,
Entspannung.
• **Vermögen** – der Wunsch

»Wenn ich zu Hause bin, denke ich an die Arbeit. Wenn ich in der Arbeit bin, denke ich an zu Hause. Wenn ich von der Arbeit nach Hause fahre, weiß ich nicht, was ich denken soll!«

zu sammeln oder sparsam zu sein. Gefühl: Eigentum.

Diese Motivationen sind von Person zu Person und von Kontext zu Kontext unterschiedlich gewichtet. Jeder Mensch sucht immer wieder das Gleichgewicht, das zu ihm passt: Glorias Wunsch nach sozialen Kontakten könnte stark und nicht gesättigt sein, bis sie einige Stunden mit ihren Freunden verbracht hat. Wenn Daniels soziale Wünsche befriedigt werden wollen, kann sein Bedürfnis nach Gesellschaft bereits nach etwa 30 Minuten gestillt sein. Hat er zu viel Sozialisierung, benötigt er Zeit alleine, um dies auszugleichen.

Laut Reiss organisieren diese Wünsche unser Leben. Wir achten auf die Dinge in unserer Umwelt, die zur Befriedigung unserer Wünsche führen, und neigen dazu, diejenigen zu ignorieren, die dies nicht tun.

» Intrinsische und extrinsische Motivation

Wenn wir nach einem befriedigenderen Leben streben, sind wir normalerweise besser dran, wenn unsere Motivationen von innen kommen (intrinsische Motivation) als von außen (extrinsische Motivation). Der Unterschied zwischen diesen beiden Motivationen wird in der allgemeinen Frage »Lebst du, um zu

arbeiten, oder arbeitest du, um zu leben?« deutlich. Wenn wir arbeiten, weil es unserem Leben einen Sinn gibt, ist unser Motiv intrinsisch. Wenn wir arbeiten, weil wir Geld benötigen, um zu leben, ist unser Motiv extrinsisch. Diese Labels beziehen sich sowohl auf den Inhalt als auch auf den Grund für die Verfolgung eines Ziels. Der extrinsische Inhalt eines Ziels kann Geld oder Attraktivität sein; sein extrinsischer Grund könnte sein, Ihren Freunden erfolgreich zu erscheinen. Hingegen könnte der Inhalt eines intrinsischen Ziels sein, ein sinnvolles Leben zu führen oder eine enge Beziehung zu mindestens einer anderen Person zu pflegen, weil dies ein in Ihnen tief verwurzeltes Interesse ist. Intrinsische Ziele sind Selbstakzeptanz, Zugehörigkeit, Gemeinschaftsgefühl und körperliche Gesundheit. Menschen, die intrinsische Ziele verfolgen, widmen sich deren Verfolgung intensiver und sind erfolgreicher als Menschen, die durch äußere Faktoren wie Belohnung oder Lob motiviert werden. Intrinsische Ziele sind einfach befriedigender. Sie dienen unseren Bedürfnissen nach Verbundenheit, Autonomie und Kompetenz. Wir fühlen uns besser, wenn wir uns auf diese Ziele konzentrieren.

Extrinsische Ziele sind unter anderem finanzieller Erfolg, Image und Popularität. So lohnend diese scheinen, sind Menschen mit extrinsischen Zielen unglücklicher als andere. Sie sind unzufriedener mit

Selbstregulierung ist eine der wichtigsten Komponenten des Wohlbefindens.

ihrer eigenen Kompetenz oder Autonomie und berichten von kompetitiveren und weniger liebevollen Beziehungen. Doch wir alle wissen, dass Motivationen kompliziert und situationsabhängig sind. Manchmal kauft Geld Glück, wenn das Geld, sagen wir, ermöglicht, vorzeitig in Rente zu gehen, um Freiwilligenarbeit zu leisten oder zu malen. Lob und öffentliche Belohnung können unser Selbstvertrauen

stärken, wenn wir auf unseren Stärken aufbauen. In jeder Situation wirken externe oder interne Motivationen, unsere Motive sind komplex, vielfältig und Teil eines Netzes von Wünschen, Emotionen und kulturellen Erwartungen, die unser Verhalten prägen.

BEHARRLICHKEIT

Bedürfnisse, Wünsche und Motive reihen sich in der Regel nicht an einer Perlenschnur auf, um uns zu unseren Zielen zu führen. Wir alle haben vieles, das wir wollen oder brauchen, einiges davon ist widersprüchlich und nicht alles davon ist gut für uns. Manchmal bedeutet das Erreichen eines wertvollen Ziels, kurzfristige Wünsche zugunsten jener zu ignorieren, die auf lange Sicht besser für uns sind. Betrachten wir etwa

Für andere gut auszusehen ist ein extrinsisches Ziel, ebenso wie finanzieller Erfolg und Popularität.

das »Marshmallow-Experiment genauer, das 1970 an der Stanford University durchgeführt wurde. Diese klassische Studie zur verzögerten Befriedigung hatte einige überraschende langfristige Auswirkungen. Im ursprünglichen Test ließen die Versuchsleiter Kinder (im Alter von vier, fünf und sechs Jahren) allein in einem Raum mit einem Marshmallow oder einer anderen Süßigkeit. Den Kindern wurde gesagt, sie könnten die Süßigkeit essen, aber wenn sie 15 Minuten warten, ohne sie zu verspeisen, würden sie eine zweite bekommen.

Angesichts der Versuchung aßen einige Kinder das Marshmallow sofort auf. Die meisten aber warteten zumindest eine Weile, während sie hin- und herschaukelten, an dem Marshmallow schnupperten oder an ihrem Haarschopf zogen, während sie versuchten, sich abzulenken. Aber nur etwa ein Drittel der Kinder hielt lange genug durch, um die zweite Leckerei zu erhalten.

Nachfolgestudien Jahre später zeigten einige faszinierende Ergebnisse. Kinder, die gut darin gewesen waren, die Belohnung in den ursprünglichen Tests hinauszuzögern, zeigten eine bessere Leistung bei den SAT-Tests, verfügten über eine bessere Gesundheit und waren beliebter als andere. Die Hirnbildgebung zeigte sogar, dass

FOKUS

DAS GROSSE GANZE

Sollten wir uns auf Eigenschaften, Bedürfnisse und Motive beschränken, wenn wir untersuchen, warum Menschen das tun, was sie tun? Wie sieht es mit der Biologie aus? Was ist mit kulturellen Einflüssen? Forscher Ken Sheldon und Kollegen haben eine differenziertere Sichtweise auf das menschliche Verhalten vorgeschlagen, die auf der atomaren Ebene beginnt. Diese mehrstufige Perspektive integriert Persönlichkeit und Motivation in eine Hierarchie, die aufzeigt, wie Einflüsse vom Chemischen zum Kulturellen hin und her fließen, um unser Handeln zu beeinflussen.

EBENE DER ANALYSE (WISSENSCHAFT, DIE SIE STUDIERT)

Kultur (Soziologie, Anthropologie)
↕
Soziale Beziehungen (Sozialpsychologie)
↕
Persönlichkeit (Persönlichkeits-/Klinische Psychologie)
↕
Kognition (Kognitive Psychologie)
↕
Gehirn/Nervensystem (Neurowissenschaften)
↕
Organgewebe (Medizin, Biologie)
↕
Zellen (Mikrobiologie)
↕
Moleküle (Chemie)
↕
Atome (Physik)

Höhere Ebenen werden von niedrigeren Ebenen unterstützt (man kann ohne Gehirn keine Kognition haben), aber niedrigere Ebenen werden auch von höheren Ebenen beeinflusst (Ihre Kognition verändert auch Ihr Gehirn). Sagen wir, ein Mann beschließt zu heiraten. Auf der molekularen Ebene könnte diese Entscheidung auf den in seinen Genen kodierten Antrieben zur Paarung und Fortpflanzung beruhen. Hormone und Neurotransmitter zum Zeitpunkt der Entscheidung beeinflussen die Funktionsweise seines Gehirns, während kognitive Prozesse die Kosten und den Nutzen der Ehe abwägen. Seine Persönlichkeit und seine Motive werden seine emotionale Annäherung an das Ziel der Ehe prägen, ebenso wie die Sitten seiner sozialen Gruppe und das Diktat seiner Kultur insgesamt. Die Einflüsse fließen in beide Richtungen, wobei die Kultur etwa soziale Regeln und kognitionsverändernde Motive beeinflusst. Einige Ebenen sind relevanter als andere. Biologie ist eine primäre Erklärung für unseren Wunsch, zu Abend zu essen, aber Persönlichkeit oder soziale Beziehungen sind einflussreicher, wenn wir uns entscheiden, für Obdachlose zu kochen.

SELBSTBEHERRSCHUNG

»Ich kann allem widerstehen, außer der Versuchung«, sagt Oscar Wildes Protagonist Lord Darlington in *Lady Windermeres Fächer*. Wie viel Willenskraft besitzen Sie? Lesen Sie die folgenden zehn Aussagen und bewerten Sie jede nach der darunter liegenden Skala:

1. Es fällt mir schwer, mit schlechten Gewohnheiten zu brechen.

(1=Mir sehr ähnlich 2=Mir ähnlich 3=Ein wenig wie ich 4=Ein klein bisschen wie ich 5=überhaupt nicht wie ich)

2. Ich werde leicht abgelenkt.

(1=Mir sehr ähnlich 2=Mir ähnlich 3=Ein wenig wie ich 4=Ein klein bisschen wie ich 5=überhaupt nicht wie ich)

3. Ich sage unangebrachte Dinge.

(1=Mir sehr ähnlich 2=Mir ähnlich 3=Ein wenig wie ich 4=Ein klein bisschen wie ich 5=überhaupt nicht wie ich)

4. Ich lehne Dinge ab, die schlecht für mich sind, auch wenn sie Spaß machen.

(1=Mir sehr ähnlich 2=Mir ähnlich 3=Ein wenig wie ich 4=Ein klein bisschen wie ich 5=überhaupt nicht wie ich)

5. Ich bin gut darin, der Versuchung zu widerstehen.

(1=Mir sehr ähnlich 2=Mir ähnlich 3=Ein wenig wie ich 4=Ein klein bisschen wie ich 5=überhaupt nicht wie ich)

6. Die Leute würden sagen, dass ich eine sehr starke Selbstdisziplin habe.

(1=Mir sehr ähnlich 2=Mir ähnlich 3=Ein wenig wie ich 4=Ein klein bisschen wie ich 5=überhaupt nicht wie ich)

7. Freude und Spaß halten mich manchmal davon ab, die Arbeit zu erledigen.

(1=Mir sehr ähnlich 2=Mir ähnlich 3=Ein wenig wie ich 4=Ein klein bisschen wie ich 5=überhaupt nicht wie ich)

8. Ich tue Dinge, die sich im Moment gut anfühlen, die ich später jedoch bereue.

(1=Mir sehr ähnlich 2=Mir ähnlich 3=Ein wenig wie ich 4=Ein klein bisschen wie ich 5=überhaupt nicht wie ich)

9. Manchmal kann ich mich nicht davon abhalten, etwas zu tun, auch wenn ich weiß, dass es falsch ist.

(1=Mir sehr ähnlich 2=Mir ähnlich 3=Ein wenig wie ich 4=Ein klein bisschen wie ich 5=überhaupt nicht wie ich)

10. Ich handle oft, ohne alle Alternativen durchzudenken.
(1=Mir sehr ähnlich 2=Mir ähnlich 3=Ein wenig wie ich 4=Ein klein bisschen wie ich 5=überhaupt nicht wie ich)

Addieren Sie Ihre Punkte und teilen Sie sie durch 10. Die maximale Punktzahl beträgt 5 (extrem selbstkontrolliert) und die minimale Punktzahl 1 (überhaupt nicht selbstkontrolliert).

bei denjenigen mit besserer Selbstkontrolle der präfrontale Cortex aktiver war.

Selbstbeherrschung, auch Selbstregulierung oder einfach Willenskraft genannt, ist notwendig, wenn es eine Verbindung zwischen zwei Impulsen gibt – dem einen, der auf ein momentan verlockendes Ziel gerichtet ist, und dem anderen, der auf ein potenziell wertvolleres, aber entfernteres Ziel gerichtet ist. Es ist die Fähigkeit, unerwünschte Emotionen, Gedanken, Impulse oder Verhaltensweisen zu überwinden. Selbstregulierung ist eine der wichtigsten Komponenten des Wohlbefindens und ist eng mit dem Persönlichkeitsmerkmal der Gewissenhaftigkeit verbunden.

Gute Selbstregulierer sind gesünder und erfolgreicher in der Schule, am Arbeitsplatz und in Beziehungen. Schlechte Selbstregulierung ist mit Kriminalität sowie Drogen- und Alkoholmissbrauch verbunden. Die Selbstregulierung beinhaltet einige typische Prozesse: Das Festlegen eines Ziels oder eines erwünschten Zustands, wie etwa das Erreichen des Idealgewichts. Das Überwachen des Verhaltens (»Halte ich mich an meine Diät?«). Das Einsetzen von Selbstregulierung oder Willenskraft (»Diese Woche verzichte ich auf Desserts!«). Das Kennen der Beweggründe (»Ich will

»Ohne Ablenkung würde mir ständig das Gleiche durch den Kopf schwirren.«

ANDREW WILES, MATHEMATIKER

abnehmen und mich besser fühlen!«).

» Willenskraft

Sie haben gerade einen 12-stündigen Arbeitstag hinter sich, bei dem Sie sich auf eine anspruchsvolle Aufgabe nach der anderen konzentrieren mussten, um einen strikten Terminplan einzuhalten. Wenn Sie nach Hause kommen, können Sie Ihre Diät nicht durchziehen. Es ist Zeit für eine Portion Ben & Jerry's auf dem Sofa. Wie wir alle wissen, kann sich Selbstbeherrschung wie ein Muskel anfühlen. Nach langem Training ermüdet er und funktioniert nicht gut. Wir haben das Gefühl, dass wir über begrenzte Ressourcen verfügen, wenn es um mentale Selbstregulierung geht,

und wenn diese erschöpft sind, müssen wir darauf warten, dass sie sich wieder auffüllen. Diese Ressourcen werden auch nicht in separaten Beständen gelagert, wie etwa einem für die Ernährung und einem für Beziehungen. Sie sind alle miteinander verbunden, wie eine allgemeine geistige Fähigkeit, die durch eine Art von Herausforderung erschöpft zu sein scheint und dann für andere nicht mehr zur Verfügung steht.

Forscher haben dies in einer Vielzahl von cleveren Studien getestet. In einer erhielten die hungrigen Teilnehmer eine Schale mit Radieschen und etwas Schokolade. Einer Gruppe wurde gesagt, sie könne die Radieschen essen, aber nicht die Pralinen (wodurch sie sich

selbst regulieren mussten); die andere Gruppe durfte beides verspeisen. Dann wurde beiden Gruppen eine unlösbare Aufgabe gestellt. Die Radieschenesser, die sich zuvor hatten zurückhalten müssen, gaben den Test viel früher auf als die andere Gruppe; ihre Fähigkeit, sich selbst zu disziplinieren, war erschöpft.

In einem ähnlichen Test wurden den Probanden zwei geistige Aufgaben übertragen – das Unterdrücken aller Gedanken an einen weißen Bären (sehr schwer!) oder das Lösen eines einfachen arithmetischen Problems (sehr leicht!) – und danach Zugang zu Bier gewährt. Diejenigen, die mit dem schwierigen mentalen Problem zu kämpfen hatten,

Wie steht es um Ihre Selbstbeherrschung?

»Die köstliche italienische Pasta servieren wir zusammen mit einer Auswahl an Schuld, Bedauern oder Trotz Ihrer Wahl.«

Regulierungsermüdung waren eher geneigt, nach Ausreden zu suchen, Beziehungen zu verlassen und hielten an Ressentiments fest. Leute, die wenig Selbstbeherrschung haben, werden eher betrügen und lügen und seltener Danke sagen.

Die Unterdrückung rassistischer Vorurteile scheint bei manchen Menschen auch viel Selbstbeherrschung zu erfordern. Forscher verglichen hochgradig voreingenommene weiße Individuen mit solchen, die wenig voreingenommen waren, während sie mit einem farbigen Teilnehmer interagierten.

Danach schnitten die voreingenommeneren Probanden bei einem Test der mentalen Kontrolle im Vergleich zu den weniger voreingenommenen Teilnehmern schlechter ab. Anscheinend waren sie geistig müde, nachdem sie mit ihren eigenen Vorurteilen gekämpft hatten.

Die gute Nachricht ist, dass diese Art der Erschöpfung nicht unvermeidlich ist. Es hat mehr mit einer Motivationsverschiebung zu tun als mit einer grundsätzlichen Unfähigkeit, Kontrolle auszuüben. Handlungen der Selbstregulierung sind geistig kostspielig und erfordern viel Überlegung und Aufmerksamkeit, während die verzögerte Belohnung entfernt und abstrakt erscheinen kann.

waren weniger in der Lage, sich selbst zu kontrollieren und tranken mehr Bier. Die Erschöpfung der Selbstkontrolle kann zu allen möglichen unerwünschten Folgen führen: sexueller Belästigung, übermäßigem Genuss von Nahrungsmitteln und Alkohol und sogar der Tendenz, persönliche Informationen preiszugeben. Wenn die Willenskraft erschöpft ist, werden Menschen mit geringem Selbstwertgefühl noch negativer über sich denken, als sie es ohnehin bereits tun. Selbstregulierung betrifft mehr als das Selbst. Gesunde Beziehungen und soziale Interaktionen aller Art hängen von einer gewissen Selbstbeherrschung der Beteiligten ab. Wenn die Willenskraft erschöpft ist, ist es schwer, wenig hilfreichem

Verhalten zu widerstehen. Eine Studie über heterosexuelle Menschen in festen Beziehungen fand zum Beispiel heraus, dass sie, wenn ihre Selbstregulierung gering war, mehr Zeit damit verbrachten, in Zeitschriftenfotos spärlich bekleidete Menschen des anderen Geschlechts zu betrachten.

Die Regel, dass man bei Müdigkeit keine persönlichen Probleme besprechen sollte, scheint ebenfalls zu gelten. Diejenigen mit

Beharrlichkeit ist ein Schlüsselfaktor für den Erfolg.

Wenn wir schon viel Willenskraft aufgebracht haben, verlagert sich unsere Motivation weg von anstrengenden Selbststeuerungsaufgaben hin zu denen, die leichter sind oder eine unmittelbare Belohnung versprechen. Wir können diese Art der Erschöpfung überwinden, indem wir unsere Motivation mit dem Grundgedanken stärken, dass wir weiterhin die Kontrolle ausüben können. Studien zeigen, dass Menschen, denen gesagt wird, dass Willenskraft eine unbegrenzte Ressource ist, bei anspruchsvollen Aufgaben besser abschneiden als diejenigen, die glauben, dass sie erschöpft sein kann. Je mehr die Menschen an eine begrenzte Selbstkontrolle glauben, desto schlechter ist ihre Selbstregulierung im täglichen Leben.

Wenn die Selbstregulierung wie ein Muskel anmutet, können wir sie vermutlich auch durch Training stärken. Einige Studien deuten darauf hin, dass wir dazu in der Lage sind. In der Tat scheint körperliche Bewegung unseren geistigen »Selbstregulierungs-Muskel« zu stärken, da es sich um eine stetige Anwendung von Willenskraft handelt. Eine Gruppe von ehemals stationären Probanden, die zwei Monate lang in einem Fitnessstudio trainierten, zeigte deutliche Verbesserungen bei Selbstregulationstests im Vergleich zu

einer Kontrollgruppe. Darüber hinaus berichteten sie, dass sie weniger rauchten und tranken, ihre Ausgaben kontrollierten und sich sogar mehr um die Hausarbeit kümmerten als früher. Eine andere Studie zeigte, dass nur zwei Wochen Selbstkontrolle, wie etwa die Überwachung der Körperhaltung oder die Beobachtung von Ernährung und Stimmung, die Fähigkeit zur Selbstregulierung verbessert.

Genau wie bei körperlicher Müdigkeit kann Ruhe die erschöpften Ressourcen der Selbstbeherrschung wiederherstellen. Es ist wahrscheinlich, dass die Menschen im Laufe des Tages die Fähigkeit zur erfolgreichen Selbstregulierung

verlieren und sie am Montag nach einem Wochenende der Entspannung wiedererlangen.

Aber auch die Selbstbeherrschung kann mit einem Schuss positiver Emotionen, wie dem Genuss eines lustigen Films oder einem Moment der Selbstbestätigung, gefördert werden.

Starke Motivationen können die Willenskraft außerdem stärken. Menschen, die für Aufgaben bezahlt werden oder denen gesagt wurde, dass die Ergebnisse Wohltätigkeitsorganisationen zugutekommen würden, können der Müdigkeit entgegenwirken und tolle Leistungen erzielen. Jedes Jahr etwa sammeln Studenten der Penn State University Millionen

von Dollar für Kinderkrebsforschung durch einen 46-stündigen Tanzmarathon ohne Sitz- oder Schlafpause. Die Studenten, welche die meiste Zeit im Sitzen verbringen und auf Bildschirme starren, können sich zwei Tage lang pausenlos bewegen, während sie von ihren Altersgenossen, den Kindern und ihren Eltern angefeuert werden.

» Beharrlichkeit

Wenn es um den Erfolg in der Schule oder bei der Arbeit geht, ist Ausdauer der oft übersehene Partner der Intelligenz und des Talents. Die amerikanische Psychologin Catherine Cox, die 1926 eine Dissertation über die mentalen Eigenschaften von Genies schrieb, kam zu dem Schluss, dass der IQ nur mäßig mit dem Erfolg verbunden war; stattdessen waren die Qualitäten »Beharrlichkeit in Motivation und Anstrengung, Vertrauen in die eigenen Fähigkeiten und große Stärke oder Kraft des Charakters« diejenigen, die das außergewöhnliche Lebenswerk ermöglichten. Charles Darwin gelang ein brillanter Einblick in die Funktionsweise der natürlichen Selektion, aber er verbrachte auch mehr als 20 Jahre damit, das Buch zu perfektionieren, das ihn berühmt machte. Thomas Edison testete mehr als 6000 verschiedene Materialien für einen Glühlampenfaden, bevor er jenen fand, der funktionierte (was sein berühmtes Zitat untermauert, dass Genie »ein Prozent Inspiration und 99 Prozent Schweiß« sei).

Charakterfestigkeit ist ein Schlüsselfaktor bei der Frage, ob ein Schüler seinen Abschluss schafft. Eine Studie an 4813 Highschool-Schülern in Chicago fand heraus, dass Beharrlichkeit die Abschlussquoten vorhersagte, selbst wenn man das Ergebnis hinsichtlich anderer Faktoren (wie bewusste Motivation, Unterstützung durch Eltern und Lehrer, standardisierte Testergebnisse und demo-

Außergewöhnliche Ausdauer half Diana Nyad, als sie von Kuba nach Florida schwamm.

grafische Variablen) kontrollierte.

Eine Person mit großem Durchsetzungsvermögen hat definitionsgemäß eine große Selbstbeherrschung. Sie ist bereit, Rückschläge einzustecken, um ein entferntes Ziel zu erreichen. Allerdings zeigt der beharrliche Mensch in der Regel über einen Zeitraum von Jahren eine Leidenschaft für ein einziges übergeordnetes Ziel und nicht unbedingt eine verallgemeinerte Selbstbeherrschung in allen Bereichen des täglichen Lebens. Zum Beispiel hat Ernest Hemingway immer wieder einige der bekanntesten Romane und Kurzgeschichten der Literatur geschaffen, während er trank, promiskuitiv lebte und mit den Wölfen heulte. Der beharrliche Mensch organisiert seine Ziele mit einem einzigen Ziel an der Spitze einer Hierarchie kleinerer Ziele, alle im Einsatz bis zum Erreichen des gewünschten Hauptziels. Wird ein Zwischenziel blockiert, findet der beharrliche Mensch einen Weg daran vorbei.

Beharrlichkeit kann sich mit dem Charakterzug der Gewissenhaftigkeit überschneiden, aber es ist nicht dasselbe. Ein verantwortungsbewusster Mensch kann zuverlässig sein und eine ausgezeichnete Selbstbeherrschung haben, ohne über

FOKUS

ÜBUNG MACHT DEN MEISTER

Hier folgt ein alter Witz mit einer berechtigten Botschaft:

»Wie schafft man es in die Carnegie Hall?«
»Üben, üben, üben.«

Nirgendwo ist die Richtigkeit dieser Tatsache deutlicher zu spüren als bei dem amerikanischen Buchstabierwettbewerb »Scripps National Spelling Bee«. Im Jahr 2006 verfolgten Psychologen 190 der Finalisten, um zu sehen, welche Art von Trainingsprogramm am erfolgreichsten war: Freizeitaktivitäten wie Lesen oder Spiele, von den Eltern oder dem Computer abgefragt zu werden oder im Alleingang die Schreibweise und Herkunft der Wörter zu üben. Als Sieger ging das Alleinarbeiten hervor. Obwohl dieses Training die unangenehmste der drei Methoden darstellte, schnitten die Kinder, die sie am meisten praktizierten, bei der Rechtschreibung besser ab. In den drei Jahren vor dem Wettbewerb hatte jeder Hunderte von Stunden damit verbracht, Wörter zu recherchieren. Diese Kandidaten, so fanden die Forscher heraus, waren von Natur aus die beharrlichsten. In einer Umfrage befragte man sie, ob sie mit Aussagen wie »Rückschläge entmutigen mich nicht« einverstanden seien oder nicht. Die Schüler, die dem am stärksten zustimmten, waren die ausdauerndsten beim Training.

Jahre hinweg ein langfristiges Ziel zu verfolgen.

» Beharrlichkeit während der gesamten Lebensdauer

Beharrlichkeit bietet in den meisten Lebensbereichen Vorteile. Arbeitgeber, die unter einer hohen Fluktuationsrate leiden, sollten dies etwa bei der Einstellung berücksichtigen. Eine Studie von Hunderten von Handelsvertretern in einem Ferienwohnungsunternehmen ergab, dass durchsetzungsstärkere Mitarbeiter eher

ihren Arbeitsplatz behielten. Beharrlichkeit war ein stärkerer Prädiktor für die Retention als die Arbeitsjahre im Beruf. Sie sagt auch Erfolge im Militär voraus. Ungefähr die Hälfte der Kandidaten in der zermürbenden Special Operations-Ausbildung der US-Army bricht vor dem Ende der Schulung ab.

Auch Beziehungen profitieren von Beharrlichkeit, aber mit einer interessanten geschlechtsspezifischen Wendung. Im Rahmen einer großen

Studie erwies sich Beharrlichkeit als besserer Prädiktor dafür, ob der Proband verheiratet war und es bleiben würde, als die üblichen Persönlichkeitsmerkmale. Dies galt jedoch nur für Männer, bei Frauen gab es keinen Zusammenhang zwischen Beharrlichkeit und Familienstand.

Können wir in uns selbst oder in unseren Kindern Beharrlichkeit gezielt erzeugen? Die Wissenschaft diskutiert dies noch, aber einige Forscher glauben, dass die Pflege einer wachstumsorientierten Denkweise ein Schlüssel zur Steigerung des Durchhaltevermögens sein könnte. Die Forscherin Angela Duckworth brachte zum Ausdruck, dass das herkömmliche

Gewissenhafte Menschen lernen für Prüfungen, machen ihre Betten und planen voraus.

Bildungssystem, das darauf aufbaut, Schülern ein breites Angebot an Kursen und Aktivitäten zur Verfügung zu stellen, nicht unbedingt den Fähigkeiten der Lernenden entgegenkommt. »Um es mit Benjamin Franklin zu beschreiben«, notierte Duckworth, »ist das Ziel der Bildung nicht nur, ein paar wenige Dinge über vieles zu lernen, son-

dern auch vieles über ein paar wenige Dinge.«

Vieles von dem, was wir sind, hat historische Gründe. Unsere Persönlichkeiten, unsere Antriebe sowie unsere Herangehensweisen an Probleme und Ziele sind zum Teil angeboren.

Das bedeutet jedoch nicht, dass sie unveränderlich sind. Sobald wir unsere eigenen charakteristischen Merkmale, Motive erkennen sowie die Fähigkeit, unser Verhalten zu kontrollieren, können wir das Positive stärken und das Negative mindern. Wir werden nicht alle den El Capitan erklimmen, aber wir können alle unsere Ausdauer trainieren, um unsere eigenen Ziele zu erreichen.

Eltern können die Beharrlichkeit ihrer Kinder durch ausdauernde und intensive Beschäftigung fördern.

VERSTAND &

GESUNDHEIT

Die komplexen mentalen Prozesse, die uns schützen und die uns dabei helfen, mit anderen Menschen zu interagieren, funktionieren nicht immer optimal. Nur wenige Menschen sind völlig frei von Ängsten, emotionalem Stress oder Selbstzweifeln. Manchmal aber können Ängste ein erfülltes Leben vereiteln. Die folgenden Kapitel informieren darüber, welche grundlegenden und leicht umsetzbaren Veränderungen uns in Balance bringen. Aus psychologischer Sicht helfen therapeutische Techniken und Spiritualität dabei, unsere Psyche zu stärken. Wenn wir unsere Gedanken auf Dankbarkeit und Akzeptanz ausrichten, erreichen wir einen Zustand von Optimismus und Wohlbefinden.

KAPITEL SIEBEN

GEISTIGE GESUNDHEIT, KRANKHEIT & FORMEN DAZWISCHEN

Football-Star Ricky Williams hätte eigentlich Grund gehabt, selbstbewusst zu sein. Er war Heisman-Trophy-Gewinner der University of Texas und Profispieler bei Mannschaften wie den New Orleans Saints und den Miami Dolphins. Aber Fans und Medien begannen, ihn als Sonderling zu betrachten.

Er mied andere Menschen – Teamkameraden, Zuschauer und Reporter. Er setzte bei Interviews seinen Helm nicht ab und klappte noch nicht einmal das getönte Visier nach oben. Er weigerte sich wiederholt, sich Drogentests zu unterziehen.

»Als ich nach New Orleans [versetzt wurde], gab es einen Punkt, an dem ich nicht mehr aus dem Haus gehen wollte. Ich wollte nirgendwohin. Nicht zum Einkaufen, zu keiner Verabredung«, sagte der Football-Star.

Bevor Williams eine Therapie begann, konnte er sich sein Verhalten nicht erklären. In der Behandlung erkannte er, dass er an Sozialphobie litt, einer Störung, die dazu führte, dass er ausgeprägte Ängste davor entwickelte, von anderen hinterfragt zu werden.

Die Diagnose war für ihn eine Erleichterung. »Nachdem bei mir eine soziale Angststörung festgestellt worden war, atmete ich regelrecht auf, denn nun gab es einen Namen für meine Probleme. Ich war nicht verrückt oder seltsam, wie ich so viele Jahre befürchtet hatte«, erzählte Williams.

Williams war nicht verrückt. Er war aber auch nicht vollkommen gesund. Er litt, wie so viele Menschen – unter einer Störung, die ihm zu schaffen machte, die sein Leben aber nicht komplett zerstörte. Und wie so viele Menschen stellte sich Williams der Diagnose, einer Behandlung und fand einen Weg zurück zu psychischem Wohlbefinden.

Seit dem 21. Jahrhundert erforscht die Wissenschaft der Psychologie die biologischen und sozialen Funktionsweisen unseres Geistes und hat Ansätze entwickelt, um unsere psychische Gesundheit zu fördern. Die Verfahren reichen von kognitiven Therapien bis hin zu einfachen Übungen, die man in Eigenregie zu Hause anwenden kann, um ein glücklicheres und erfüllteres Leben zu führen.

MENTALE GESUNDHEIT

Wenn geistige Gesundheit als die Abwesenheit von psychischer Erkrankung definiert wird, sind die meisten von uns ziemlich ok. Drei von vier amerikanischen Erwachsenen erkranken ihr ganzes Leben lang an keinen gravierenden psychischen Störungen. Jährlich erleidet nur einer von 17 Amerikanern schwerwiegende psychische Erkrankungen wie Depression oder Schizophrenie. Lange Zeit

HALB VOLL ODER HALB LEER?

Mentale Gesundheit bedeutet mehr als von schwerwiegenden Störungen frei zu sein. Sie bedeutet auch, positive Einstellungen, Gewohnheiten, und Beziehungen zu besitzen und das eigene Leben als erfüllt und nicht als qualvollen Kampf zu betrachten. Stehen Sie in Sachen mentale Gesundheit in voller Blüte oder lassen Sie eher darbend die Blätter hängen? Lernen Sie, sich selbst einzuschätzen, indem Sie die unten angegebenen Fragen mit »Ja« oder »Nein« beantworten. (Nach einer Umfrage des Psychologen Corey Keyes von der Emory University).

1. Ich bin meist fröhlich, ausgeglichen, zufrieden und voller Lebensfreude.

2. Ich bin grundsätzlich glücklich oder zufrieden mit meinem Leben.

3. Ich bin mir selbst und meinem bisherigen Leben gegenüber positiv eingestellt und akzeptiere verschiedene Aspekte meiner selbst.

4. Ich bin anderen gegenüber positiv eingestellt und akzeptiere deren Andersartigkeit und Komplexität.

5. Ich erkenne mein eigenes Potenzial und bin offen für neue Erfahrungen und Herausforderungen.

6. Ich glaube daran, dass Menschen, soziale Gruppen und die Gesellschaft sich entwickeln und positiv wachsen können.

7. Ich habe Ziele und Überzeugungen, die meinem Leben Sinn geben.

8. Ich habe das Gefühl, dass mein Leben nützlich für die Gesellschaft ist und von anderen geschätzt wird.

9. Ich besitze die Fähigkeit, komplexe Situationen zu meistern und meine Umgebung meinen Bedürfnissen anzupassen.

10. Ich interessiere mich für soziale Belange und habe das Gefühl, dass Gesellschaft und Kultur einschätzbar und bedeutsam sind?

11. Ich kann mich von meinen eigenen sozial akzeptierten inneren Werten leiten lassen und unliebsamen sozialen Druck vermeiden.

12. Ich pflege liebevolle befriedigende persönliche Beziehungen und bin zu Empathie und Intimität fähig.

13. Ich empfinde mich als Teil einer sich stützenden Gemeinschaft.

Wenn Sie mehr als sechs Fragen mit »JA« beantworten konnten, weist dies auf eine positive mentale Befindlichkeit hin.

wurde psychische Gesundheit als die Abwesenheit von Krankheit definiert und war als solches nicht Thema der Forschung. Verständlicherweise konzentrierten sich Psychologie und Psychiatrie zunächst auf die Behandlung schwerwiegender Störungen, die das Leben so vieler Menschen beeinträchtigen. Aber mittlerweile erkennen wir, dass psychische Gesundheit mehr ist als lediglich das Fehlen von Krankheit. Es ist das Vorhandensein von etwas Gesundem: ein produktiver Zustand von emotionalem und sozialem Wohlbefinden. Der *Surgeon General's Report* aus dem Jahr 2000 definiert psychische Gesundheit als einen »Zustand der erfolgreichen Umsetzung der mentalen Funktionen, aus dem sinnvolle Aktivitäten und erfüllende Beziehungen zu anderen Menschen erwachsen, sowie die Fähigkeit, sich an Widrigkeiten anzupassen oder sie zu verändern.«

Ebenso wie Krankheiten leichte bis schwere Ausformungen haben können, umfasst auch unsere mentale Gesundheit ein breites Spektrum an Zuständen – von darbend über mäßig gesund bis hin zu blühend. Und ebenso wie psychische Erkrankungen durch ihre Symptome definiert werden, gibt es auch Symptome für psychische Gesundheit – beispielsweise erlaubt eine positive Einstellung sich selbst gegenüber oder ein aktives Sozialleben Rückschlüsse auf unser Wohlbefinden (siehe Tabelle gegenüber). Je mehr positive Emotionen, Überzeugungen und Verhaltensweisen wir in unserem Leben an den Tag legen, umso mehr nähert sich unsere psychische Gesundheit dem Idealzustand an. Psychisches Wohlbefinden ist für die meisten von uns ein erreichbares Ziel, wenn wir uns selbst und die Ressourcen, auf die wir zurückgreifen können, kennen und nutzen. Aber wie sehen die Zahlen im Detail aus?

Umfragen ergaben, dass etwa 17 Prozent der amerikanischen Bevölkerung sich als darbend einstufen würden, relativ unglücklich sind und Probleme damit haben, das Leben zu meistern. Die Mehrheit der Bevölkerung stuft sich als durchschnittlich ein. Und etwa 18 Prozent würden sich als glücklich, positiv und erfüllt einschätzen. Diese »Glückskinder« sind nicht nur in mentaler Hinsicht, sondern auch körperlich gesünder als andere. Sie haben weniger chronische Krankheiten, gehen weniger oft zum Arzt und haben weniger Fehltage in der Arbeit. Sie fühlen sich weniger hilflos und agieren zielgerichteter, zudem empfinden sie größere Nähe zu Familienangehörigen und Freunden.

Diese Aspekte psychischer Gesundheit sind unabhängig von geistigen Erkrankungen, aber sie korrelieren damit – anders gesagt: es können Anzeichen psychischer Gesundheit und Symptome geistiger Erkrankung gleichzeitig auftreten. Im Allgemeinen ist es jedoch so, dass mit steigendem Leidensempfinden auch die Wahrscheinlichkeit steigt, dass eine psychische Erkrankung vorliegt. Fast ein Drittel der mental ungesunden, sich als »darbend« empfindenden Menschen haben eine depressive Phase durchlebt, im Vergleich dazu nur fünf Prozent der »blühenden« Menschen. Etwa 16 Prozent der »darbenden« Menschen leiden unter

Angststörungen, verglichen dazu weniger als ein Prozent der »blühenden«.

Wer an einer psychischen Störung leidet, aber auch starke Anzeichen von mentaler Gesundheit aufweist, ist klar im Vorteil. Menschen mit einer psychischen Störung, die in der Mitte oder am positiveren Ende der Skala rangieren, haben oft eine bessere körperliche Gesundheit und weniger krankheitsbedingte Fehltage in der Arbeit als Personen am darbenden Ende der Skala. Menschen, die doppelt betroffen sind, die also an einer psychischen Erkrankung leiden und nur eine niedrige Punktzahl auf der Skala der

Symptome von psychischer Krankheit und mentaler Gesundheit können gleichzeitig auftreten.

mentalen Gesundheit erreichen, geht es schlechter als denen in jeder anderen Gruppe.

SCHATTENSYNDROME

Kate ist niedergeschlagen. Sie ist traurig, lustlos und hat an kaum etwas mehr wirklich Freude. Aber sie schafft es immerhin noch, ihrer Arbeit nachzugehen, sich vernünftig zu ernähren und pünktlich zum Fitnesskurs zu erscheinen. Leidet sie im klinischen Sinne an einer Depression?

Daniel ist ein Schwarzseher. Er macht sich Sorgen um seine Gesundheit, seine Arbeit, seine Familie. Manchmal halten ihn seine Sorgen nachts wach, es fällt ihm schwer, die Gedanken abzuschalten. Trotzdem hat er Freude an seinem Job, trifft sich gerne mit Freunden und erkundet gerne fremde Orte. Leidet er an einer Angststörung?

Es ist möglich, dass keine dieser beiden Personen die Kriterien erfüllt, um eine klinische geistige Erkrankung diagnostiziert zu bekommen. Dennoch haben beide echte und ernsthafte Probleme und könnten von psychologischer Unterstützung sehr profitieren. Vielen Menschen geht es ähnlich, sie kämpfen im Alltag mit unterschiedlichen Formen mentaler Beeinträchtigung, sind aber nicht krank genug, um die Standards einer klinisch definierten Störung zu erfüllen. Derartige »Schattensyndrome« können bei anfälligen Personen eine Reihe von problematischen Denkmustern und Verhaltensweisen mit sich bringen, die zu schwerwiegenden psychischen Erkrankungen führen können.

FOKUS

DIAGNOSE & DISKURS

Die Antwort

Das 1952 erstmals veröffentlichte psychologische Handbuch *Diagnostic and Statistical Manual of Mental Disorders* (DSM-V) besteht mittlerweile schon in fünfter Auflage. Es dient mit fast 1000 Seiten als Leitfaden zur Diagnose von geistigen Krankheiten, die von »Agoraphobie« bis »Voyeurismus« reichen. Für jede Störung listet das DSM-V die charakteristischen Symptome auf, die zu beobachten sind (und diejenigen, die nicht zu beobachten sind). Es beschreibt die jeweilige Krankheit und klassifiziert sie mit einem Code, den die Praktizierenden unter anderem für die Rechnungsstellung verwenden. Das DSM-V ist aus vielerlei Richtung unter Beschuss geraten, und es wurden ihm diverse Mängel attestiert. Die allgemeinen Kritikpunkte:

• Die Kriterien sind zu vage. Zum Beispiel gibt es 636 120 Arten, an einer Posttraumatischen Belastungsstörung zu leiden (PTBS).
• Die Kriterien sind willkürlich und unwissenschaftlich.
• Die Kriterien sind zu umfassend und erklären Alltagsprobleme zu Störungen. Zum Beispiel führt die aktuelle Ausgabe »disruptive mood dysregulation disorder« (DMDD) an, also wiederkehrende Wutanfälle bei Kindern.
• Die Störungen spiegeln möglicherweise die Lieblingsfälle der Herausgeber wider, bezogen auf ihre eigenen Forschungsbereiche oder auf die ihrer finanziellen Unterstützer. Psychologen und andere Wissenschaftler diskutieren seit Langem darüber, wie man psychische Störungen definieren kann, wenn diese so veränderlich, komplex und miteinander verbunden sind. Die aktuelle Ausgabe des Handbuchs zeugt davon, dass dieser Diskurs noch nicht abgeschlossen ist.

» Vermeidung

Wir wissen, dass unsere Denkmuster und Verhaltensweisen unterschiedlich motiviert sein können – eine mögliche Handlungstendenz ist die Vermeidungsorientierung, die andere die Annäherungsorientierung. Annäherungsorientierte Menschen konzentrieren sich auf Erfolg, Wachstum und positive Ergebnisse. Menschen mit

Vermeidungstendenz konzentrieren sich auf das Verhindern von Verlusten, auf Sicherheit und auf das Vermeiden von Fehlern. Dabei ist die eine Orientierung nicht unbedingt besser als die andere, aber die Vermeidungstaktik kann außer Kontrolle geraten. Dinge zu vermeiden, die einem Angst machen, ist nur natürlich, aber es kann uns auch hemmen. Der Ratschlag, »sich seinen Ängsten zu stellen«, macht Sinn, denn je mehr man Situationen meidet, die einen beunruhigen, umso ängstlicher wird man. Und je ängstlicher man wird, umso mehr meidet man unangenehme Situationen.

Wer beispielsweise Angst davor hat, Brücken zu überqueren, wird es vermutlich zunächst einmal vermeiden, über besonders große zu fahren. Aber der Akt der Vermeidung rückt die Angst ins Zentrum der Aufmerksamkeit, erlaubt es einem, sich das Schlimmste auszumalen, sich vorzustellen, was passieren könnte, wenn die Brücke einstürzen würde oder man während der Überquerung das Bewusstsein verlöre. Man wird damit anfangen, nicht nur große Brücken zu meiden, sondern die Angst pauschal auch auf kleinere Brücken zu übertragen. Man ist nicht mehr in der Lage, die Sicherheit der Situation objektiv einzuschätzen, weil man zu sehr mit den eigenen

Angststörungen können gelindert werden, indem sich die Betroffenen gefürchteten Situationen aussetzen, anstatt sie zu meiden.

Befürchtungen beschäftigt ist. Der Verstand verfängt sich in Worst-Case-Szenarien und speichert das Überqueren von Brücken mehr und mehr als tatsächlich schreckliche Erfahrung ab – schrecklich in der eigenen Wahrnehmung. Wenn man nicht nur Orte oder Situationen meidet, sondern auch innere Erlebnisse, also eigene unangenehme Gedanken, Gefühle, und Empfindungen, wird dies in der Psychologie als »experiential avoidance« bezeichnet.

Keiner von uns setzt sich gern unangenehmen Gefühlen aus, aber wenn Vermeidung zu einer Reihe von regelmäßigen absichtlichen Kontrollversuchen oder der Flucht vor

natürlichen Gedanken und Empfindungen führt, so ist das kontraproduktiv. Das eigene Denken kann zu einem ungeordneten Prozess mutieren, bei dem man enorm viel Zeit und Energie darauf verwendet, unerwünschte innere Ereignisse zu kontrollieren oder zu vermeiden.

Der innere Konflikt steht der Bewegung im Wege, die uns unseren Zielen näher bringen könnte, er trennt uns von den Freuden des täglichen Lebens. Tatsächlich ist Vermeidung aus psychologischer Sicht schädlicher, als sich den unangenehmen Gedanken einfach zu stellen.

Angenommen Sie suchen einen neuen Job. Natürlich ist

NICHT DRAN DENKEN!

Dr. Daniel Wegner leitete in den 1980er-Jahren ein Experiment über Gedanken-Negation. Testen Sie im Eigenversuch eine Variante davon und lesen Sie den folgenden Abschnitt. Versuchen Sie, beim Lesen NICHT an einen Bären zu denken.

Wie so viele andere Rituale sind die Ursprünge des Händeschüttelns ungeklärt. Im alten Babylonien war es Aufgabe des Herrschers, die Hand einer heiligen Figur zu berühren, um die Übertragung der göttlichen Macht auf menschliche Hände zu symbolisieren. Die moderne Bedeutung des Händeschüttelns steht allerdings außer Frage: Es dient zwei Menschen als Geste der offenen, gefahrlosen Begrüßung, im Besonderen »zwischen zwei Männern«. Wir wissen, dass das Händeschütteln vor mehreren Hundert Jahren in England zum Einsatz kam, um zu demonstrieren, dass man unbewaffnet war. Frauen trugen selten Waffen, vermutlich ist der Händedruck unter Frauen daher erst seit kürzerer Zeit üblich.

Haben Sie beim Lesen an einen Bären gedacht? In ähnlichen Experimenten spukte der Bär bei der großen Mehrheit der Leser in ihren Gedanken herum. Bewusst nicht an einen Bären zu denken ist im Grunde dasselbe, wie ihn sich vorzustellen.

es nützlich, bestimmte Gefühle der Angst während eines Vorstellungsgesprächs zu unterdrücken. Es ist aber kontraproduktiv, Vorstellungsgespräche generell zu vermeiden, weil sie stressig sind. Oder weil Sie beginnen, sich selbst als zu schüchtern oder zu ängstlich zu betrachten, um je eine verantwortungsvolle Stelle anvertraut zu bekommen.

Der Versuch, unerwünschte Gedanken, Gefühle oder Wünsche abzublocken, kann ein Schuss nach hinten sein. Betrachten wir die Sache genauer – und zwar an dem relativ simplen Beispiel von Schokolade: In einer Studie baten Forscher die Teilnehmer, sich ihre Gedanken zu notieren. Ein Drittel der Teilnehmer bekam die Aufgabe, über Schokolade nachzudenken; ein Drittel, Gedanken an Schokolade zu unterdrücken; und ein Drittel sollte spontan irgendwelche Gedanken zulassen. Später wurden die Probanden gebeten, einige Pralinen im Bezug auf ihren Geschmack zu beurteilen. Die Bewertungen waren aber nicht der Punkt: Die Forscher fanden heraus, dass die Probanden, die versucht hatten, die Gedanken an Schokolade zu unterdrücken, nicht nur öfter an Schokolade gedacht hatten, sondern

Widerstand ist zwecklos!

Nützliche Eigenschaften wie Perfektionismus können, wenn sie übertrieben werden, Probleme bereiten.

anschließend auch mehr davon aßen als die Teilnehmer der beiden anderen Gruppen. Der Versuch, der süßen Versuchung zu widerstehen, hatte sie also nur umso verführerischer gemacht.

» Ungesunde Perspektiven

In Maßen ist die Fähigkeit, Situationen aus bestimmten Blickwinkeln heraus zu betrachten und mit Hingabe an Herausforderungen heranzugehen, eine nützliche Anpassung an das Leben. Bestimmte Denkmuster können allerdings unpassend sein. Sie können unser Leben durchdringen und unsere Anfälligkeit für psychische Störungen erhöhen. Eine dieser negativen mentalen Denkfallen ist der sogenannte »Looming Cognitive

Style«. Dabei handelt es sich um die Tendenz, Bedrohungen oder Befürchtungen so wahrzunehmen, als würden sie sich unmittelbar auf einen zubewegen oder sich intensivieren. Cognitive Looming spielt oft eine Rolle bei Phobien. Stellen Sie sich beispielsweise vor, eine große schwarze Spinne säße direkt vor Ihnen. Sie können alles im Detail erkennen: die langen, dünnen Beine, die acht Knopfaugen. Nun stellen Sie sich vor, die Spinne krabbele auf Sie zu. Sie wird größer. Sie können ihre trappelnden Beine hören und sehen, dass sie ansetzt, um auf Ihre Hand zu springen. Welches Bild ist furchteinflößender: die bewegungslose Spinne oder die sich nähernde? Menschen mit Phobien neigen dazu, Objekte

ihrer Angst als ständig näherkommend zu betrachten. Ängstliche Menschen können sich permanent so fühlen. Sie sehen jeden Tag eine Woge von Sorgen auf sie zukommen. Immer größer werdend und an Geschwindigkeit gewinnend, nehmen ihre Angst und Not ständig zu.

Kognitive Fusion ist eine weitere Denkfalle. Die »Fusion« meint hier die Zusammenführung von Gedanken und Realität. Wenn man die eigenen Gedanken und Gefühle nicht als solche erkennt, und was auch immer man fühlt als objektive Wahrheit ansieht, ist man in der kognitiven Fusion gefangen. »Ich werde nie glücklich sein«; »Menschen hassen mich«; oder »Ich bin nicht gut in Socialising« sind

nur einige Beispiele. Diese problematischen Denkmuster können unser Verhalten maßgeblich beeinflussen, denn die Betroffenen ziehen sich von anderen zurück oder geben den Versuch auf, positive Veränderungen zu erzielen. Es besteht außerdem die Gefahr, mit einer bestimmten Rolle im Leben zu verschmelzen. Frauen etwa, die sich jahrelang der Erziehung ihrer Kinder gewidmet haben, können anfangen, sich nur noch in der Rolle der Mutter zu sehen und andere Aspekte ihrer Identität zu vergessen, die sie vielleicht einst besaßen, als sie noch berufliche Ambitionen hatten oder als als Freigeister das Abenteuer suchten.

Auch frühere Identitäten können mit gegenwärtigen Wahrnehmungen verschmelzen. Wenn man etwa lange das schwarze Schaf in der Familie war oder in der Schule den Klassenclown gespielt hat, können diese Rollen unser aktuelles Leben negativ beeinflussen – und es ist nicht ganz einfach, sie wieder loszuwerden.

Glücklicherweise gibt es therapeutische Methoden, die diese uns behindernden Denk- und Verhaltensmuster aufbrechen können. Ein guter Ansatz kann es schon sein, sich einfach von dem Denkfehler zu distanzieren, indem man ihn sprachlich als Denkmuster kennzeichnet: »Ich habe den Gedanken, dass ich nie glücklich sein werde.«

Den eigenen Gedanken als das zu benennen, was er ist,

Vermeidung rückt die Angst ins Zentrum der Aufmerksamkeit.

nämlich ein vorüberziehender Gedanke, gibt einem die Distanz und eine neue Perspektive, was Raum schafft, um Veränderungen durchzuführen. Therapeuten können ihren Klienten auch mittels verbaler Trainings dabei helfen zu verstehen, dass Gedanken und Worte nicht dasselbe sind wie die Dinge, die sie beschreiben. Sie könnten dem Klienten beispielsweise einen Stuhl bis ins kleinste Detail beschreiben und ihn dann bitten, sich darauf zu setzen. Der Punkt ist, dass eine geistige Erfahrung nicht dasselbe ist wie eine reale, aber manchmal müssen wir uns explizit durch den Gedanken arbeiten, um an die Sache heranzukommen.

»Defusionierende« Methoden wie diese (siehe Kapitel 9, Seite 266) haben sich als sehr hilfreich dabei erwiesen, eine große Vielfalt von Störungen zu behandeln, von

Panikattacken bis hin zu sozialen Ängsten – sie können aber auch sehr gut dabei helfen, den Stress im Alltag oder in der Arbeit zu reduzieren.

Rumination, ein weiteres Denkmuster, kann produktiv sein, aber auch destruktiv. Stellen Sie sich dieses Szenario vor: Just kurz bevor Sie Ihren Arbeitsplatz verlassen möchten, um den Abend bei einem schönen Essen mit Freunden zu verbringen, öffnen Sie eine letzte E-Mail. Unerwarteterweise ist es eine Nachricht von Ihrer Chefin, die Ihnen mitteilt, dass Sie bei einem Projekt einen schweren Fehler gemacht haben. Es sei keine Entschuldigung nötig, aber es sei nun an Ihnen, die Sache in den kommenden Wochen wieder in Ordnung zu bringen. Wie reagieren Sie?

1) Sie schließen Ihren Laptop, schwingen sich ins Restaurant und genießen den Abend. Sie werden sich morgen in der Arbeit eine Strategie überlegen.

2) Sie gehen zum Abendessen, aber denken den ganzen Abend über die E-Mail nach, *über Ihre Chefin und darüber, wie schwer es sein wird, die Sache wieder ins Lot zu bringen.*

Über Probleme nachzudenken ist nur natürlich, aber wenn man dazu übergeht, die gleichen Gedanken wieder und wieder aufzurollen und sich nur noch auf die eigene Notlage zu fokussieren, kann dies zu einer destruktiven Gewohnheit werden. Über eine stressige Erfahrung nachzugrübeln hält den Stress aktiv und unser Geist verfängt sich in unproduktiven Gedankenspiralen.

GUT GENUG IST GUT!

Manchmal kann Perfektionismus angebracht sein, meist reicht es jedoch, einfach gute Arbeit zu leisten. Hier sind einige Möglichkeiten, um übertriebenen Perfektionismus zu verhindern:

• **Setzen Sie sich realistische Ziele**: Sind Ihre Ziele messbar und erreichbar?

• **Behalten Sie das große Ganze im Blick.** Vielleicht sind Sie heute keine 16 Kilometer gejoggt, aber insgesamt in der letzten Woche?

• **Achten Sie auf Ihre Gedanken.** Hüten Sie sich vor Begriffen wie »sollte«, »sollte nicht« oder »muss«.

• **Analysieren Sie Ihre innere Haltung.** Stellen Sie Ihre Leistungen wieder und wieder infrage? Scheuen Sie neue Herausforderungen, weil Sie fürchten, dass andere Sie für Fehler verantwortlich machen könnten?

• **Führen Sie neue Verhaltensweisen ein.** Stellen Sie sich spezifische Aufgaben: Heute Abend schalte ich den Computer aus und denke nicht mehr an die Arbeit.

• **Überprüfen Sie die Ergebnisse.** Hatte Ihr neues Verhalten negative Auswirkungen? Fühlen Sie sich besser oder schlechter?

**»SOLLTE«
»SOLLTE NICHT«
»MUSS«?**

Studien zeigen, dass Grübeln zu einer Leistungsminderung führt, da die Aufmerksamkeit der grübelnden Person von anderen Aufgaben abgelenkt wird. Es ist auch mit einer größeren Anfälligkeit für Depressionen und Angststörungen verbunden, sowie Posttraumatischem Stress, Alkoholmissbrauch und Essstörungen.

Rumination kann auch positive Aspekte haben, wenn sie produktiv motiviert ist. Leute, die darüber nachdenken, wie sie ihre Leistung verbessern können, ohne dabei das Problem in den Vordergrund zu stellen, sind eher in der Lage, Lösungen zu entwickeln. Aber in den meisten Fällen ist Rumination Zeitverschwendung, die eingedämmt werden sollte. Psychologen empfehlen hierfür ein paar einfache Techniken. Formulieren Sie für sich selbst klar Ihre Befürchtungen – was wäre das Worst-Case-Szenario? Könnten Sie damit klarkommen? (Oft ist alles nicht ganz so schlimm, und ja, man kann damit klarkommen). Machen Sie sich bewusst, was Sie ändern können, aber auch, was Sie nicht beeinflussen können. Gönnen Sie sich Auszeiten für Sport, Achtsamkeits-Übungen und andere stressreduzierende Aktivitäten.

Perfektionismus ist eine weitere Einstellung, die positive oder negative Auswirkungen haben kann. Kulturenübergreifend wird Perfektionismus assoziiert mit Hoffnung auf Verbesserung, höhere Standards und besser funktionierende Organisation. Aber Perfektionisten, die sich in Selbstvorwürfen zerfleischen, wenn sie ihren eigenen hohen Standards nicht genügen, machen sich das Leben schwer. Selbstkritischer Perfektionismus ist oft verbunden mit Depressionen, Gefühlen von Schuld und Scham, Entscheidungsschwäche und Drogenmissbrauch. Destruktiven Perfektionismus gibt es in drei Varianten:

• **Selbstorientierter Perfektionismus:** An die eigene Leistung werden unrealistisch hohe Erwartungen gestellt und die Ergebnisse werden streng daran gemessen.

• **Fremdorientierter Perfektionismus:** Man stellt an andere unrealistisch hohe Erwartungen, was zu Vorwürfen, Feindseligkeit und Misstrauen führen kann.

• **Sozial vorgeschriebener Perfektionismus:** Man geht davon aus, dass andere hohe Erwartungen an einen stellen, und hat Angst vor Kritik.

Wenn gewöhnliche Situationen uns aus der Bahn werfen, versagt unsere emotionale Regulation.

»Sorge ist ein Interesse an Problemen im Voraus.«

W. R. LANGE, SCHRIFTSTELLER

Menschen mit dieser Art von Angst verwenden viel Energie darauf, Ablehnung zu vermeiden. Wer aber flexibel mit seinem Perfektionismus umgeht und ihn in Maßen an den Tag legt, kann damit durchaus Positives erreichen. Menschen, die nach Großem streben, aber dabei sehr wohl wissen, dass sie auf dem Weg dorthin Fehler machen dürfen, werden oftmals erfolgreich sein.

» Emotionskontrolle

Ein müdes Kind bettelt seinen Vater an, hochgehoben zu werden. Der verärgerte Elternteil schimpft und zerrt das Kind hinter sich her. Das Kind weint. Der Vater fühlt sich schuldig.

Freunde versammeln sich in einem Restaurant, um eine Verlobung zu feiern: Einer der Tischgäste stürmt unter Tränen aus dem Raum, rasend vor Eifersucht.

Diese unglücklichen Szenen resultieren aus einem Versagen der emotionalen Regulation, dem Prozess, mit dem wir unsere Gefühle steuern

In der Sportart Hockey ist Emotionskontrolle nicht unbedingt Priorität.

und ihnen nach außen hin Ausdruck verleihen, um die Situation zu händeln.

Unsere Gefühle führen uns bei jedem Schritt unseres Weges, wenn wir Situationen wahrnehmen, sie als positiv oder negativ für uns einschätzen und darauf reagieren.

Der gestresste Elternteil kann seine Reaktionen dabei in verschiedenen Stufen kontrollieren: Sobald das Kind anfängt zu betteln, sobald er

darüber nachdenkt, welchen Handlungsspielraum er hat, und sobald er auf das Betteln des Kindes reagiert – wenn er entweder die Situation eskalieren lässt oder beschließt, seine Wut zu kontrollieren und seinen Sohn zu beruhigen, indem er eine neue und ruhigere Atmosphäre schafft.

Gönnen Sie sich in stressigen Momenten eine Auszeit und überdenken Sie die Situation.

Das Spektrum des Ärgers

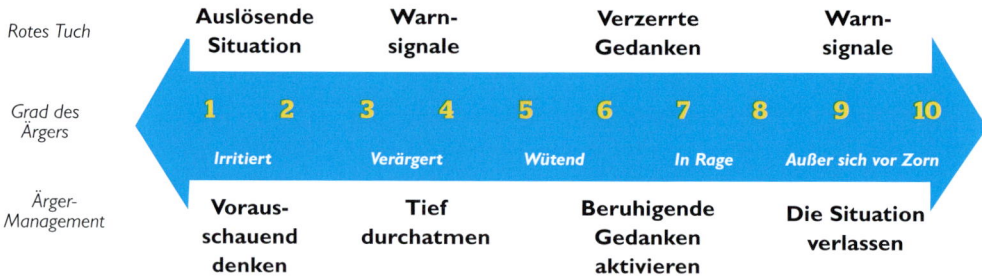

Rotes Tuch	Auslösende Situation		Warn-signale			Verzerrte Gedanken			Warn-signale	
Grad des Ärgers	1	2	3	4	5	6	7	8	9	10
	Irritiert		Verärgert		Wütend		In Rage		Außer sich vor Zorn	
Ärger-Management	Voraus-schauend denken		Tief durchatmen			Beruhigende Gedanken aktivieren			Die Situation verlassen	

Wir alle kontrollieren unsere Emotionen. Wir modifizieren unsere Gefühle, um soziale Situationen zu harmonisieren, Stress abzubauen und emotionale Verwundbarkeit zu minimieren. Die meisten von uns regeln nicht nur, wie wir uns fühlen, sondern auch, wie wir handeln. Wir zügeln beispielsweise den Impuls, ein nörgelndes Kleinkind hinter uns herzuzerren. Wir setzen einer glücklichen Freundin gegenüber ein fröhliches Gesicht auf. Und es sind nicht nur negative Emotionen, die dabei unter Kontrolle gebracht werden.

Als Probanden befragt wurden, wann sie in den letzten zwei Wochen bewusst ihre Emotionen kontrolliert hatten, gaben sie als Auslöser am häufigsten Ärger, Traurigkeit oder Angst an – aber auch Glück und romantische Gefühle wurden im Zaum gehalten.

Eine funktionierene, angemessene Emotionskontrolle ist eine gesunde Angewohnheit. Mangelnde Emotions- bzw. Affektkontrolle dagegen ist ein symptomatisches Merkmal zahlreicher Störungen, einschließlich unipolarer Depression, Generalisierter Angststörungen, bipolarer Störungen, sozialer Angststörungen und Drogenmissbrauch. Andererseits kann emotionale Kontrolle auch übertrieben werden, wenn sie dazu führt, die eigenen Gefühle komplett zu vermeiden oder zu unterdrücken. Sinnvoller ist es, Strategien der Neubeurteilung anzuwenden, indem man sich von der Situation

distanziert und sie in anderen Kontexten betrachtet. Dieses jammernde Kind ist einfach müde und der ungeduldige Vater ebenso. Nach einer kleinen Pause werden sich vermutlich beide besser fühlen. Die Neubewertung ermöglicht es uns, eine Situation aus einem neuen Blickwinkel heraus zu betrachten und ihr eine andere emotionale Bedeutung zuzuweisen.

Wenn Sie beispielsweise in einer Prüfung schlecht abgeschnitten haben, werden Sie sich vermutlich erst einmal Versagen vorwerfen und sich als unfähig betrachten, den Kurs zu bestehen. Sie können aber auch Ihre emotionale Flugbahn ändern, und zwar durch eine objektive Analyse der Sachlage. Sie wissen anhand des Tests nun, wo Sie noch Nachholbedarf haben, und können sich dieser Herausforderung stellen.

Mit dieser neuen Einstellung können Sie anders an die Sache herangehen und Ihre Situation verbessern. Leute, die Dinge gut aufarbeiten können, sind meist optimistisch und sozial mehr eingebunden als andere.

Die Fähigkeit, die eigenen Emotionen zu kontrollieren, ist ein großer Vorteil, und ebenso positiv ist auch eine ausgeprägte Stresstoleranz. Leute, die von sich selbst sagen, dass sie mit Wut, Angst oder anderen unangenehmen Emotionen »schlecht umgehen« oder sie »nicht ertragen« können, haben oft eine relativ niedrige emotionale Schmerzgrenze. Als Gruppe gesehen sind sie anfälliger dafür, an Depressionen, Ängsten und Süchten zu erkranken und sich riskante

Verhaltensweisen anzueignen. Einmal abhängig, fällt es ihnen schwerer aufzuhören und sie werden leichter rückfällig. Psychologen testen die Stresstoleranz ihrer Probanden allerdings, ohne sie psychisch unter Druck zu setzen. Sie messen etwa, wie lange eine Person die Luft anhalten oder die Hände in eiskaltes Wasser tauchen kann.

Achtsamkeit sich selbst gegenüber ist ein Schlüssel dafür, unsere persönliche emotionale Schmerzgrenze auszuloten. Achten Sie darauf, Kummer sich nicht anstauen zu lassen, damit Sie schnell angemessen reagieren und Lösungsstrategien entwickeln können. Emotionaler Kummer kann ein wertvolles Signal sein – ein Marathonläufer

etwa, der trotz zunehmender Knieschmerzen weiterrennt, kann sich bleibende Verletzungen zuziehen. Das Ziel ist es, auf emotionale Warnsignale zu achten und verstehen zu lernen, was sie uns mitteilen möchten. Und dann zu entscheiden, ob es gesünder ist, die Situation durchzustehen oder sie zu verlassen.

Psychische Unbeweglichkeit ist ein weiterer dysfunktionaler Ansatz im täglichen Leben. Stellen wir uns vor, Sie haben gelernt, gut damit zu fahren, wenn Sie es anderen recht machen, höflich sind, die eigenen Bedürfnisse zurückstellen und negative Gefühle meiden. Diese Taktik wird oft erfolgreich sein, aber wenn Sie es beispielsweise mit einem unfähigen Arzt zu tun haben, der

Die Fähigkeit, sich den Anforderungen des täglichen Lebens anzupassen, ist ein Kennzeichen der psychologischen Flexibilität.

Sie falsch behandelt, kann es besser sein, ein gewisses Maß an Ärger an den Tag zu legen und Ihr Gegenüber direkt damit zu konfrontieren.

Flexibilität, also die Fähigkeit, unterschiedliche Ansätze und Emotionen abrufen zu können, um die eigenen Ziele zu erreichen, ist eine gesunde Ressource. Ebenso wichtig ist die Fähigkeit, zwischen unterschiedlichen Lebensbereichen die richtige Balance zu finden. Der Mitarbeiter, der am Wochenende nicht abschalten kann, oder der Pessimist, der sich zu sehr auf die alltäglichen Probleme konzentriert, um auch an langfristige Ziele denken zu können, begnügt sich mit einem begrenzten Lebensumfeld. Wenn Sie in der Lage sind, Ihren Fokus nach Wunsch auf unterschiedliche Dinge zu lenken – von langfristigen Zielen zum Hier und Jetzt, vom Arbeitsplatz zur Freizeit, vom großen Ganzen bis zu den Details und wieder zurück –, wird Ihr Leben um einiges reicher sein (siehe Kapitel 9, Seite 266). Eine starre Einstellung kann Schwierigkeiten mit sich bringen; sie ist mit einem höheren Stresslevel

verbunden und beeinträchtigt die Fähigkeit, sich von Störungen wie etwa sozialen Ängsten zu erholen.

DIE GRENZE ÜBERSCHREITEN

Viele Leute tun sich schwer damit, mit Sorgen adäquat umzugehen, ihre Emotionen zu kontrollieren, flexible Einstellungen zu entwickeln und dergleichen, aber nur wenige überschreiten dabei die Grenze zu ausgewachsenen psychologischen Störungen. Was treibt Menschen über diesen Rand? Warum können vier Soldaten im Krieg eine Explosion überstehen, aber nur einer der Veteranen entwickelt ein Posttraumatisches Belastungssyndrom? Vereinfacht ausgedrückt lässt sich dies auf eine simple Formel reduzieren:

Stress

+

Verletzbarkeit

=

psychische Störung

» Stress

Stress, der erste Teil der Gleichung, bezieht sich auf die unangenehmen Aspekte des Lebens, mit denen wir konfrontiert werden. Der Tod eines geliebten Menschen, das Ende einer Liebesbeziehung, Missbrauch, Zeuge eines schrecklichen Unfalls zu werden – all dies und noch mehr sind gewaltige Stressfaktoren.

Wir neigen aber auch dazu, uns selbst unter Stress zu setzen. Eine negative Einstellung (»Das Glas ist halb leer«) kann einem stressigen Ereignis noch mehr Gewicht verleihen. Und manchmal verstärken wir stressige Situationen sogar noch. Eine Frau, deren Mutter gerade verstorben ist, könnte beispielsweise in eine Depression fallen und sich von ihrem Ehepartner zurückziehen. Dieser emotionale Rückzug könnte zur Scheidung führen, was zu einer weiteren Stressquelle wird.

Wer psychisch besonders verletzlich ist, kann bereits durch kleine Stressfaktoren aus der Bahn geworfen werden.

» Verletzbarkeit

Verletzbarkeit ist der zweite Teil der Gleichung. Es ist das, was wir mitbringen, ein Satz unterschiedlicher Faktoren, der uns mehr oder weniger anfällig dafür macht, psychische Störungen zu entwickeln.

Diese Faktoren können biologisch bedingt sein, wie beispielsweise eine genetische Anfälligkeit für psychische Erkrankungen wie Angststörungen oder Depression. Dazu kommen Ansichten und Erwartungen unsererseits, vorhandene negative Emotionen oder dysfunktionale Verhaltensmuster, die wir in unserem Leben an den Tag legen.

FOKUS

KAJAK-ANGST

1963 beobachtete der Psychiater Zachary Gussow eine eigenartige Angststörung unter Inuit-Robbenjägern in Westgrönland. Ein Jäger, der alleine in seinem Kajak durch klares Wasser paddelt, wird plötzlich unsicher und orientierungslos. Er verhält sich schwitzend und zitternd so ruhig wie möglich, versucht, sich zu beherrschen, selbst dann noch, als er davon überzeugt ist, dass sich das Kajak mit Wasser füllt und zu sinken droht. Gelähmt vor Angst beginnt der Jäger zu glauben, er werde verfolgt von unten oder von hinten. Wenn er sich ausreichend beruhigen kann, um weiterzupaddeln, klingen die Symptome ab, sobald er ans Ufer kommt. Bei vielen dieser Jäger kommen die Panikattacken immer wieder, bis sie sich nicht mehr aufs Wasser wagen. Diese Art von Situation ist mittlerweile als »Kajak-Angst« bekannt – eine Form von Panikattacke, wenngleich sie auf eine einzigartige Umgebung zugeschnitten ist. Die Symptome – ein plötzlicher Ausbruch von Schwindel, Herzrasen, Schwitzen, intensive Angst und die Vermeidung des Ortes, an dem eine frühere Attacke stattgefunden hat – sind auf der ganzen Welt typisch für Panikattacken. Diese Form des Angstzustands, die nur ein paar Minuten währt, aber sich anfühlt, als würde sie viel länger dauern, kennen etwa 6 Millionen Amerikaner. Wenn es bei einem einmaligen Erlebnis bleibt, können die Betroffenen sich glücklich schätzen. Einige müssen sie wiederholt durchleben, bis der Punkt erreicht ist, an dem die Panikattacken Arbeit und Aktivitäten der Betroffenen einschränken. Wie einige andere Angststörungen sind vermutlich auch Panikattacken vom Limbischen System des Gehirns beeinflusst, einer Region, die für emotionale Reize und Angst zuständig ist. Panikattacken werden für gewöhnlich als sehr bedrohlich empfunden, sind aber mit einer Kombination aus Therapie und Medikamenten durchaus behandelbar.

Typischerweise arbeiten die beiden Faktoren Stress und Verletzbarkeit Hand in Hand, aber man kann davon ausgehen, dass stets eines von beiden die wichtigere Rolle spielt. In manchen Fällen ist auch ein einzelner Faktor der Auslöser. Beispielsweise ist Schizophrenie stark mit der Genetik verknüpft, und ein Mensch kann die Krankheit auch ohne größere Stressoren entwickeln, nur weil eine entsprechende genetische Veranlagung vorliegt. Auf andere Art kann ein schweres Trauma wie eine Vergewaltigung oder ein Autounfall zu einer Posttraumatischen Belastungsstörung führen, selbst wenn die Person wenig anfällig für die Störung ist.

ANGSTSTÖRUNGEN

Psychische Erkrankungen können viele verschiedene Formen annehmen, aber besonders oft vertreten sind Angststörungen. Jährlich leiden etwa 18 Prozent der Amerikaner an ernsthaften Angstzuständen. Angststörungen haben eine Vielzahl von Symptomen, die von zwanghaftem Händewaschen bis hin zur Angst vor Fremden reicht, aber die Störungen haben einige wichtige Merkmale gemeinsam. Im Allgemeinen ist Angst ein unangenehmer Stimmungszustand, begleitet von körperlichen Symptomen wie

»Was würden Sie dem Jungen, der Sie ausgehöhlt hat, gerne sagen,
wenn er jetzt hier im Raum wäre?«

Herzklopfen, Muskelverspannungen, einem Gefühl des Unbehagens und der Sorge um die Zukunft.

Menschen mit massiven Angststörungen fühlen sich Bedrohungen hilflos ausgeliefert und sind dennoch überwachsam, ständig auf der Hut vor den Dingen oder Situationen, die sie ängstigen. Wie einige andere Störungen ist Angst eine im Rahmen der Evolution entwickelte Emotion, die bei drohender Gefahr durchaus sinnvoll ist, aber außer Kontrolle geraten kann. Unsere Vorfahren hatten bessere Chancen, in gefährlichen Situationen zu überleben, wenn sie auf die Stimme ihrer Angst hörten und beim Anblick eines Säbelzahntigers das Weite oder Schutz in einer Höhle suchten. Auch heutzutage ist Angst nützlich, wenn sie uns beispielsweise ermahnt, für einen Test zu lernen oder zu überprüfen, ob die Tür verschlossen ist, bevor wir das Haus verlassen. Problematisch wird sie erst dann, wenn sie unser Leben dominiert. Menschen mit Angststörungen können wie gelähmt sein vor Angst; sie vermeiden furchtsam bestimmte Situationen, was sogar dazu führen kann, dass sie das Haus nicht mehr verlassen oder sich weigern, neue Leute kennenzulernen.

Etwa sechs Millionen Amerikaner kennen Panikattacken.

» In Angst und Schrecken

Jeder kennt Angstgefühle: Kann ich diese Deadline einhalten? Kann ich die Rechnungen diesen Monat bezahlen? Werde ich über den Tod meiner alternden Eltern hinwegkommen? Gewöhnlich kommen diese Ängste aber wie Ebbe und Flut und verblassen, sobald das Problem gelöst ist oder ein fröhlicher Anlass ansteht. Aber für manche Leute hört die Angst nie auf. Sie leben in einem ständigen Zustand der Anspannung, sind zittrig, unruhig und gleichzeitig erschöpft. »Was wäre wenn«-Szenarien verfolgen sie: »Was ist, wenn ich Krebs habe?«, »Was, wenn mein Auto bei Regen von der Straße abkommt?« Sie haben Probleme, nachts einzuschlafen und können sich tagsüber schlecht konzentrieren. Und

»Ich bin ein mieser Partygast, ich sitze still in der Ecke und rede mit niemandem.«

KEIRA KNIGHTLEY, SCHAUSPIELERIN

das Schlimmste an der Sache ist, dass sie keinen bestimmten Grund für ihre Angst nennen können, den sie aus der Welt schaffen oder dem sie aus dem Weg gehen könnten. Menschen, die sechs Monate oder länger in diesem Zustand verbringen, können die Diagnose einer Generalisierten Angststörung (GAS) gestellt bekommen. Diese Störung kann Arbeit, Beziehungen und soziales Leben der Betroffenen maßgeblich beeinträchtigen. Es ist eine der häufiger auftretenden Angststörungen, die fast sechs Pro-

zent der Bevölkerung an einem Punkt in ihrem Leben betrifft, und viele der Betroffenen leiden gleichzeitig an Depressionen.

Leute, die eine Generalisierte Angststörung entwickeln, sind oft intolerant gegenüber Unsicherheiten. Jede mehrdeutige Situation setzt eine Woge an Befürchtungen in ihnen in Gang, in der Hoffnung, dass diese Besorgnis ihnen entweder dabei helfen könne, mit einem furchteinflößenden Ereignis umzugehen, wenn es eintritt, oder es ganz verhindern zu können.

Diese Art, kontinuierlich in Kleinigkeiten bedrohliche Probleme zu entdecken, kann dazu führen, sich nicht mit wirklich wichtigen Dingen auseinanderzusetzen. Menschen, die an Generalisierter Angst leiden, äußern oftmals Sätze wie »Mir Sorgen über alles und jedes zu machen ist für mich ein Weg, mich nicht um emotionale Belange kümmern zu müssen.« Wenn man damit beschäftigt ist, sich Sorgen über das Projekt in der Arbeit zu machen, kann dies eine Taktik sein, nicht über Beziehungsprobleme zu Hause nachdenken zu müssen.

Es ist eine Bewältigungsstrategie, die kurzfristig hilfreich sein kann, aber auf lange Sicht schädlich ist, weil sie dazu führt, dass der Betroffene sein Handeln und seine Emotionen ausbremst.

Wie bei anderen Angsterkrankungen kann sich eine Generalisierte Angststörung selbst verstärken. Eine Mutter, die befürchtet, dass ihre Tochter während einer Übernachtung außer Haus entführt werden könnte, ruft sie

Menschen mit sozialen Ängsten versuchen, keine Aufmerksamkeit zu erregen.

FOKUS

ANGST IN DER ÖFFENTLICHKEIT

Haben Sie bei einer Rede weiche Knie? Stehen Sie in Prüfungssituationen unter Anspannung? Dann sind Sie damit nicht alleine. Leute mit und ohne Generalisierte Angststörung (GAS) kennen das gleiche Set von sozialen Ängsten – aber bei GAS-Betroffenen sind sie weitaus verbreiteter. Beispielsweise scheut sich die große Mehrheit von GAS-Betroffenen davor, in der der Öffentlichkeit, mit Unbekannten oder mit Autoritätspersonen zu sprechen, was im Vergleich nur maximal ein Fünftel der Gesamtbevölkerung fürchtet. Das Diagramm auf der Seite 224 veranschaulicht die häufigsten sozialen Ängste und ihre Prävalenz über die Lebenszeit hinweg gemessen.

Lebenszeitprävalenz von sozialen Ängsten

■ Prävalenz unter Menschen mit lebenslanger sozialer Angststörung (SAD)   ■ Gesamtprävalenz

Situation	SAD	Gesamt
Reden/Auftritte in der Öffentlichkeit	88,7	21,2
In Meetings/vor der Klasse sprechen	8,3	19,5
Leute treffen	80,5	16,8
Mit Autoritätspersonen sprechen	72,3	14,7
Auf Partys gehen	67,6	13,4
Wichtige Prüfungen/Bewerbungsgespräche	67,5	14
Mit Fremden sprechen	66,7	13,1
Einen vollen Raum betreten	61,1	11,9
Dating-Situationen	60,6	11,5
Meinungsdifferenzen kommunizieren	60,2	12,4
Unter Beobachtung arbeiten	59,4	11,8
Schreiben/Essen/Trinken unter Beobachtung	43,9	8,1
Öffentliche Waschräume benutzen	28,1	5,7
Andere Leistung oder interaktionale Angst	76	15,7
Irgendwelche der oben genannten Ängste	100	24,1

Alle diese Ängste beruhen auf einer Grundangst – der Befürchtung, andere Leute könnten die eigenen Schwächen erkennen und einen verurteilen und ablehnen. Trotz des Namens geht es bei Sozialphobien nicht um andere, sondern um einen selbst.

Sozial ängstliche Menschen sind oft sehr selbstkritisch. Sie wollen einen guten Eindruck hinterlassen, glauben aber insgeheim, langweilig, unintelligent oder peinlich zu sein. Sie sind überzeugt davon, dass sie fehlerhafter sind als gewöhnliche Menschen.

Gekoppelt daran sind überzogen hohe Erwartungen an sich selbst: »Ich muss klug klingen«, »ganz bezaubernd sein« oder »immer die richtge Antwort wissen.« Menschen mit Sozialphobien nähren ihre Überzeugungen in der Annahme, dass jede Ungeschicklichkeit andere dazu bringen könne, sie scharf zu verurteilen: »Wenn ich rot werde, wird er mich für einen Vollidioten halten.«

Diese Art von Angst scheint emotional geradezu lähmende Auswirkungen zu haben. Einer

vermutlich wieder und wieder an. Am nächsten Morgen ist das Mädchen mit größter Wahrscheinlichkeit sicher und wohlauf, aber ihre Mutter krank vor Sorge. Ihr irrationales Verhalten wird dadurch scheinbar mit einem positiven Ergebnis belohnt, sodass sie sich bei nächster Gelegenheit wahrscheinlich wieder Sorgen machen wird.

» Bloß nicht auffallen

Menschen, die soziale Situationen fürchten und es so weit wie möglich vermeiden, Aufmerksamkeit auf sich zu ziehen, leiden möglicherweise an

Sozialängsten, so wie Football-Star Ricky Williams. Wie auch bei anderen Angststörungen ist es weniger die Qualität als die Quantität der Symptome, die soziale Ängste in eine Krankheit verwandelt. Viele von uns sind zumindest ein bisschen unsicher, wenn wir zu einem ersten Date gehen oder eine Rede halten. Aber Menschen mit einer sozialen Angststörung empfinden viele verschiedene Situationen als furchteinflößend, wie beispielsweise mit fremden Personen zu sprechen oder im Beisein anderer zu essen – und dies für mindestens sechs Monate.

»Nächste Woche ist keine Zeit für eine Krise, mein Terminkalender ist voll.«

HENRY KISSINGER, EHEMALIGER AMERIKANISCHER AUSSENMINISTER

Studie zufolge, in der die Teilnehmer darum gebeten wurden, ihre Gefühle zu zufällig gewählten Zeitpunkten während des Tages zu beschreiben (mittels tragbarer Eingabegeräte), berichteten sozial ängstliche Menschen weniger intensiv über positive Gefühle wie die anderen Probanden, sogar im Bezug auf sexuelle Aktivitäten.

Menschen mit sozialer Angst vermeiden sogar positive Aufmerksamkeit. Sie reden es klein, wenn sie Lob bekommen, und machen sich aus dem Staub, wenn sie vor einer Gruppe hervorgehoben werden. Warum ist dem so?

Eine Theorie geht davon aus, dass wir Menschen soziale Wesen sind, die sich aus sozialen Tieren entwickelt haben.

Möglicherweise entwickelten unsere Vorfahren Verhaltensweisen, die den Status quo nicht gefährdeten. Als Mitglied einer sozialen Gruppe durch Stärke oder Erfolge einen höheren Status für sich zu beanspruchen, hätte möglicherweise zu Aufruhr führen und die eigene Gruppe schwächen können – da war es aus evolutionärer Sicht womöglich sinnvoller, das eigene Licht unter den Scheffel zu stellen, nicht groß aufzufallen und viele Kinder zu bekommen.

» Posttraumatische Belastungsstörung

Am 7. Juli 2005 bestieg die Britin Lisa French einen Bus am Londoner Tavistock Square und wachte kurz darauf mit geplatztem Trommelfell auf, inmitten eines durch eine terroristische Bombe zerstörten Fahrzeugs.

Es ist wenig überraschend, dass Lisa in der Folge eine intensive Angst vor öffentlichen Verkehrsmitteln entwickelte und sich nicht dazu überwinden konnte, wieder in eines zu steigen. Ihre Posttraumatische Belastungsstörung (PTBS), die später in der Therapie diagnostiziert wurde, war auf ihre Art eine logische Reaktion auf eine bedrohliche Erfahrung.

Die Evolution hat unsere Gehirne darauf geprägt,

In den Monaten nach den Terroranschlägen am 11. September berichteten elf Prozent der New Yorker über Symptome einer Posttraumatischen Belastungsstörung.

TRAUMATA UND HIRNVERLETZUNGEN

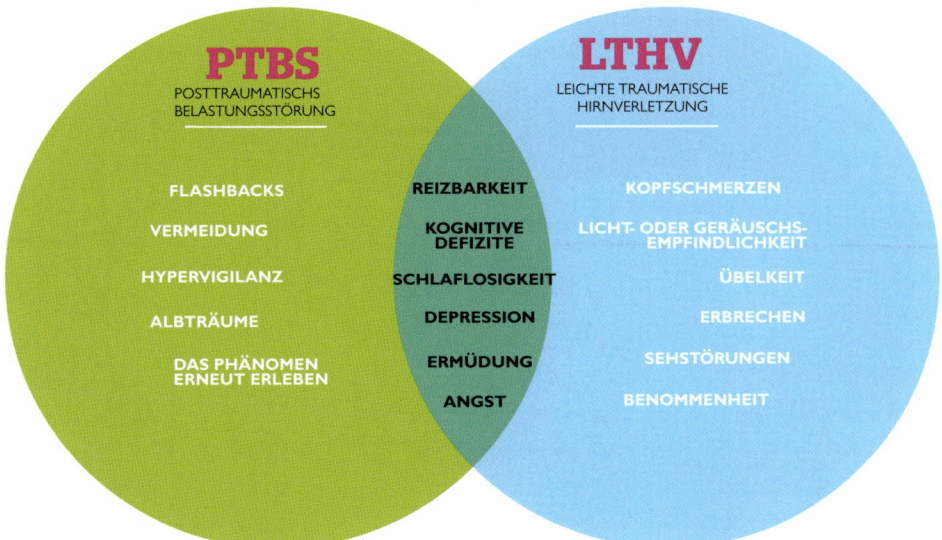

PTBS
POSTTRAUMATISCHS
BELASTUNGSSTÖRUNG

LTHV
LEICHTE TRAUMATISCHE
HIRNVERLETZUNG

FLASHBACKS

VERMEIDUNG

HYPERVIGILANZ

ALBTRÄUME

DAS PHÄNOMEN
ERNEUT ERLEBEN

REIZBARKEIT

KOGNITIVE
DEFIZITE

SCHLAFLOSIGKEIT

DEPRESSION

ERMÜDUNG

ANGST

KOPFSCHMERZEN

LICHT- ODER GERÄUSCHS-
EMPFINDLICHKEIT

ÜBELKEIT

ERBRECHEN

SEHSTÖRUNGEN

BENOMMENHEIT

gefährliche Situationen abzuspeichern und sie in Zukunft zu vermeiden. Menschen mit PTBS erinnern sich aber nicht nur an die Gefahrensituation – sie erleben sie nach, und dies mit ebensolcher Angst, als würde es zum ersten Mal geschehen. Die Erinnerungen an das Trauma verblassen nicht, sie werden zur Belastung. Zu den Symptomen von PTBS gehören unter anderem:

• **Ein traumatisierendes Ereignis**: Die Betroffenen haben ein traumatisierendes Ereignis erlebt, wie lebensgefährdende Situationen oder

Kriegsveteranen sind anfällig für Posttraumatische Belastungsstörung.

Verletzungen. Unfälle, Krieg, Missbrauch, Naturkatastrophen oder der Tod eines geliebten Menschen können typische Auslöser von Posttraumatischen Belastungsstörungen sein. Dabei muss der PTBS-Betroffene nicht unbedingt direkt an dem Vorfall beteiligt gewesen sein – es kann schon genügen, davon gehört zu haben oder Zeuge davon gewesen sein.

• **Das Nacherleben des Vorfalls**: Rückblenden, Albträume und unerwünschte Erinnerungen kommen wieder und wieder. Die Angst und die Symptome der Angst – wie Herzrasen, verschwitzte Handflächen oder Hyperventilation begleiten die Flashbacks.

• **Vermeidung**: Der Betroffene versucht, alles zu vermeiden, was ihn an das Trauma oder die damit verbundenen Gefühle erinnert.

• **Persönlichkeitsveränderungen und Stimmungsschwankungen**, die Gefühle der Entfremdung, negative Einstellungen der eigenen Person und der Welt gegenüber sowie einen Verlust des Interesses an ehemaligen Hobbys und Aktivitäten zur Folge haben können.

• **Innere Unruhe**. Oft fühlen sich PTBS-Betroffene leicht reizbar oder verwirrt, haben Probleme damit, sich zu konzentrieren und zeigen ein erhöhtes Level an Hypervigilanz.

Menschen mit Zwangsstörungen können beispielsweise von Symmetrie besessen sein.

Die Terroranschläge am 11. September 2001 in New York schufen ein bitteres Labor für das Studium der Posttraumatischen Belastungsstörung. In den beiden Monaten nach den Anschlägen berichteten 11,2 Prozent der New Yorker Bevölkerung und vier Prozent aller Amerikaner über Symptome von PTBS. Und naheliegenderweise war die Störung umso verbreiteter, je näher sich die Personen am Ort des Anschlags befanden. 20 Prozent derjenigen, die unterhalb der Canal Street (in Nähe des World Trade Centers) lebten, beschrieben PTBS-Symptome, ebenso mehr als sechs Prozent der Ersthelfer am Ground Zero. Aber die Studien gaben auch Grund zur Hoffnung. Nach sechs Monaten zeigte keiner der Erstbefragten mehr Anzeichen von PTBS und auch innerhalb der Gesamtbevölkerung waren die Symptome zurückgegangen. Menschen sind belastbar. Etwa die Hälfte von uns durchlebt im Laufe des Lebens ein traumatischs Erlebnis. Nur eine von zehn Frauen und einer von 20 Männern entwickeln in der Folge eine Posttraumatische Belastungsstörung.

» Zwangsstörungen

Sind Sie jemals auf dem Weg zur Arbeit umgekehrt, um zu überprüfen, ob Sie die Haustür auch wirklich abgesperrt haben? Haben Sie sich jemals vage vorgestellt, wie Ihr Nachbar nackt aussieht? Verspürten Sie jemals den vorübergehenden Impuls, die Glasscheibe eines Feueralarmkastens im Flur einzuschlagen?

Wir alle haben manchmal seltsame, streunende Gedanken und Impulse. Die meisten von uns lassen sie als Eintagsfliegen vorüberziehen, aber Menschen mit einer Zwangsstörung verfügen nicht über diese Fähigkeit. Ihre Gedanken kehren hartnäckig immer wieder und dominieren den Verstand, sodass die Betroffenen unfähig sind, diese Gedanken zu verwerfen. Weit verbreitete Obsessionen bei Menschen mit Zwangsstörungen sind Zweifel (»Habe ich die Tür abgeschlossen?«, »Habe ich den Herd ausgemacht?«); Furcht vor Keimen (»Ist dieses Telefon, dieser Schreibtisch, die Hand dieses Mannes mit Bazillen kontaminiert?«); und aggressive Gedanken oder Befürchtungen (»Was, wenn ich das Glas zerbreche?«). Die wiederkehrenden unerwünschten Gedanken (Obsessionen) führen zum zweiten Teil der Störung, dem zwanghaften Verhalten. Um den durch die Obsessionen verursachten Druck zu lindern, fühlt sich die Person gezwungen, sich wiederholende oder übermäßige Aktionen auszuführen.

Eine Frau beispielsweise, die von einer Angst vor Keimen besessen ist, könnte anfangen, sich wieder und wieder die Hände zu waschen, oder sich gezwungen fühlen, sie sich spezifisch oft zu waschen. Ein Mann könnte sich durch zweifelnde Gedanken dazu gezwungen fühlen, wieder und wieder Türgriffe oder Herdplatten zu überprüfen. Viele Leute mit Zwangsstörungen legen sich Rituale zu, wie beispielsweise, sich jeden Morgen auf bestimmte Art und Weise anzuziehen. Sie können besessen sein von symmetrischen Mustern und das innere Bedürfnis entwickeln, beispielsweise Stifte auf einer bestimmten Seite des Schreibtisches in Reih und Glied anzuordnen oder die Zeitschriften paarweise übereinander gestapelt auf dem Sofatisch zu arrangieren.

Damit eine Angewohnheit als Zwangsstörung klassifiziert wird, muss das seltsame Verhalten einen bedeutenden Teil der Zeit des Betroffenen beanspruchen und es muss signifikanten Leidensdruck und Dysfunktionen hervorrufen.

Menschen mit Zwangsstörungen haben Probleme damit, sich davon überzeugen, dass sie nicht auf ihre unangemessenen oder gewalttätigen Gedanken reagieren müssen. Die intensive Angst davor, diese Gedanken zu evozieren, kann die Betroffenen dazu treiben, alltägliche Situationen zu meiden, sodass sie beispielsweise den Flur mit dem Feueralarmkasten nicht mehr betreten. Der Alltag wird zum Kampf.

Dabei kann die Störung schon in jungem Alter auftreten. Die Schriftstellerin und Filmregisseurin Lena Dunham beschreibt in ihrer Autobiografie, wie sie im Alter von acht Jahren eine Reihe angstvoller Gedanken plagten: »Die Liste der Dinge, die mich nachts wach hielten, beinhaltet, ist aber keineswegs beschränkt auf: Blinddarmentzündung, Typhus, Lepra, verdorbenes Fleisch, Nahrungsmittel, die

ich nicht selbst aus ihrer Verpackung genommen habe, Lebensmittel, die meine Mutter nicht zuerst probiert hat, sodass wir gemeinsam sterben könnten, obdachlose Menschen, Kopfschmerzen, Vergewaltigung, Entführung, Milch, die U-Bahn, Schlaf.« Lena war besessen von der Zahl Acht und ging dazu über, Handlungen ritualartig achtmal

zu wiederholen. Etwa 2–3 Prozent der Betroffenen entwickeln die Störung im Teenageralter oder mit Anfang 20. Zum Glück nimmt die Intensität mit dem Alter allmählich ab.

» Behandlungsmethoden bei Angststörungen

Angststörungen und die Denkmuster, die ihnen zugrunde

FOKUS

HILFE ZUR SELBSTHILFE

Menschen mit Zwangsstörungen leiden nicht allein. Oft leiden ihre Eltern, Partner oder anderen Bezugspersonen mit. Der Versuch, das Sorgenkind zu beruhigen, zu begleiten und ihm vielleicht einfach dabei zu helfen, mit problematischen Situationen klarzukommen, kann allerdings die Sache verschlechtern. Wenn Angehörige für einen Betroffenen den Türknauf überprüfen, die Messer wegschließen oder besorgte Fragen wieder und immer wieder beant-

worten, kann dies den Erkrankten in seinen Ritualen bestärken. Die Forschungen belegen, dass entgegenkommendes Verhalten die Zwangsstörung verstärken kann. Bei Kindern ist es so, dass, je mehr die Eltern auf das Verhalten des Kindes eingehen, die Zwangsstörung verstärkt wird. In Liebesbeziehungen verstärkt der Partner nicht nur das »Hilfebedürfnis« des an Zwangsstörungen Erkrankten, wenn er das irrationale Verhalten bestätigt, sondern er schwächt auch die persönliche Bindung insgesamt. Partner, die versuchten, mit dem Betroffenen zusammen gegen dessen Zwänge anzuarbeiten, berichteten, dass dies die Beziehung verschlechterte und nicht verbesserte. Es ist also ratsam, einem geliebten Menschen nicht zu suggerieren, alleine handlungsunfähig zu sein, sondern ihn dabei zu unterstützen, das Problem selbst anzugehen.

liegen, sind sehr gut behandelbar. Häufig verordnen die Ärzte Medikamente in Kombination mit einer auf den jeweiligen Patienten zugeschnittenen Therapie.

Kognitive Verhaltenstherapie (KVT), die gezielte Übungen und sogar Hausaufgaben beinhaltet, ist besonders effektiv, da sie Verhaltensmuster aktiv in andere Bahnen leitet. Um Patienten mit Generalisierter Angststörung zu helfen, könnte der Therapeut seine Klienten etwa dazu ermutigen, die eigenen Gedanken in einem »Sorgentagebuch« aufzuzeichnen, um sie später zu analysieren. Es könnten auch Entspannungsverfahren wie progressive Muskelentspannung oder Atemtechniken trainiert werden. Der Therapeut könnte vorschlagen, eine »sorgenfreie Zone« einzurichten (wie etwa die Frühstückszeit). Wenn die Ängste dann in der sorgenfreien Zone auftauchen, werden sie auf später vertagt. Die Praxis der Achtsamkeit (siehe Kapitel 8, Seite 252), die den Schwerpunkt auf das Jetzt und Hier lenkt, kann ebenfalls dabei helfen, einen erwartungsfreien, gelassenen Geisteszustand zu erreichen.

Einige Angsterkrankungen können mittels einer Expositionstherapie behandelt werden, die den Betroffenn immer wieder in Abstufungen der ihn ängstigenden Situation aussetzt, bis die Angst zu schwinden beginnt. Dabei untersucht der Betroffene seine Überzeugungen, die in die gefürchtete Situation münden, und bewertet danach, ob Überzeugungen sich verändert haben. Beispielsweise könnte ein Klient, der befürchtet, auf Partys nicht gut anzukommen, wenn er nicht alle Gespräche vorab im Geiste durchspielt, auf diese Vorsichtsmaßnahme verzichten und aus dem Stegreif plaudern, während er sich unterhält. Später wird er dann die Erfahrung analysieren und merken, dass er auch ohne Planung erfolgreich war.

Entspannungtechniken können auch zur Behandlung sozialer Ängste eingesetzt werden. Bei der progressiven Muskelentspannung etwa (siehe Kapitel 2, Seite 69), lernen die Kursteilnehmer, einzelne Muskelgruppen zu entspannen und diese Fähigkeit dann in Situationen abzurufen, in denen sie sich gestresst fühlen. Bei Zwangsstörungen kann

auch die Expositionstherapie helfen. Bei diesem Ansatz fordert der Therapeut den Patienten auf, sich gezielt mit Gedanken oder Handlungen zu konfrontieren, die ihn ängstigen, und das begleitende Zwangsverhalten aktiv zu unterdrücken. Ein Betroffener mit Waschzwang beispielsweise könnte dazu aufgefordert werden, einem Fremden die Hand zu schütteln und dann das Waschen der eigenen Hände zu unterlassen. So unangenehm dies anfangs sein mag, programmiert die wiederholte Konfrontation das Gehirn um und zeigt dem Betroffenen, dass die gefürchtete Situation keine negativen Folgen hat (siehe Kapitel 9, Seite 262). Die gute Nachricht: Diverse Ansätze können bei Angststörungen helfen. Viele Behandlungen beschränken sich außerdem keineswegs darauf, lediglich die Symptome zu lindern, sondern fördern aktiv das psychische Wohlergehen der Betroffenen, indem sie ihnen dabei helfen, das Problem zu lokalisieren, sodass sie nicht nur befreiter leben, sondern aufblühen können.

»Es gibt Saiten in des Menschen Seele, an die man besser nicht rührt.«

CHARLES DICKENS, SCHRIFTSTELLER

KAPITEL ACHT

DIE ULTIMATIVEN BELANGE

Der österreichische Psychologe Viktor Frankl erlebte während des Zweiten Weltkriegs als Häftling im Konzentrationslager unfassbares Leid. In seinem Buch ... *trotzdem Ja zum Leben sagen* beschreibt er einen der schrecklichen Morgen im Lager im Detail:

Wir stolperten in der Dunkelheit über große Steine und durch riesige Pfützen, die einzige Straße entlang, die aus dem Lager führte. Die Aufseher schrien uns immer wieder an und trieben uns mit ihren Gewehrkolben voran … Der schweigende Mann neben mir flüsterte mir plötzlich hinter hochgestelltem Kragen zu: »Wenn unsere Frauen uns jetzt sehen könnten! Ich hoffe, sie sind in ihren Lagern besser dran und wissen nicht, was mit uns geschieht.« Das weckte in mir Erinnerungen und Gedanken an meine eigene Frau. Und als wir kilometerweit stolperten, an eisigen Stellen ausrutschten, uns immer wieder gegenseitig stützten und wir uns weiterschleppten, sprachen wir kein Wort, aber wir wussten beide: Jeder von uns dachte an seine Frau … Ich verstand, dass ein Mann, dem nichts mehr bleibt in dieser Welt, dennoch Glück erfahren kann, und sei es nur für einen kurzen Augenblick, in den Gedanken an seine Liebste. In einer Position völliger Trostlosigkeit, wenn sich der Mensch nicht in positivem Handeln ausdrücken kann, wenn seine einzige Leistung darin bestehen kann, seine Qualen auf die richtige Art – würdige Art – zu ertragen. In einer solchen Lage kann der Mensch durch liebevolle Kontemplation des Bildes, das er von seiner Geliebten in sich trägt, Erfüllung erreichen.

Inmitten all des Grauens fand Frankl Sinn in der Liebe. Er entdeckte, dass sein Leben einen Zweck hatte, der es ihm ermöglichte, seine düstere Umgebung zu ertragen.

Nachdem er die Vernichtungslager überlebt hatte, arbeitete Frankl als Therapeut und half anderen dabei, den Sinn ihres eigenen Lebens zu entdecken.

Selbst wenn Psychologen daran arbeiten, die gestörten Denkmuster zu identifizieren, die zu psychischen Störungen führen, erforschen sie auch die höheren Ziele, die den Menschen Kraft geben. Dass wir nach Idealen streben, ist nichts Neues innerhalb der Geschichte – ganze religiöse und philosophische Systeme sind darauf aufgebaut. Wir suchen und definieren, was wichtig ist im Leben.

Die moderne Psychologie hat sich aufgemacht ins Reich der Philosophie und wissenschaftlich untersucht, worum es uns Menschen geht: Was verleiht unserem Leben Sinn und Zweck? Wie wichtig sind spirituelle Überzeugungen?

Unsere Bestrebungen führen uns Schritt für Schritt zu unseren kleinen und großen Zielen.

Wie wirken sich all die immateriellen Ideen auf unser Wohlbefinden aus? Die Ergebnisse zeigen, dass unausgesprochene Überzeugungen, Werte und transzendente Erfahrungen eine große und positive Rolle in unserem Alltagsleben spielen. Unsere täglichen Handlungen an einem normalen Tag mögen uns belanglos erscheinen – wir gehen zur Arbeit, ins Fitnessstudio und in den Supermarkt, wir fahren die Kinder zum Fußballtraining oder mailen einem Freund. Doch unsere täglichen Handlungen spiegeln wider, wer wir sind und was wir vom Leben erwarten. Sie werden motiviert durch unsere persönlichen Bestrebungen.

DAS GPS DES LEBENS

Bestrebungen sind sinnvolle Wegweiser, die unsere Handlungsweisen im Alltag steuern. Jede Person hat eine charakteristische Reihe von Bestrebungen, die geformt werden durch unsere Wertvorstellungen, Stärken, und Verpflichtungen. Sie stellen nicht unbedingt dar, wer wir jetzt im Moment sind, sehr wohl aber, wer wir werden und was wir erreichen wollen. Sie sind auf ein Ziel oder mehrere Ziele ausgerichtet und erst dann hinfällig, wenn wir dieses Ziel erreichen.

Man könnte sich die Sache vorstellen wie ein GPS des Lebens (ein gutes GPS – nicht eines, das uns über eine nicht vorhandene Brücke schickt). Wir nähern uns unserem Ziel, indem wir Schritt für Schritt den Anweisungen folgen, darauf vertrauend, dass jeder Schritt uns dem näher bringt, was wir erreichen wollen. Diese Landkarte gibt unserem Leben Struktur und hilft uns, zwischen falschen und richtigen Abzweigungen zu wählen. Unsere Bestrebungen können uns zu großen oder bescheiden Zielen leiten, und die Ziele lassen sich in Teilziele gliedern. Zum Beispiel könnte jemand, der attraktiver sein möchte, sich darum bemühen, mehr Sport zu treiben, gesünder zu essen und sich besser zu kleiden. Der Psychologe Robert A. Emmons listete im Rahmen seiner Forschung die typischen Bestrebungen einer Person auf:

- **Ärgernisse vermeiden,**
- **athletischer werden,**
- **neue Leute kennenlernen,**
- **anderen Glück und Hoffnung spenden,**
- **andere so akzeptieren, wie sie sind,**
- **sich selbst treu bleiben und nichts tun, nur um anderen zu gefallen,**
- **nicht zwischen den Mahlzeiten essen, um abzunehmen,**
- **keine oberflächliche Person sein,**
- **auf andere intelligent wirken**
- **immer dankbar sein, egal, wie die Umstände aussehen,**
- **gegenseitige Freundlichkeit,**
- **meinen Hunden ein glückliches Leben ermöglichen,**
- **gottgefällig leben.**

SELBSTTEST

WONACH STREBEN SIE?

Unabhängig von Alter oder Lebensabschnitt motivieren uns bestimmte Ziele oder Bestrebungen. Diese Ziele können positiv oder negativ motiviert sein. Sie könnten beispielsweise danach streben, ein gutes Vorbild zu sein, oder versuchen, nicht aufzufallen. Wonach streben Sie? Notieren Sie sich auf einem Blatt Papier acht Bestrebungen wie folgt:

Ich versuche normalerweise, _____.

Ihre Bestrebungen können positiv oder negativ, allgemein oder speziell sein. Verwenden Sie für jede Bestrebung die folgende Skala und wählen Sie die Zahl, die Ihre Zustimmung beziffert.

Ich stimme voll zu		Neutral		Ich stimme gar nicht zu

1. Dieses Streben ist mir wichtig und ich stehe dazu.

1   2   3   4   5

2. Im letzten Monat habe ich Fortschritte dabei gemacht.

1   2   3   4   5

3. Ich spüre Hindernisse bei diesem Bestreben.

1   2   3   4   5

4. Aus diesem Bestreben schöpfe ich Kraft und Sinn.

1   2   3   4   5

5. Die Bestrebung war für mich mit Schmerzen verbunden.

1   2   3   4   5

6. Bezugspersonen unterstützen mich darin.

1   2   3   4   5

7. Dieses Bestreben widerstrebt meinem wahren Selbst (ich stehe damit im Konflikt).

1   2   3   4   5

8. Ich verspüre für gewöhnlich viel Freude, wenn ich in diesem Bestreben erfolgreich bin.

1   2   3   4   5

9. Ich neige dazu, viel Kraft und Mühe zu investieren, um diesem Bestreben gerecht zu werden.

1   2   3   4   5

Annäherungs- oder vermeidungsorientierte Ansätze (siehe Kapitel 6, Seite 186) gelten für unsere Bestrebungen ebenso wie für andere Verhaltensweisen. Eine annäherungsorientierte Person versucht, das angestrebte Ziel zu erreichen: »Ich werde diese Aufgabe bis zum Ende der Woche abschließen.« Eine vermeidungsorientierte Person versucht, nichts zu tun. Sie versucht, das Objekt des Bestrebens zu meiden, zu verhindern, loszuwerden: »Ich vermeide es, zu zögern.«

Im Großen und Ganzen ist eine annäherungsorientierte Denkweise in der Regel gesünder. Studien mit Kriegsveteranen beispielsweise zeigten eine klare Verbindung zwischen annäherungsorientierten Bestrebungen und dem Grad des Wohlbefindens auf. Forscher baten Veteranen mit und ohne Posttraumatische Belastungsstörung (PTBS), die Dinge zu beschreiben, die sie im täglichen Leben anstrebten.

Dann baten sie die Probanden, 14 lang ein Tagebuch zu führen, um ihr Wohlfühllevel und ihr Selbstwertgefühl zu messen. Im Allgemeinen hatten Veteranen mit PTBS eher vermeidungsorientierte Bestrebungen. Sie neigten dazu, ihre Energie darauf zu verwenden, negative Ergebnisse zu vermeiden und ihre Emotionen zu kontrollieren. Weil sie (wie wir alle) nur über eine gewisse Menge an inneren Ressourcen verfügen, entzogen ihnen diese Bestrebungen Zeit und Energie, die sie für sinnvollere Bestrebungen und positivere Ziele hätten nutzen können. Infolgedessen war ihr Alltag von geringerem Selbstwertgefühl

und weniger allgemeinem Wohlbefinden geprägt.

Gleichzeitig erging es den Veteranen mit PTBS, die über mehr positive und annäherungsorientierte Bestrebungen berichtet hatten, wesentlich besser in ihrem täglichen Leben. Ihr Wohlfühllevel ähnelte dem der Veteranen ohne Posttraumatische Belastungsstörung. An PTBS zu leiden bedeutet also nicht, dass die Betroffenen dazu verurteilt sind, für immer gegen Windmühlen zu kämpfen – wenn sie ihre Zeit und ihre emotionalen Ressourcen gezielt nutzen, um sich auf positive Lebensziele zu konzentrieren, können sie Zufriedenheit erreichen.

» Bestrebungen nutzen

Woher kommen unsere Motivationen? Wir können uns sagen, dass wir diese Beförderung wirklich wollen, oder dass wir uns danach sehnen, mehr Zeit mit unserer Familie zu verbringen – aber stimmt das wirklich? Ein Ziel aus einem Schuldgefühl

Hoch ambitionierte Politiker wie Richard Nixon sind möglicherweise bereit dazu, Kompromisse einzugehen.

»Es gibt keine ultimative Formel dafür, das Glück zu finden.«

DANIEL GILBERT, PSYCHOLOGE

Mehr Zeit mit der Familie zu verbringen ist ein annäherungsorientiertes Streben.

heraus anzustreben oder weil andere es als Ziel vorgegeben haben, führt fast unvermeidlich zu Stress und Versagen. Psychologen empfehlen, zu hinterfragen, ob man sich den eigenen Zielen wirklich selbst verbunden fühlt und ihnen gemäß handelt. Dabei muss man sich allerdings dessen bewusst sein, dass wir, wenn wir die Ziele nicht erreichen, die wir uns wirklich wünschen, stärker enttäuscht werden

Die moderne Psychologie untersucht das Glück wissenschaftlich.

können, als wenn wir fremdmotivierte Ziele, die andere für uns gesetzt haben, nicht erreichen.

Studien haben gezeigt, dass Menschen, deren Bestrebungen mit ihren wahren Werten und Interessen im Widerspruch lagen, eher zu Depressionen und psychosomatischen Beschwerden neigen. Es ist weniger wahrscheinlich, dass sie ihre Ziele erreichen, sie neigen eher dazu, sich darüber Gedanken zu machen. Ambivalenz kann zu Stagnation führen. Wir sind erfolgreicher in unseren Bestrebungen, wenn sie wirklich autonom sind.

DIE SUCHE NACH DEM SINN

Der Psychologe Viktor Frankl erlitt Unvorstellbares, als er in

düsteren Zeiten im KZ nach Sinn suchte, aber auch in friedlichen Zeiten kann der Glaube daran, dass das Leben einen Sinn hat und einem höheren Zweck dient, eine Quelle der Kraft sein.

Forscher, die untersuchten, welche Bedeutung Menschen dem Leben zusprachen, fanden heraus, dass der Glaube an einen tieferen Sinn eine positive Rolle für unser psychisches und physisches Wohl spielt. Diejenigen, die in ihrer Existenz ein hohes Maß an Bedeutung erkennen können, sind glücklicher und haben mehr das Gefühl, ihr Leben unter Kontrolle zu haben. Sie nehmen ihre Arbeit als befriedigender wahr und leiden seltener an Ängsten oder

EIN SCHLAG DER ER-KENNTNIS

Am 10. Dezember 1996 erfuhr die 37-jährige Neurowissenschaftlerin Jill Bolte Taylor eine tief greifende Bewusstseinsveränderung, bei der nur wenige Menschen überleben. Blutgefäße in ihrem Gehirn waren geplatzt, überfluteten die linke Gehirnhälfte und verursachten einen schweren Schlaganfall. Ihre linke Gehirnhemisphäre, die sequenzielles Denken, Denken in Kategorien, Zeitgefühl und die Erkennung von Wörtern und Zahlen steuert, funktionierte nicht mehr richtig. Ihre rechte Hemisphäre – die das große Ganze, emotionale Zustände und den gegenwärtigen Moment verarbeitet – übernahm die Führung. In einer Mischung aus Schmerz, Verwirrung und teilweiser Lähmung begann Taylors Bewusstsein, sich spirituell mit dem ganzen Universum zu verbinden. »Tief in der Abwesenheit irdischer Zeitlichkeit«, schreibt Taylor in ihrem Buch *My Stroke of Insight*, »lösten sich die Grenzen meines irdischen Körpers auf und ich verschmolz mit dem Universum … Ich bin keine Autorität«, fährt sie fort, »aber ich glaube, die Buddhisten würden sagen, dass ich in die Art der Existenz eingetreten war, die sie Nirvana nennen.« Es dauerte acht Jahre, bis sich Taylor von ihrem Schlaganfall erholte und wieder lernte, zu lesen und ihren Körper zu kontrollieren. Aber für eine Hirnforscherin war diese Erfahrung ein unschätzbarer Einblick in die geistigen Prozesse.

Depressionen. Sie leben sogar länger.

Wir sehen Bedeutung im Leben, wenn das Leben für uns Sinn macht. Wenn uns unser tägliches Leben vernünftig erscheint, wenn Ereignisse in ein rationales und vorhersehbares Muster passen, dann gehen wir davon aus, dass unser Leben richtig verläuft.

Wir finden auch Sinn in Transzendenz, was Ereignissen eine tiefe Bedeutung verleiht, indem sie sie zu einem größeren Ganzen zusammenführt.

Vielleicht ohne es zu merken, suchen die meisten von uns aktiv nach Sinn im alltäglichen Leben. Wenn wir am Wochenende die Einfahrt unseres Nachbarn freischaufeln und er am nächsten Tag bei uns Schnee schippt, bestätigt uns dies darin, dass die Menschen hilfsbereit sind. Zeremonien sind ebenfalls formale Träger von Sinn. Eine Hochzeit, eine Taufe oder eine Abschlussfeier bestätigen unsere Überzeugung, dass das

Leben in absehbarer Weise voranschreitet. In schwierigen Phasen unseres Lebens suchen wir nicht nur nach Sinn – wir erschaffen ihn. Wenn Ereignisse aus erster Sicht keinen Sinn ergeben, werden die meisten von uns verzweifelt daran arbeiten, unser Verständnis der Situation umzugestalten, bis unsere Welt wieder in Ordnung und mit Sinn erfüllt ist. Nach dem Tod eines geliebten Menschen etwa können wir Trost im Glauben daran finden, dass er nun an einem besseren Ort weilt. Konfrontiert mit schlimmen Krankheiten können wir in unserer eigenen Stärke und in der erneuten Wertschätzung der Schönheit der Welt Sinn finden. Konfrontiert mit einem scheinbar sinnentleerten Ereignis, können Menschen dies auch kompensieren, indem sie ihr Bedürfnis

Uns unsere Werte bewusst zu machen, befähigt uns dazu, unsere eigene Sterblichkeit zu akzeptieren – eine der größten Herausforderungen im Leben.

»Liebe ist ein wundervoller Zustand. Tief, sanft und lohnend.«

HARRY F. HARLOW, PSYCHOLOGE

nach Sinn in anderen Bereichen ihres Lebens befriedigen. Dies geschieht allerdings nicht immer auf positive Art und Weise. In einer Studie neigten Personen, denen gesagt wurde, dass sie einen Wort-Assoziations-Test nicht richtig gelöst hätten, eher dazu, die Mitglieder einer anderen Gruppe zu diskriminieren. Die Schwächung ihres Selbstwertgefühls führte dazu, dass sie versuchten, ihren sozialen Status zurückzuerlangen, indem sie andere erniedrigten.

In einer anderen Studie wurden die Teilnehmer, denen Widersprüche in ihrem eigenen Leben aufgezeigt worden waren, härter und unbeweglicher in ihren Überzeugungen nicht verwandte Themen betreffend (wie etwa die Todesstrafe).

Ein Experiment mit Spielkarten, das in den 1940er-Jahren in Harvard durchgeführt wurde, untersuchte, wie Menschen mit widersprüchlichen Informationen umgehen. Die Forscher zeigten den Probanden Bilder von Spielkarten und baten die Teilnehmer, sie zu

Viele Menschen finden Sinn in Schönheit und Transzendenz.

identifizieren. Einige Karten waren normal; bei anderen waren die Farben verändert worden – es waren beispielsweise die Karos schwarz eingefärbt worden. Diejenigen, die die farblich veränderten Karten gezeigt bekamen, reagierten mit einem der folgenden vier Reaktionsmuster, die Rückschlüsse auf die jeweilige Lösungsstrategie zulassen:

• **Dominanz**: Die Probanden realisierten die neue Farbe

einfach nicht und nahmen die schwarzen Karos als rot wahr.

• **Rekognition (Korrektur)**: Die Probanden erkannten die unkonventionelle Farbe und korrigierten ihre Überzeugung, in der Annahme, dass Karos sowohl schwarz als auch rot sein können.

• **Kompromiss**: Die Teilnehmer kombinierten eine Mischung aus wahren und falschen Informationen. Eine rote

Kontemplation hilft uns bei der Suche nach dem Sinn des Lebens.

Traditionelle Feste, wie der Schönheitswettewerb der Wodaabe-Krieger, sind sinnstiftende Zeremonien.

Pik-Sechs wurde etwa als schwarz-violett angesehen.

• **Disruption**: Die Probanden waren schlicht nicht in der Lage, die widersprüchlichen Informationen zu verarbeiten, und konnten keine Antwort geben. Ein verunsicherter Teilnehmer kommentierte: »Ich kann einfach nicht einordnen, was immer das sein soll. Es sah nicht einmal wie eine Karte aus. Ich weiß nicht, welche Farbe oder ob es eine Pik oder

ein Herz ist. Ich bin mir nicht einmal mehr sicher, wie eine Pik aussieht. Oh mein Gott!!«

Im Gegensatz zu den Ängsten, die bei der Disruptions-Reaktion hervorgerufen wurden, beinhaltete die der Rekognition eine erfolgreiche Sinnstiftung, sie machte durch eine flexible Antwort, beziehungsweise durch die Umarbeitung der eigenen Vorstellung, die unkonventionelle Situation annehmbar. Wir können dies auf alle Arten von verstörenden oder scheinbar sinnentleerte Ereignissen in unserem Leben anwenden, indem wir zurücktreten und die neuen Informationen als Teil einer neuen möglichen Weltsicht akzeptieren.

» Der tiefere Sinn
Bedeutung in unserem Leben zu erkennen hilft, das Leben sinnvoll zu gestalten. Unseren Lebenszweck zu kennen, verleiht unserem Leben eine Richtung. Unsere Vorstellung von unserer persönlichen Bestimmung ist zentral für unsere Identität. Dies kann so grundlegend sein wie das Ideal, der Gesellschaft etwas zurückgeben zu wollen. Kunst zu schaffen oder für die Familie zu

In harten Zeiten erschaffen wir Sinn.

sorgen, können Lebenszwecke sein, Berufssoldaten finden ihren Lebenszweck darin, ihrem Land zu dienen.

Ein Lebenszweck ist kein Ziel an sich, das erreicht und dann auf Eis gelegt werden kann. Aber er kann unserem Alltag ein unsichtbares Organisationsprinzip zugrunde legen, einen Rahmen für unser Verhalten bilden. Unserer Bestimmung zu folgen, formt viele unserer Ziele und Entscheidungen. Es hilft uns dabei, zu entscheiden, wie wir unsere Zeit und Ressourcen nutzen. Es kann unser Durchhaltevermögen in schwierigen Situationen stärken. Der Psychologe Viktor Frankl zitierte Nietzsche, um auf den Punkt zu bringen, wie hilfreich es ist, einen Lebenszweck zu haben: »Wer ein WOFÜR im Leben hat, der kann fast jedes WIE ertragen.«

Einer der vielleicht interessantesten Aspekte des Lebenszweckes ist, dass Menschen mit einer höheren Aufgabe anscheinend länger leben. Groß angelegte Studien über viele Jahre hinweg zeigen, dass Teilnehmer mit einem ausgeprägten Gefühl der Sinnhaftigkeit ihres Lebens viel niedrigere Sterberaten als andere hatten.

Menschen, die ehrenamtliche Tätigkeiten ausüben, Haustierbesitzer und solche, die religiösen Veranstaltungen beiwohnen, haben eine längere Lebenserwartung als ihre nicht-sinnerfüllten Zeitgenossen. Ein Lebenszweck kann außerdem schlechten Angewohnheiten vorbeugen. Eine Studie mit Kokainabhängigen zeigte, dass das Erkennen eines Lebenszweck ihre Fähigkeit stärkte, keinen Rückfall zu erleiden.

Menschen mit einem Lebenszweck scheinen auch besser mit belastenden Situationen umgehen zu können. Viele Studien beispielsweise haben gezeigt, dass Individuen, die von Menschen unterschiedlicher anderer ethnischer Gruppen umgeben sind, oft ein erhöhtes Stresslevel aufweisen. In einem Experiment baten die Forscher die Probanden, in einer Schnellbahn durch einen ethnisch vielfältigen Stadtteil Chicagos zu fahren. Diejenigen Probanden, die ein höheres Ziel vor Augen hatten, fühlten keinen Zuwachs von Angst, wie die anderen Versuchsteilnehmer. Darüber hinaus berichteten die Probanden, die vor der Zugfahrt darum gebeten worden waren, sich zehn Minuten über ihren Lebenszweck Notizen zu machen, ebenfalls darüber, dass sie sich der Stresssituation gegenüber unempfindlicher fühlten. Ein Lebensziel vor Augen zu haben scheint sogar die

ÜBUNG

PHASEN DER ENTWICKLUNG

Jeder von uns lebt seine eigene Autobiografie – eine sich entwickelnde Geschichte mit wichtigen Kapiteln, Schlüsselszenen, Wendepunkten, Hauptfiguren und Lektionen. Wir organisieren unsere Erfahrungen in Geschichten, die erklären, wer wir sind und wohin wir gehen. Diese persönlichen Geschichten erzählen viel darüber, wie wir uns selbst sehen.

Versuchen Sie sich in dieser kleinen Schreibübung, um zu sehen, wo Sie Wachstum und Bedeutung in Ihrem eigenen Leben erfahren haben. Reflektieren Sie Ihr Leben, beginnend in der Kindheit, und identifizieren Sie zwei Phasen, in denen Sie sich stark entwickelt haben – Zeiten, in denen Sie Einsichten gewonnen oder sich selbst verändert haben. Geben Sie spezifische Beispiele mit so vielen Details wie möglich an. Lesen Sie Ihre Notizen erneut durch und analysieren Sie die wichtigen Themen. Fragen Sie sich, inwieweit die Entwicklungen mit Ihren Werten übereinstimmen. Stellen Sie sich dann ein Zukunftsszenario vor, in dem ein ähnlicher Wachstumsmoment auftritt. Was machen Sie in dieser Situation? Wie fühlt sie sich an?

Berufssoldaten sehen ihren Lebenszweck darin, ihrem Land und ihren Kameraden zu dienen.

verheerenden Auswirkungen der Alzheimer-Krankheit verringern zu können. Beispielsweise wurde im Rahmen des »Rush Memory and Aging Project« eine Umfrage mit 246 älteren Teilnehmern durchgeführt, in der die Probanden nach ihren Lebenszielen befragt wurden. Gemessen wurde ihre Zustimmung Aussagen betreffend wie »Ich lebe von Tag zu Tag und denke nicht wirklich an die Zukunft« oder »Manche wandern ziellos durchs Leben, aber ich gehöre nicht zu dieser Art von Leuten«.

Die kognitiven Funktionen der Probanden wurden im Laufe der Studie von Zeit zu Zeit überprüft und nach dem Tod wurden die Gehirne der Teilnehmer in Bezug auf die

charakteristischen Anzeichen der Alzheimer-Krankheit untersucht. Dabei ergab sich, dass eine direkte Korrelation zwischen einem Gefühl der Sinnhaftigkeit des eigenen Lebens und besseren mentalen Funktionen festgestellt werden konnte, unabhängig von der tatsächlichen Beschaffenheit der Hirnstrukturen. Mit anderen Worten: Die Probanden, die ein Lebensziel vor Augen gehabt hatten, schienen über größere kognitive

Das Gefühl, einem Lebenszweck zu folgen, kann unserem Leben Struktur verleihen.

Reserven zu verfügen, die es ihnen ermöglichten, trotz Ausbruch der Krankheit wohlauf zu bleiben.

Das eigene Lebensziel zu entdecken und über den Sinn des Lebens zu reflektieren, könnte uns also dabei helfen, mit den Höhen und Tiefen des Lebens besser umzugehen.

DAS SPIRITUELLE SELBST

Zwischen den Jahren 1901 und 1902 hielt der Psychologe und Philosoph William James eine Reihe von Vorlesungen, die später unter dem Titel *Die Vielfalt religiöser Erfahrung* veröffentlicht wurden. In ihnen reflektierte er darüber, wie Menschen im Laufe der Geschichte im Bereich der Religion unterschiedliche

Werte entwickelten. James untersuchte die »Gefühle, Handlungen und Erfahrungen einzelner Individuen, dahingehend, dass sie sich in Beziehung zu etwas setzen, das sie, in welcher Form auch immer, als das Göttliche betrachten.«

Gegen Ende des 20. Jahrhunderts begannen Psychologen da anzusetzen, wo James aufgehört hatte, und sich wieder der Rolle von Religion und Spiritualität im menschlichen Leben zuzuwenden. Sie erkannten, dass spirituelle Überzeugungen vielen Menschen als Sinnstifter im Leben dienen.

Die Bereiche der Religion und Spiritualität überschneiden sich: Religion beinhaltet typischerweise den Glauben an eine höhere Realität jenseits der gewöhnlichen Existenz, die in gewissem Maße in moralischen Geboten, Traditionen und Gemeinschaften kodifiziert ist.

Spiritualität dagegen kann als inneres Zugehörigkeitsgefühl definiert werden. Spiritualität ist eine offene Verbundenheit mit dem Überirdischen – eine »Suche nach dem Heiligen«, wie der Psychologe Kenneth Pargament es ausdrückte.

Diese Suche kann alltägliche Erfahrungen, Ziele, Rollen und Verhaltensweisen durchdringen. Religiöse Menschen sind typischerweise meist spirituell, aber spirituelle Menschen müssen nicht unbedingt religiös sein.

» Die Kraft der Religion

Die Forschung richtet ihre Aufmerksamkeit im Besonderen wieder auf die Religion, da sie signifikante positive Auswirkung auf das Wohlergehen der Menschen zu haben scheint. Die Gründe hierfür wollen wir uns aus rein evolutionärer Sicht nun einmal genauer ansehen:

Religiöse Regeln und religiöse Gemeinschaften befriedigen viele grundsätzliche menschliche Bedürfnisse. Religiöse Gruppen bauen humanitäre Allianzen gegen Außenseiter auf; man schließt sich zusammen, um kranken und älteren Menschen zu helfen. Religiöse Vorgaben wie Reinigungs- oder Heilsrituale können die Gesundheit fördern. Vorgegebene soziale Rollenbilder, verkörpert durch Priester(innen) oder Schaman(inn)en, erhalten die soziale Ordnung innerhalb der Religionsgemeinschaft aufrecht.

Heutzutage lassen Studien darauf schließen, dass religiös und spirituell orientierte Menschen körperlich gesünder sind als andere. Religiös aktive Menschen haben weniger Krankenhauseinweisungen, ein stärkeres Immunsystem, ein geringeres Stresshormonlevel und deutlich niedrigere Sterberaten. Eine groß angelegte Studie, die mehr als 20000 Amerikaner über acht Jahre hinweg untersuchte, ergab, dass diejenigen, die nicht an Gottesdiensten teilnahmen, 1,87-mal häufiger starben als die aktiven Gläubigen. Mit anderen Worten, die religiöse Praxis konnte die Lebensdauer durchschnittlich um acht Jahre verlängern. Und

Ein höheres Ziel half der Kinderrechtsaktivistin Malala Yousafzai durch schwierige Zeiten.

> **»Der Mensch kann in seinem kurzen und gefahrenreichen Leben einen Sinn nur finden,**
>
> **wenn er sich dem Dienst an der Gesellschaft widmet.«**

ALBERT EINSTEIN, PHYSIKER

andere Studien, von Israel bis Kalifornien, bestätiten diese Ergebnisse. Natürlich könnten religiös aktive Menschen womöglich andere Gewohnheiten haben, die zu ihrer Langlebigkeit beitragen, und dem ist auch so – bis zu einem gewissen Grad zumindest. Religiös aktive Menschen trinken und rauchen meist weniger als andere. Einige Religionen fordern eine gesunde (wie beispielsweise vegetarische oder antialkoholische) Ernährungsweise sogar explizit ein. Religiöse Praxis erfordert oft eine aktive, körperliche Teilnahme. Darüber hinaus sind religiöse Gruppen von Natur aus soziale Gemeinschaften, und soziale Bindungen haben positive gesundheitliche Aspekte. Stabile Ehen und Freundeskreise

halten die Menschen aktiv und stützen sie im Falle einer Krankheit.

Diese Faktoren erklären jedoch nicht den kompletten Unterschied in Sachen Sterberate zwischen religiösen und nichtreligiösen Personen. Ein Rest scheint auf weniger greifbare Vorteile zurückzuführen zu sein – möglicherweise auf den Sinn und die Hoffnung, die die religiöse Überzeugung stiften kann.

Spirituelle Überzeugungen helfen Menschen dabei, mit Veränderungen fertigzuwerden, einschließlich der erschütternden Erfahrung des Todes eines geliebten Menschen. Spirituelle Ziele verleihen den Menschen Durchhaltevermögen. Studien haben wiederholt gezeigt, dass Menschen mit spirituellen Bestrebungen glücklicher sind als andere und von größerer Lebenszufriedenheit und besseren Ehen berichten. Menschen finden spirituelle Ziele einfach lohnender als materielle Ziele. Dabei sind spirituelle Überzeugungen vermutlich dann am vorteilhaftesten, wenn sie breit gefächert und flexibel sind. Menschen,

die sich Gott als streng, zornig und strafend vorstellen, empfinden vermutlich mehr Stress als andere. Diese rigiden Gottesbilder können auch zu Scheinheiligkeit führen. Eine Studie mit 11 000 Europäern ergab, dass diejenigen, die angaben, es gäbe »nur eine wahre Religion«, stärker voreingenommen gegenüber ethnischen Minderheiten waren als andere. Andererseits können Gläubige, die Gott als rein schützend und liebevoll ansehen, Probleme mit dem Phänomen der kognitiven Dissonanz bekommen, wenn sie mit Aspekten des Bösen und des Leids in der Welt konfrontiert werden.

» Spirituelle Transformationen

Eines der wohl dramatischsten Ereignisse in der Lebensgeschichte eines Menschen ist eine religiöse Bekehrung. Eine spirituelle Transformation steht im Mittelpunkt vieler berühmter religiöser Überlieferungen: Paulus' Vision von Jesus auf dem Weg nach Damaskus beispielsweise, oder Siddhartha Gautamas

Spiritualität und Religion können im Leben Sinn stiften.

RELIGION & ERNÄHRUNG

Religion und Ernährung spielen beide eine wichtige Rolle bei der Stiftung von Gemeinschaften, und daraus folgt natürlich, dass die religiösen Überzeugungen einer Person Einfluss auf ihre Ernährungsgewohnheiten nehmen. Viele östliche Religionen, wie der Jainismus und die meisten Schulen des Hinduismus, schreiben eine vegetarische oder vegane Ernährung vor. Der Sinn dieser religiösen Praktiken liegt darin, Leiden und Gewalt aller Kreaturen zu vermeiden – ein Tier zu töten, um es als Nahrung zu verzehren, läuft diesem Prinzip zuwider. Andere Religionen verbieten bestimmte Arten von Fleisch oder schreiben vor, die Nahrung auf bestimmte Art und Weise zuzubereiten. Praktizierende des Islam und des Judentums dürfen kein Schweinefleisch essen und Rastafaris kein rotes Fleisch. Viele Religionen fordern eine Mäßigung im  Verzehr von Genussmitteln wie Alkohol und Desserts. Wenn sich ein Gläubiger die Überzeugungen einer bestimmten Religion zu eigen macht, so beeinflusst dies seine gesamte Weltsicht und die Art und Weise, wie er mit seinem Umfeld interagiert.

Erleuchtung unter dem Bodhi-Baum. Eine religiöse Epiphanie verändert die grundlegenden Persönlichkeitsmerkmale eines Menschen nicht. Sie verändert jedoch dessen Ziele und Bestrebungen sowie seine gesamte Lebensgeschichte. Eine kürzlich bekehrte Person kann möglicherweise einen anderen Beruf ergreifen und vom Verkäufer zum Lehrer werden, Formen des Betens in den Alltag integrieren oder mehr den Kontakt zu anderen suchen. Religiöse Erfahrungen können das Lebensziel eines Menschen tief greifend beeinflussen. Menschen, die eine unglückliche, traumatische

oder belastende Kindheit hatten, erleben eher eine Bekehrung. Die Transformation vollzieht sich oft während der Adoleszenz, einer Zeit des Stresses, der Veränderung und der Identitätssuche. Dabei berichten die Menschen, die bekehrt wurden, oft davon, dass sie sich vor der Bekehrung nicht ausreichend oder gar nicht dazu befähigt fühlten, stabile Bindungen einzugehen. Nach der Transformation erleben sie ein erhöhtes Gefühl von Sinnhaftigkeit und Kompetenz.

» Meditation

Eine der ältesten spirituellen Praktiken, die Meditation, hat

im Zeitalter der Gehirnscans und der kognitiven Therapie erneut Aufmerksamkeit erfahren. Meditation ist eine mentale Praxis, in der eine Person ihre Aufmerksamkeit auf eine nicht urteilende Weise nach innen oder nach außen richtet, um einen Zustand der Entspannung und des Friedens zu erreichen. Der Meditierende gibt seine grüblerischen, von Sorgen belasteten Gedanken zugunsten eines höheren spirituellen Bewusstseins auf.

Oft wird Meditation mit östlichen Religionen assoziiert. Hindus, Taoisten und Buddhisten meditieren, um ihr Selbst zu transzendieren und Erleuchtung oder Einheit mit einer höheren Realität zu erreichen. Aber auch die westlichen Religionen kennen Formen der Meditation, teils unter dem Namen der Kontemplation oder des Gebets. Im 14. Jahrhundert schrieb der heilige Gregor vom Sinai: »Unser Ziel im Leben des Gebets ist es, die Gegenwart Gottes in uns ans Licht zu bringen.« Er schlug vor, dass sich Gottsuchende allein und in aller Stille hinsetzen sollten. »Senk den Kopf, schließ die Augen, atme sanft ein und stell dir vor, du blickst in dein eigenes Herz … Wenn du ausatmest, sage: ›Herr Jesus Christus, sei mir gnädig‹ … Versuch, alle anderen Gedanken beiseitezulegen.«

Heute gibt es Meditation in vielen Formen, einige davon religiös, andere weltlich orientiert. Die Technik der **Achtsamkeit** ist eine sehr beliebte und gut erforschte Meditationsform. Wir alle kennen das Gefühl, auf Autopilot zu stellen – wir fahren in den Supermarkt, ohne groß auf den Weg zu achten, wir essen, ohne den Geschmack zu realisieren, begegnen Leuten, ohne ihre Gesichter zur Kenntnis zu nehmen. Achtsamkeitsübungen zielen darauf ab, unser Bewusstsein für das Leben wieder neu zu schärfen. Achtsamkeit bedeutet, den Moment bewusst wahrzunehmen, ohne darüber zu urteilen – angefangen bei unserer Umgebung, über unsere Empfindungen bis hin zu unseren Gedanken und Gefühlen.

Loving Kindness

Diese aus dem Buddhismus stammende Meditationsform, auch bekannt als »Metta-Meditation«, ist eine weitere kontemplative Technik. Sie hat zum Ziel, Mitgefühl in uns zu entwickeln – für uns und für andere. Mitleid kommt wortwörtlich von »leiden«. Ein Mensch, der Mitgefühl hat, ist jedoch nicht nur empathisch dem Leid anderer gegenüber, sondern möchte es auch lindern. Mitgefühl mit uns selbst zu haben bedeutet also, uns mit derselben Freundlichkeit zu behandeln, die wir anderen entgegenbringen. Indem wir uns in Selbstbeherrschung üben, achten wir auf unsere Emotionen und finden einen Weg, um unser eigenes Leid zu lindern.

Studien der Gehirnfunktion mittels fMRTs (funktionelle Magnetresonanztomographie) zeigten, dass die gleichen Bereiche des Gehirns (der linke Temporallappen und der Insellappen) aktiv sind, wenn Menschen empathisch auf andere eingehen und wenn sie sich selbst beruhigen.

Mitgefühl für sich selbst ist eng mit Glücksempfindungen und Optimismus verknüpft. Selbstmitfühlende Menschen sind jedoch keine Utopisten und haben keine verblendet optimistischen Weltanschauungen. Menschen, die sich selbst gütig behandeln, können mehr als andere negative Emotionen in ihr Bewusstsein aufnehmen, ohne sie innerlich zu leugnen oder zu sehr darunter zu leiden.

Die Forschung hat gezeigt, dass Mitgefühl sich selbst gegenüber mit reflektierter Weisheit verbunden ist – mit Selbsterkenntnis, Einsichtsbereitschaft und der Fähigkeit, das Leben so zu sehen, wie es wirklich ist. Achtsamkeit ist eine Komponente des Mitgefühls uns selbst gegenüber,

Achtsamkeit und Meditation fördern das Bewusstsein für uns und unsere Umgebung.

weil sie es uns ermöglicht, unsere Emotionen, einschließlich unserer negativen Gefühle, auf eine ausbalancierte Art und Weise wahrzunehmen, ohne sie zu übertreiben oder zu dramatisieren.

Man kann das eigene Selbstmitgefühl auch trainieren, ohne zu meditieren. Es hat sich etwa gezeigt, dass, wenn man voller Mitgefühl eine Woche lang jeden Tag einen Brief an sich selbst verfasst, dies die Lebensqualität für sechs Monate steigern kann.

Aber auch die Praxis der »Loving-Kindness«-Meditation ist hilfreich. Hierbei nimmt der Meditierende eine sitzende Position ein, schließt die Augen und wiederholt liebevolle Sätze mit guter Absicht (»Möge ich gesund sein«, »Möge ich friedlich sein«). Anschließend richtet er diese Mantras auch auf andere aus.

» Vorzüge der Meditation

Studien haben gezeigt, dass die meditative Praxis Stress abbaut, die körperliche Gesundheit verbessert und Glück und Lebenszufriedenheit erhöht. Studien mit Herzpatienten beispielsweise zeigten, dass diejenigen, die einfache Entspannungstechniken wie etwa Atemmeditation praktizierten, eine um 50 Prozent geringere Wahrscheinlichkeit hatten, einen weiteren Anfall zu erleiden. In Pflegeheimen

verringerte tägliches Meditieren die Sterberate.

Meditation beeinflusst das Gehirn physisch, zumindest dann, wenn sie von einem Könner praktiziert wird. Eine Studie untersuchte den Blutfluss in den Gehirnen tibetisch-buddhistischer Meditierender mittels PET-Scans. Während der Meditation war der Parietallappen – ein Gehirnbereich, der unter anderem für die Wahrnehmung von Raum und Zeit zuständig ist – viel weniger aktiv. Die Meditierenden überwanden die üblichen mentalen Grenzen, die den Körper definieren, indem sie ein höheres spirituelles Bewusstsein erlangten. Dieses Gefühl der Offenheit gegenüber dem Übersinnlichen ist für alle Religionen von zentraler Bedeutung.

Man muss kein Zen-Meister sein, um im täglichen Leben Sinn und sogar Transzendenz zu finden. Die meisten von uns entdecken im Kleinen Bedeutung, wenn wir versuchen, die scheinbare Zufälligkeit des Lebens zu verstehen. Viele von uns berühren das Spirituelle auch in der Musik, in der Natur oder in der Liebe. Es zeigt sich mehr und mehr, dass dies eine zutiefst gesunde und positive Praxis ist, die unser Streben nach dem Ausbau unserer Fähigkeiten, Werte und Stärken ergänzt.

KAPITEL NEUN

UNSER BESSERES SELBST FÖRDERN

Im Jahr 2011 stellten Forscher der Stanford University bemerkenswerte Untersuchungsergebnisse vor: In einer Studie waren benachteiligte Studenten gebeten worden, eine kurze Umfrage zu lesen, einen Essay zu schreiben und ein verbales Statement abzugeben – danach verbesserte sich ihr Notendurchschnitt, die Leistungsdiskrepanz zu den anderen Studenten verringerte sich und es verbesserte sich sogar ihr Gesundheitszustand – drei Jahre später.

Die Forscher hatten eine sogenannte »Intervention« durchgeführt: nicht die Art, bei der Familienmitglieder einen geliebten Menschen dazu überreden, sich in Behandlung zu begeben, sondern eine kurze, unverfängliche Übung. Sie wussten, dass einige marginalisierte Gruppen wie Afroamerikaner Gefahr laufen, schulisch weniger erfolgreich zu sein als andere. Im Rahmen der Intervention baten sie afroamerikanische College-Studenten, das Ergebnis einer Umfrage zu lesen, die besagte, dass die meisten Studenten sich zunächst im Unterricht fehl am Platz

fühlten, aber im Laufe der Zeit immer sicherer würden. Anschließend wurden die Studenten gebeten, einen Aufsatz zu schreiben, in dem sie darlegten, inwieweit ihre eigenen Erfahrungen mit denen der Umfrage übereinstimmten. Schließlich arbeiteten die Studenten ihren Aufsatz in eine Rede um, die auf Video aufgezeichnet wurde, um andere zu inspirieren. Afroamerikanische Studenten, die das erste Jahr der Übung absolviert hatten, sahen, dass sich ihr Notendurchschnitt im Vergleich zu denen, die nicht teilgenommen hatten, zu verbessern

begann. Im Abschlussjahr hatte sich die Kluft zwischen ihren Noten und denen der europäisch-amerikanischen Studenten um 79 Prozent reduziert. In dieser Zeit fühlten sie sich auch glücklicher und gesünder als ihre Kommilitonen. Sie wussten nicht, dass die Intervention dies verursacht hatte – sie merkten lediglich, dass sie Fortschritte machten. Heutzutage ist die Psychologie weit entfernt von den Tagen der klassischen freudschen Psychoanalyse. Die Zeit der Sitzungen auf der Couch, das Analysieren verdrängter sexueller Wünsche und das Entschlüsseln verborgener Be-

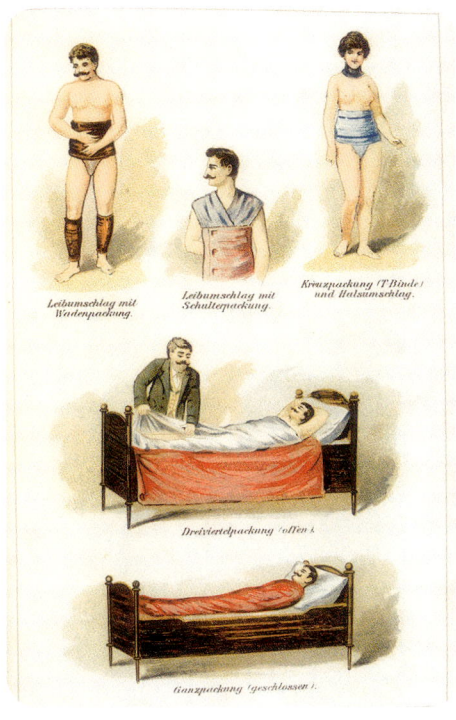

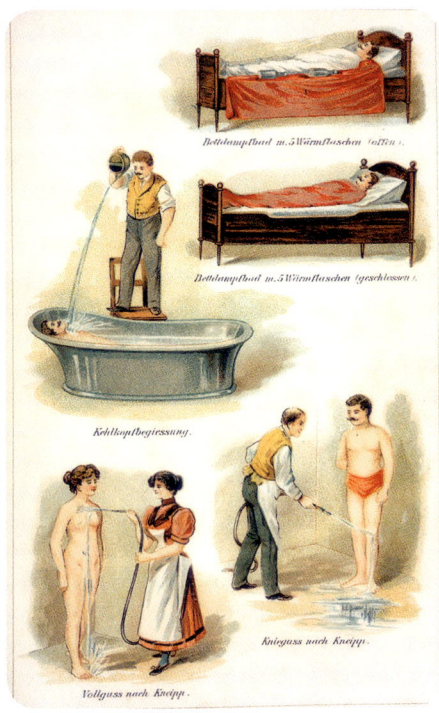

Mehr als 200 Jahre lang wurde Hydrotherapie eingesetzt, um Geisteskrankheiten zu behandeln.

deutungen in Träumen sind weniger zeitintensiven Techniken gewichen, die auf eine Verhaltensänderung bei spezifischen Problemen abzielen. Einfache Interventionen wie die in Stanford haben sich als überraschend wirksam erwiesen. Medikamente zur Behandlung von Depressionen oder Psychosen sind heute außerdem Teil des psychiatrischen Standardarsenals.

Psychologen richten ihre Aufmerksamkeit mittlerweile auch auf alltägliche Belange, wie etwa das Problem der benachteiligten schulischen Entwicklung im Stanford-Experiment. Mit den neuesten Forschungsergebnissen an der Hand suchen sie nach Wegen, um durchschnittlichen Personen zu ermöglichen, ein gesünderes, stärkeres und besseres Leben zu führen.

TRADITIONELLE THERAPIEN

Patienten, die sich nach der guten alten Zeit der Gesprächstherapie zurücksehnen, sollten daran denken, dass der Weg zur modernen Therapie ein beschwerlicher war, der nicht wenige Opfer unterwegs zurückgelassen hat. Beginnend in der Zeit der Aufklärung und weit bis ins 20. Jahrhundert hinein,

»Unsere Atmung ist das Bindeglied zwischen unserem Körper und unserem Geist.«

THICH NHAT HANH, MÖNCH DES ZEN-BUDDHISMUS

verwendeten wohlmeinende Ärzte eine Vielzahl hanebüchener, schmerzhafter und gefährlicher Techniken zur Behandlung von psychischen Erkrankungen. Prinzipiell versuchten auch die Ärzte früherer Zeiten sowohl wissenschaftlich als auch human vorzugehen, was aber keineswegs immer gelang. In vielen Fällen erfuhren psychisch Kranke keine wirksame Behandlung und mussten sich brutalen Therapieversuchen unterziehen sowie Gewalt anwendenden Anstalten anvertrauen.

Mit dem Aufkommen der modernen Neurologie gelangten viele Ärzte zu der Annahme, dass mentale Störungen als rein körperliche Defekte behandelt werden könnten, die durch drastische Schocktherapien bis hin zur Gehirnchirurgie geheilt werden könnten. So empfahl etwa der berühmte amerikanische Arzt Benjamin Rush im 18. Jahrhundert die Behandlungsmethode der »Gehirnstauung«, bei der der Patient auf einem sich rasch drehenden Brett fixiert wurde, sodass sich das Blut im Kopf sammelte.

Hydrotherapie, in Form von kalten Güssen, Dampfbädern oder feuchten Wickeln wurde bis zur Einführung der Psychopharmaka in den 1950er-Jahren als Behandlung für nervöse Leiden genutzt.

Zu den fragwürdigsten Behandlungsmethoden des 20. Jahrhunderts gehörten die Insulinschocktherapie, bei der die Patienten in ein künstliches Koma versetzt wurden, was zu irreversiblen geistigen Schäden und sogar zum Tode führen konnte, sowie, besonders berüchtigt, chirurgische Eingriffe wie die 1935 von dem portugiesischen Neurochirurgen Egas Moniz entwickelte Lobotomie, die bis in die 1960er-Jahre durchgeführt wurde.

FOKUS

DIE MALARIA-THERAPIE

Zu Beginn des 20. Jahrhunderts wurde bei 5–20 Prozent der Patienten, die in psychiatrische Anstalten eingewiesen wurden, die Diagnose »Progressive Paralyse der Wahnsinnigen« (im Englischen GPI) gestellt. Ihre Symptome, die Psychosen und Lähmungserscheinungen umfassten, führten schließlich zu einem grausamen Tod. Der österreichische Arzt Julius Wagner-Jauregg, der beobachtet hatte, dass sich der Zustand psychotischer Patienten nach einem hohen Fieber manchmal besserte, begann, GPI-Patienten (ohne deren Einwilligung) zu behandeln, indem er ihnen mit Malaria infiziertes Blut von Soldaten des Ersten Weltkriegs injizierte. Einige der fiebernden GPI-Patienten starben; bei einigen verbesserte sich der Zustand, aber sie wurden wieder rückfällig; andere erholten sich körperlich und geistig (nach Chinin-Behandlung zur Heilung der Malaria). Wagner-Jaureggs Malaria-Therapie setzte sich schnell durch. 1927 erhielt Wagner-Jauregg den Nobelpreis für Medizin als erster Psychiater, der den Preis gewann.

Warum war diese drastische Therapie erfolgreich? Als Wagner-Jauregg seine Forschungen begann, war man darauf gestoßen, dass GPI eine Folge von Neurosyphilis war, die in ihren späteren Stadien sowohl körperliche als auch psychische Symptome aufweist. Durch Malaria ausgelöstes hohes Fieber war in der Lage, die Syphilis-Erreger abzutöten, die die Krankheit verursachen. In den 1940er-Jahren, mit der Einführung von Penicillin, wurde die Fieberbehandlung unnötig. Aus medizinischer Sicht war die Behandlung einige Zeit lang anerkannt und diente als Vorläufer moderner pharmazeutischer Ansätze in der Psychiatrie. Ethisch gesehen ist die künstlich herbeigeführte Malaria-Infektion bei ruhiggestellten, gelähmten Patienten nicht zu rechtfertigen. Wagner-Jaureggs Methoden sowie seine spätere Unterstützung des Nationalsozialismus und der Eugenik haben sein Andenken in den Annalen der Psychiatrie verdunkelt.

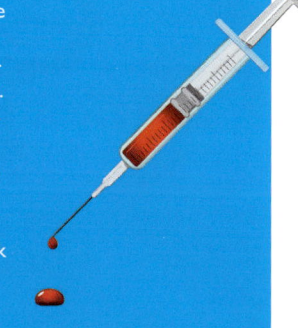

» Suggestion

Zur gleichen Zeit, als Ärzte ihre Patienten mit Schocktherapien oder chirurgischen Eingriffen gewaltsam geistig zu kurieren versuchten, gingen viele Psychiater dazu über, sanftere Behandlungsmethoden anzuwenden: Introspektion und Psychoanalyse. Überzeugt davon, dass psychische Probleme funktioneller und nicht physischer Natur seien – das Ergebnis von verdrängten Impulsen, Kindheitserlebnissen und verborgenen inneren Konflikten –, konzentrierten sie sich auf die Behandlung ihrer Patienten durch Gespräch und Analyse.

Heutzutage hat sich die traditionelle Gesprächstherapie zur psychodynamischen Therapie weiterentwickelt.

Das Gehirn ist so empfänglich für Suggestion, dass unsere eigene Erinnerung irren kann.

Diese modernen Formen der Gesprächstherapie sind weit entfernt von der traditionellen freudschen Analysemethode und sie sind wissenschaftlich weitaus besser untermauert. Trotzdem glauben viele Menschen weiterhin an die Effizienz zweier althergebrachter Therapieansätze: an das Aufarbeiten verdrängter Erinnerungen und an die Traumdeutung. So faszinierend dies für die betroffene Person auch sein mag, es gibt wenig Beweise dafür, dass diese Methoden als Therapien wirklich funktionieren. Aus freudscher Sicht ist Verdrängung ein verbreiteter Abwehrmechanismus, der schmerzhafte Emotionen oder

Erinnerungen an das Bewusstsein blockieren kann. Manchmal können, laut Freud, diese verdrängten Erinnerungen oder Triebe in verkleideter Form in Träumen aufscheinen. Viele Menschen, einschließlich einiger Therapeuten, glauben weiterhin, dass wir bedrohliche Erinnerungen in unserem Unterbewusstsein vergraben, und dass es gesünder sei, uns dieser aufwühlenden Vorfälle bewusst zu werden und uns mit ihnen zu beschäftigen.

Die Wissenschaft unterstützt diesen Ansatz nicht. Forschungen zeigten, dass traumatische Vorfälle wie sexueller Missbrauch oder Zeuge eines Verbrechens zu werden, eher in die Erinnerung eingebrannt als vergessen werden. Manchmal kann ein Vorfall teilweise vergessen oder absichtlich ignoriert werden, nur um spontan wieder hergestellt zu werden, vielleicht ausgelöst durch einen Trigger in der Umgebung. Aber ob Erinnerungen nun wirklich unterdrückt und nur innerhalb einer Therapie

SMASHED HIT

oder unter Hypnose ans Licht gebracht werden können, ist umstritten.

Wir wissen mittlerweile, dass das Gedächtnis nicht unfehlbar und offen für Suggestionen ist. In einer typischen Studie wurden beispielsweise Studenten gebeten, sich ein Kindheitsereignis vorzustellen, etwa, ein Fenster mit der Hand zu zerbrechen. Später glaubte ein Viertel der Probanden, dass sie diesen Vorfall tatsächlich selbst erlebt hätten.

In einem anderen Erinnerungs-Experiment zeigte die Psychologin Elizabeth Loftus zwei Gruppen von Menschen einen Film von einem Verkehrsunfall und fragte die eine Gruppe: »Wie schnell fuhren die Autos, als sie einander zerschmetterten?«; und die andere Gruppe »Wie schnell fuhren die Autos, als sie aufeinander auffuhren?«. Eine Woche später befragte Loftus die Probanden, ob sie im Film zersplittertes Glas gesehen hätten. Die Leute, die das Wort »zerschmettern« gehört hatten, gaben mehr als doppelt so oft an, dass sie Glasscherben gesehen hätten, obwohl im Film keine zu se-

hen gewesen waren. Wenn ein gutmeinender Therapeut also vielleicht glaubt, dass das Verhalten eines Klienten auf sexuellen Missbrauch in der Kindheit hinweisen könnte, sondiert er das Gedächtnis des Patienten womöglich mit Fragen wie »Sind Sie sicher, dass Sie nicht missbraucht wurden? Versuchen Sie, die Szene zu visualisieren« – und dann ist es sehr leicht möglich, dass der Patient sich irgendwann ein solches Szenario wirklich vorstellen wird. Das bedeutet nicht, dass Kindesmissbrauch kein trauriger Fakt ist – weit gefehlt –, aber er wird kaum vergessen. Wirklich

verdrängte Erinnerungen durch Befragung hervorzuholen ist bestenfalls selten. Traumdeutung, eine weitere Grundsäule der klassischen Psychoanalyse, versagte ebenfalls beim wissenschaftlichen Test. Obwohl Freud glaubte, dass der latente Inhalt eines Traumes, seine verborgene Bedeutung, psychologische Wahrheiten enthüllen könne, gibt es wenig Beweise dafür. Es ist kaum nachweisbar, dass Traumbilder wirklich Symbole für tabuisierte Gedanken sind oder dass Traumanalysen zu hilfreichen Einsichten führen und psychische Probleme wie Ängste oder Depressionen

»Das führt uns nirgendwohin.«

ALBERT ELLIS, PSYCHOLOGE

lindern könnten. Wie andere Formen der Analyse kann Traumdeutung tatsächlich falsche Erinnerungen kreieren. In einer Studie beispielsweise wurde einer Reihe von Studenten fälschlicherweise mitgeteilt, dass ihre Träume anzeigten, dass sie in der frühen Kindheit gemobbt oder an einem öffentlichen Ort von ihren Eltern getrennt worden seien. Später äußerten die Probanden tatsächlich Erinnerungen derartige Ereignisse betreffend, einige sogar ziemlich spezifisch: »Meine Eltern und ich gingen am Bellevue Square einkaufen, und ich rannte weg, als ich mir Klamotten anschaute. Ich musste beim Sicherheitsdienst warten, bis meine Eltern kamen.«

FOKUS

DER STOFF DER TRÄUME

Wenn Träume nicht der »Königsweg des Unbewussten« sind, wie Freud es sah, was sind sie dann? Warum träumen wir?

Wir wissen es nicht wirklich. Neurowissenschaftler und Schlafforscher haben mehrere Theorien postuliert. Träume beinhalten tägliche Ereignisse, Emotionen und Bilder und können dabei helfen, die Erinnerungen des Tages zu festigen. Menschen, die nach dem Erlernen einer neuen Aufgabe eine Nacht lang schlafen, verbessern im Allgemeinen ihre neuen Fähigkeiten. Und Menschen unter Schlafentzug fällt es schwerer, neue Aufgaben zu erlernen, als ihren ausgeruhten Kollegen.

Träume könnten neurale Verknüpfungen während des Schlafes stimulieren und verstärken. Oder Träume sind einfach eine zufällige neuronale Aktivität, eine Art von geistigem weißen Rauschen, mit dem das Gehirn versucht, Bedeutungen zu formen. Gehirnscans zeigen, dass das Limbische System, das mit Emotionen verbunden ist, während des Traumschlafs aktiv ist, was den – oft negativen – emotionalen Inhalt von Träumen erklären könnte, wobei die meisten Träume einen Aspekt von Angst oder Versagen enthalten. Keine dieser Theorien ist vollständig befriedigend in der Erklärung des Träumens. Sie erklären nicht vollständig, warum wir von Erfahrungen träumen können, die wir nie hatten, oder wie das Gehirn es schafft, aus zufälligen Signalen eine zusammenhängende Geschichte zu formen.

» **Therapeutische Irrtümer**
Drastische psychiatrische Behandlungsmethoden wie die Lobotomie richteten mehr Schaden an, als zu nutzen. Und viele psychoanalytische Therapien hielten der wissenschaftlichen Überprüfung nicht stand. Warum aber klammern wir uns an wirkungslose Ansätze?

Forscher, Ärzte und Patienten teilen die gemeinsame menschliche Tendenz, die Welt rational erklären zu wollen. Es scheint einleuchtend, dass traumatische Erinnerungen verdrängt werden könnten. Es scheint plausibel, anzunehmen, dass die dramatischen Bilder eines Traumes bedeutungsvoll sein könnten. Manche Theorien scheinen absolut logisch, die Realität ist dann aber doch ganz anders als gedacht. So hielt man etwa in den USA die Antikriminalisierungs-Kampagnen des »Scared Straight«-Projektes in den 1970er-Jahren für ein gutes Mittel, um auffällig gewordene Jugendliche von weiteren Straftaten abzuhalten. Man

Sowohl Patienten als auch Ärzte werden nach kleinsten Anzeichen für Verbesserungen Ausschau halten.

konfrontierte sie mit den beängstigenden Realitäten des Gefängnisalltags und erzielte damit anfangs hervorragende Erfolgsquoten von bis zu 90 Prozent.

Eine groß angelegte Analyse dieser Programme im ganzen Land zeichnete jedoch ein anderes Bild der Lage: Jugendliche, die an »Scared Straight«-Projekten teilgenommen hatten, begingen später eher Verbrechen als andere.

Die Gründe hierfür sind unklar, womöglich waren Peergroups ein Grund dafür – sie entstanden, als man die jungen Menschen im Rahmen des Projektes zusammenbrachte. Wir setzen unwirksame Be-handlungen auch aus dem Grund fort, dass wir Beweise zu finden glauben, die unsere vorgefassten Meinungen bestätigen – und wir misstrauen Hinweisen, die sie nicht bestätigen. Die Patienten wünschen sich eine Besserung ihrer Beschwerden; die Ärzte wünschen sich eine Besserung der Beschwerden; und so werden beide Parteien nach Anzeichen für Verbesserungen suchen

> **Die Wirksamkeit von Traumdeutung als Therapie ist wissenschaftlich nicht bewiesen.**

und Hinweise für das Gegenteil ignorieren. Der illusorische Wunsch nach Kontrolle verstärkt diese Tendenz. Wir alle möchten denken, dass wir unser Leben fest im Griff haben können, also glauben wir bereitwillig daran, dass unsere Anstrengungen Früchte tragen. Ein Ursache-Wirkungs-Prinzip an Stellen festzumachen, an denen keines besteht, ist ein weiterer häufiger Fehler. Nur weil wir zur Therapie gehen und unsere Verfassung sich zur gleichen Zeit bessert, heißt das nicht automatisch, dass die Therapie es ist, die die Verbesserung bewirkt. Korrelation ist, wie man so schön sagt, nicht zwingend Kausalität. Obwohl es beispielsweise viele Hochzeiten und Selbstmorde im Juni gibt, bedeutet dies keineswegs, dass das eine mit dem anderen zusammenhängt.

Und natürlich widersetzen sich viele von uns dem Wandel. Wir sind an bestimmte Arten von Therapien gewöhnt. Wir haben seit Jahren über bestimmte Methoden gelesen und es wurde seit Jahren im Fernsehen über sie berichtet. Da fällt es schwer, sich vom Status quo zu lösen.

BEHANDLUNGEN

Um diesen natürlichen Irrtümern nicht in die Falle zu gehen und effektivere Behandlungsmethoden zu fördern, fordern Psychologen evidenzbasierte Praktiken (EBP).

Wenn Sie also irgendeine Art von Therapie in Betracht ziehen, sollten Sie daher auf drei Dinge achten:

• **Wissenschaftlich erwiesene Wirksamkeit:** Die Wirksamkeit der Therapie sollte durch wissenschaftliche Forschung belegt sein, wenn möglich, in Form breit angelegter klinischer Studien.

• **Fachliche Expertise**: Ihr Therapeut sollte unter anderem einen fundierten wissenschaftlichen Hintergrund haben, sein Fach betreffend auf dem neuesten Stand sein, die aktuelle Forschungslage kennen und eine klare Begründung für die Wahl der Behandlungsmethode haben.

• **Patientenbedürfnisse:** Die Therapie sollte individuell auf die Eigenheiten und Bedürfnisse des Patienten eingehen, was auch kulturelle Hintergründe und Werte beinhalten kann. Patienten müssen aktive und informierte Partner innerhalb der Behandlung sein. Die Zeiten von »Onkel Doktor weiß es am besten« sind vorbei.

» Kognitive Verhaltenstherapie

Die heute am besten wissenschaftlich erforschte und untermauerte Psychotherapie ist die kognitive Verhaltenstherapie (KVT). Diese praktische, zielorientierte Behandlungsmethode zielt darauf ab, das maladaptive Denken zu verändern und unsere kognitiven, erkennenden Fähigkeiten zu nutzen, um negative Verhaltensmuster in gesündere Bahnen umzulenken. In der KVT identifizieren Menschen ihre problematischen Denkmuster, manchmal auch »Denkfehler« genannt, und arbeiten daran, sie durch hilfreichere Gedanken zu ersetzen. Sie üben, unproduktive Verhaltensweisen zu erkennen und durch hilfreiche zu ersetzen.

Denkfehler haben typischerweise die Form von

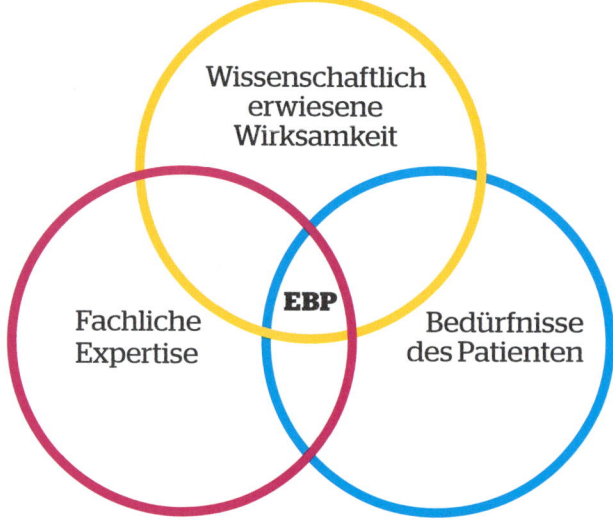

EVIDENZBASIERTE PRAXIS (EBP)

Wissenschaftlich erwiesene Wirksamkeit

EBP

Fachliche Expertise

Bedürfnisse des Patienten

Bei der kognitiven Verhaltenstherapie ermuntert der Therapeut den Klienten zum aufmerksamen Studium seiner eigenen Gedanken.

ungerechtfertigten Annahmen und negativen, sogar katastrophischen Erwartungshaltungen an das Leben (siehe Kasten auf Seite 265). Die meisten Menschen fallen von Zeit zu Zeit dieser Art von Denkfehlern zum Opfer, aber wenn die negativen Denkmuster anfangen, die Stimmungen und Einstellungen einer Person zu dominieren, kann dies zu düsteren kognitiven Mustern führen und die Betroffenen zu schädlichen Entscheidungen und irrationalen Handlungen treiben.

Aus diesem Grund werden KVT-Patienten zu Studierenden ihrer eigenen Gedanken. In der KVT könnte ein Therapeut einen Klienten beispielsweise bitten, als Hausaufgabe ein Gedanken-Tagebuch zu führen. Auf diese Weise kann etwa ein Patient mit Zwangsstörung lernen, seine zwanghaften Gedanken als solche zu erkennen (siehe Kasten auf Seite 265) und aufzuzeichnen. Sein Therapeut kann ihn bitten, sich nach und nach gezielt dem gefürchteten Reiz auszusetzen, ohne auf das zwanghafte Verhalten zurückzugreifen – beispielsweise einen schmutzigen Türknauf zu berühren, ohne sich danach die Hände zu waschen. Studien haben gezeigt, dass

Flexibilität unterstützt sowohl die physische als auch die geistige Gesundheit.

IST IHR DENKEN ZIEL-GERICHTET?

Kognitive Therapie hilft dabei, problematische Denkmuster als solche zu erkennen und sie anzugehen. Neigen Sie zu irgendwelchen der folgenden Denkweisen?

• **Schwarz-Weiß-Denken**: Sie sehen eine Situation oder Person als gut • oder schlecht an, ohne Zwischenformen für möglich zu halten.

• **Schwarzmalen**: Sie blicken negativ in die Zukunft, ohne andere Ergebnisse in Betracht zu ziehen.

• **Pessimismus**: Sie konzentrieren sich auf das Negative und versäumen es, Ihre positiven Erfahrungen und Qualitäten zu erkennen.

• **Gefühle als Fakten behandeln**: Sie denken, dass etwas wahr sein muss, weil Sie es so intensiv fühlen – die Möglichkeit des Gegenteils außer Acht lassend.

• **Voreilige Schlussfolgerungen ziehen**: Sie entscheiden ohne eindeutige Beweise, dass Dinge schlecht sind.

• **Gedanken lesen**: Sie nehmen an zu wissen, was andere denken, ohne zu fragen.

• **Dunkle Prophezeiungen**: Sie sagen voraus, dass Dinge schlecht ausgehen werden.

• **Kontrollversuche**: Sie gehen davon aus, dass Sie steuern können, wie sich andere in Situationen verhalten.

• **Perfektionsansprüche**: Sie glauben, dass Sie (oder andere) in den Dingen perfekt sein sollten, die Sie (oder andere) sagen oder tun.

Wenn Ihnen diese negativen Gedankenmuster bekannt vorkommen, fordern Sie sich heraus, indem Sie sich fragen:

Weiß ich sicher, dass X passieren wird?

Führt X immer zu Y?

Wie hoch ist die Wahrscheinlichkeit, dass X passiert?

Was ist mein Beweis für X? Was sind meine Beweise gegen X? Gibt es eine andere Sichtweise auf die Situation?

Was würde ich einem Freund sagen, der in einer ähnlichen Situation ähnliche Gedanken hatte?

Wie werde ich morgen darüber denken? In einem Monat? In sechs Monaten?

FLEXIBLER WERDEN

Die Integration von Techniken der Akzeptanz- und Commitmenttherapie (ACT) kann dabei helfen, bessere Lösungsstrategien zu entwickeln. Versuchen Sie diese Übungen, um kreative Lösungen zu erarbeiten.

• **Das Problem lokalisieren**: Mit welchen Gefühlen oder Aufgaben haben Sie regelmäßig zu kämpfen? Denken Sie über ein spezifisches Problem in Ihrem Leben nach und analysieren Sie, wie Sie bislang damit umgegangen sind.

• **Frühere Lösungsstrategien überdenken**: Versuchen Sie, Ihre Emotionen zu kontrollieren und es gelingt Ihnen nicht? Versuchen Sie, das Problem vollständig zu vermeiden? Oder wählen Sie einen neuen Ansatz? Wie gut haben Ihre Lösungsstrategien bislang funktioniert?

• **Alternativen entwickeln**: Überlegen Sie sich neue Wege, um Ihr Problem anzugehen, selbst wenn es sich um Methoden handelt, die Sie normalerweise nicht anwenden würden. Was könnten Sie einem Freund mit einem ähnlichen Problem raten?

• **Einen Plan entwickeln**: Entwickeln Sie neue Lösungen, die Ihren persönlichen Werten und Zielen entsprechen. Beschränken Sie sich dabei nicht auf einen einzelnen Ansatz.

die meisten Menschen mit Zwangsstörung beobachten, dass ihre Symptome dank einer solchen Behandlung verschwinden.

Kognitive Verhaltenstherapie funktioniert gut bei einer Reihe von Problemen, einschließlich Ängsten und Phobien, Depression, Posttraumatischer Belastungsstörung, Panikattacken und Essstörungen. Die Methode klingt simpel, hat aber nachweisbare physische Effekte. Nach einigen Monaten der Behandlung zeigten Gehirnscans von KVT-Patienten positive Veränderungen, eine Rückkehr zu durchschnittlicheren Prozessen.

» Flexibilität

Andere zeitgenössische Therapieansätze verbinden Methoden der kognitiven und der Verhaltenstherapie mit neueren Erkenntnissen im Bereich der emotionalen Regulation, der Persönlichkeitsbildung, der Wertefindung oder der Achtsamkeit. Die Akzeptanz- und Commitmenttherapie (ACT) etwa setzt auf dieses Konzept und fördert mit unterschiedlichen Mitteln die psychische Flexibilität.

Menschen mit emotionalen Störungen sind oft in starren Reaktionsmustern gefangen: Jemand mit sozialen Ängsten beispielsweise könnte Angst vor Partys haben und das

Ausgehen daher strikt meiden; depressive Menschen reagieren in der Regel mit gedämpfter Verhaltenheit auf jede Erfahrung, egal, wie stimulierend diese auch sein mag. Im Gegensatz dazu können Menschen, die psychisch flexibel sind, mit unterschiedlichen Strategien auf verschiedene Situationen reagieren. Sie können ihre Denkweise erweitern, wenn ihre rigide Einstellung ihnen im Weg ist, und ihr Verhalten an ihre Ziele anpassen. Die ACT zielt auf eine Flexibilisierung des Selbstkonzepts ab, und zwar unter anderem durch:

• **Akzeptanz**: Es gilt, die eigenen Gedanken und Gefühle anzunehmen, sich auf sie einzulassen, ohne zu versuchen, sie zu verändern.

• **Fokussierung auf das Hier und Jetzt**: Man übt, den gegenwärtigen Moment bewusst wahrzunehmen und mit ihm zu interagieren.

• **Defusion**: Man wirkt dem Denkfehler der Fusion aktiv entgegen, indem man lernt, Gedanken als von der Realität getrennt wahrzunehmen und die eigenen subjektiven Prozesse nicht als Wirklichkeit anzusehen. Anstatt zu denken: »Ich bin eine schlechte Person«, formuliert man den Gedanken um in: »Ich habe den Gedanken,

Eine Therapie kann Betroffenen helfen, katastrophisches Denken zu überwinden.

dass ich eine schlechte Person bin.«

• **Das Selbst als Kontext:** Man lernt, sich selbst aus unterschiedlichen Blickwinkeln zu betrachten, um ein tieferes Gefühl für seine Identität zu entwickeln.

• **Wertefindung**: Man arbeitet daran, für sich persönlich relevante Werte zu definieren.

• **Engagiertes Handeln**: Man fördert gezielt Verhaltensweisen, die den eigenen Werten entsprechen.

Negative Gefühle zu akzeptieren und nicht zu unterdrücken, ist ein zentraler Bestandteil der ACT. Die meisten von uns sind darauf konditioniert, Wut zu verbergen oder zu unterdrücken, aber das ist nicht immer die beste Strategie. In einem Experiment beispielsweise, in dem die Teilnehmer gebeten wurden, die Rolle eines Vermieters zu spielen, der

Menschen mit einer sozialen Störung leiden oft auch noch an anderen.

versuchte, einen Mieter dazu zu bringen, die überfällige Miete zu zahlen, waren die Leute, die wütende Emotionen zum Ausdruck brachten, erfolgreicher. Ärger kann angemessen sein, wenn Sie mit Ungerechtigkeit oder Unterdrückung konfrontiert werden.

» Viele Probleme, eine Behandlung
Wenn es Ihnen so vorkommt, als gäbe es eine verwirrende Reihe von Therapieoptionen – dann liegen Sie damit richtig. Einige Psychologen raten zu einem einheitlichen Ansatz bei emotionalen Störungen wie Angst oder Depression. Soziale

»Zweifellos hat die Vorstellung der Patienten
Einfluss auf die Heilung ihrer Leiden.«

BENJAMIN FRANKLIN, AMERIKANISCHER POLITIKER

Ängste, Phobien und unipolare Depressionen (im Unterschied zu manisch-depressiven bzw. bipolaren Störungen) mögen sehr unterschiedliche Symptome haben, aber sie können alle Mitglieder derselben dysfunktionalen Familie von Störungen sein. Menschen mit einer bestimmten Grunderkrankung haben oft noch eine oder mehrere Begleiterkrankungen, in der Fachsprache »Komorbidität« genannt. So kann beispielsweise eine Art von Angststörung in Kombination mit einer Depression oder eine anderen Form von Angst auftreten. Oft hilft die Behandlung der einen Störung gleichzeitig auch bei einer anderen. Menschen, die beispielsweise erfolgreich wegen Panikattacken behandelt wurden, gaben häufig an, dass sich die Symptome ihrer Generalisierten Angststörung oder Depression ebenfalls verringerten. Das Thema der Emotionsregulation scheint sich wie ein roter Faden durch alle diese Befindlichkeiten zu ziehen und legt den Weg

einer gemeinsamen Behandlung nahe. Die Fähigkeit, angemessen auf sowohl positive als auch negative emotionale Situationen reagieren zu können, ist ein wichtiger Aspekt psychischer Gesundheit. Eine einheitliche Behandlung affektiver Störung könnte verschiedene der Techniken der kognitiven und der Verhaltenstherapie bei einer Reihe von Problemen anwenden.

Eine Therapeutin könnte beispielsweise ihren Klienten bitten, seine negative Art der Beurteilung von Situationen (einschließlich katastrophischem Denken wie »Das wird ein Desaster«) zu modifizieren und seine emotionsbedingten

Verhaltensmuster zu ändern.

Es klingt so einfach und kann doch sehr schwierig sein, einen ängstlichen, perfektionistischen Patienten dazu zu bringen, absichtlich etwas Unordentliches und Unvollendetes stehen zu lassen, oder einen panischen Klienten dazu zu ermutigen, sich mit einem Lächeln im Gesicht ins Gemenge zu mischen. Therapeuten könnten ihre Patienten auch dazu ermutigen, beängstigende Emotionen nicht zu unterdrücken, sondern sie anzuerkennen, und so auch das problematische Verhalten zu bemerken, das mit der Vermeidung einhergeht.

Freud hatte recht mit seiner These, dass Kindheitserlebnisse das Erwachsenenleben beeinflussen können.

» Psychodynamische Therapieverfahren

Gibt es angesichts der reich gefüllten Regale der modernen Therapieansätze noch Platz für Freud und die Psychoanalyse? In der Tat erfuhr der Wiener Tiefenpsychologe in den letzten Jahren ein gewisses Maß an Rehabilitation, nachdem viele seiner Theorien lange Zeit diskreditiert worden waren. Unterdrückte inzestuöse Triebe, Todestrieb, Penisneid und andere Aspekte des freudschen Ansatzes haben sich als wissenschaftlich nicht

Charakterstärke zeigt sich in Gewohnheiten und Handlungen, nicht in Absichten.

haltbar erwiesen. Dennoch haben wir Freud tief greifende Einsichten in die menschliche Psyche zu verdanken, die sich über die Jahrzehnte hinweg als gültig erwiesen haben. Diese Erkenntnisse bilden nun

den Kern der psychodynamischen Therapieverfahren, einer aktualisierten Version der Psychoanalyse.

Die psychodynamische Theorie geht davon aus, dass ein Großteil unserer mentalen Prozesse unbewusst abläuft, angetrieben von Emotionen und resultierend in Handlungen, die wir uns nicht immer rational erklären können.

Die Neurologie unterstützt diese These und hat aufgezeigt, dass unser Gehirn verwandte Prozesse in separaten Hirnregionen abspeichert.

Getrennte Verknüpfungen in unserem Gehirn können dazu führen, dass es zu Konflikten im Bereich der Gefühle und Motivationen kommt. Man kann nicht ohne einen bestimmten Menschen, aber auch nicht miteinander; man kann sich Erfolg wünschen und ihn gleichzeitig fürchten.

Obwohl Freuds Ansichten über die Kindheit verzerrt waren, hatte er recht damit, dass Kindheitserfahrungen unsere Persönlichkeit und unser Verhalten beeinflussen können. Der Weg zum Erwachsenwerden beinhaltet sicherlich, zu lernen, sexuelle und aggressive Impulse zu kontrollieren.

Psychodynamische Therapieverfahren konzentrieren sich darauf, den Patienten zu helfen, Einsicht in die verborgenen Prozesse und miteinander konkurrierenden Wünsche zu erlangen, die ihr problematisches Verhalten lenken.

Hier ein Beispiel: Julie, 57 Jahre alt, macht unter anderem aus dem Grund eine Therapie, weil sie Schwierigkeiten im Umgang mit ihrem Sohn hat. Sie liebt ihn und ist stolz auf ihn, bemerkt aber an sich selbst, dass sie ihm gegenüber sarkastische oder herablassende Kommentare abgibt, um ihn anzutreiben. In der Therapie untersucht Julie ihre eigene Beziehung zu ihren Eltern, die sehr kritisch und wenig unterstützend waren. Sie erkennt, dass sie es verinnerlicht hat, guten Worten zu misstrauen und Lob keinen Glauben zu schenken. Sarkasmus wurde zu ihrem Verteidigungsmittel, um sich vor emotionalen Verletzungen zu schützen. Die Therapie kann Julie aufzeigen, dass ihr Bedürfnis, sich selbst zu schützen, mit ihrer Liebe zu ihrem Sohn und dem Wunsch, eine gute Mutter zu sein, in Konflikt gerät.

Heutzutage gibt es keine unüberbrückbare Kluft mehr zwischen Neurologie und Psychotherapie, und ebenso wenig zwischen den unterschiedlichen gängigen Therapieformen. Freud würde den zeitgenössischen Ansätzen vielleicht nicht zustimmen, aber er würde immer noch einige seiner Kernkonzepte in ihnen erkennen.

» Ein positiver Ansatz

Die Therapie ist von unschätzbarem Wert für den Umgang mit der dunklen Seite unserer Existenz – mit Krankheiten, Krisen und Konflikten. Aber was ist mit der hellen Seite? Den meisten von uns geht es prinzipiell gut, aber wir wünschen uns, uns zu verbessern: glücklicher und erfolgreicher zu werden. Glücklichere Menschen führen meist längere, gesündere und erfolgreichere Leben. Ihre Ehen sind

»Oh Liebe, du süßer Wahn!
Du, der du alle unsere Gebrechen heilst!«

RUMI, PERSISCHER DICHTER UND MYSTIKER

GLÜCKS-TOOL FÜR ZU HAUSE

Positive psychologische Interventionen (PPIs) sind preiswert, wenig zeitintensiv und einfach zu Hause durchzuführen – probieren Sie es aus:

• **Einen Dankesbrief schreiben**: Schreiben Sie jemandem, der etwas Gutes für Sie getan hat, dem Sie aber nie richtig dafür gedankt haben.

• **Das Gute sehen**: Notieren Sie drei gute Dinge, die heute passiert sind, dann analysieren Sie die Ursachen für jeden einzelnen Punkt.

• **Den Moment genießen**: Konzentrieren Sie sich auf eine angenehme alltägliche Aktivität, wie beispielsweise Kaffee zu trinken, und genießen Sie bewusst diese Erfahrung.

• **Eine Dankbarkeitsliste anlegen**: Listen Sie all die Personen oder Ereignisse auf, für die Sie dankbar sind.

• **Positive Bilder visualisieren**: Stellen Sie sich Ihr bestmögliches Selbst vor, vielleicht in einer idealen Zukunft. Schreiben Sie diese Vision als Leitfaden für Ihre gegenwärtigen Entscheidungen auf.

• **Vollbringen Sie kleine gute Taten**: Dies kann so einfach sein, wie einer alten Dame in der U-Bahn den Sitz anzubieten oder eine Extra-Runde mit dem Hund Gassi zu gehen.

im Durchschnitt stabiler, ihr Immunsystem ist stärker und ihr Einkommen höher. Sie sind kreativer als ihre Kollegen. Und obwohl der Pfeil in beide Richtungen weist (mit Sicherheit haben Wohlstand und Gesundheit Einfluss auf das Wohlbefinden), zeigen Studien, dass positive Emotionen zum langfristigen Wohlbefinden beitragen.

Es macht also Sinn, bewusst an der Verbesserung des eigenen Wohls zu arbeiten. Dafür gibt es mittlerweile Programme. Positive psychologische Interventionen (PPIs) sind einfache, regelmäßige Übungen, die die gesunden Denkmuster von Natur aus glücklicher Menschen nachahmen. Beispielsweise neigen glückliche Menschen dazu, die guten Aspekte ihres Lebens bewusster wahrzunehmen. Eine positive Intervention regt die Teilnehmer daher etwa dazu an, einen Dankesbrief an jemanden zu schreiben, der ihnen geholfen hat (siehe Übung im Kasten links). Die Übungen mögen fast zu simpel wirken, um effektiv zu sein, aber Studien haben gezeigt, dass Menschen, die sie ausführten, ihr Wohlbefinden deutlich steigern konnten. Ein paar Bedingungen sind notwendig, damit die Glücklichkeits-Übungen optimal funktionieren, darunter folgende:

Jeder Mensch hat charakteristische Stärken.

• **Motivation**: Sie müssen sich wirklich besser fühlen wollen (was nicht immer der Realität entspricht!). Sie müssen daran glauben, dass die Übung funktioniert. Und Sie müssen bereit sein, etwas Zeit und Mühe in die Sache zu investieren.

• **Dosierung**: Genau wie bei der Einnahme von Medizin funktionieren die Glücks-Aktivitäten in bestimmten Zeiträumen und in bestimmter Menge am besten. Beispielsweise zeigte eine Studie, dass fünf kleine »gute Taten« an einem Tag die Teilnehmer glücklicher machten, als wenn sie die gleichen Handlungen innerhalb einer Woche ausführten. Und sich dankbar Gutes vor Augen zu rufen, ist einmal pro Woche effektiver als öfter. Warum dem so ist? Vielleicht aus dem einfachen Grund, dass sich ein Einmal-pro-Woche-Zeitplan besonders leicht in den Alltag integrieren lässt. Vielleicht führt die Wiederholung des

Dankbarkeitsrituals aber auch zu einer Art Überdosierung.

• **Autonomie**: Wir sind meist dann erfolgreicher, wenn wir die Dinge selbst in der Hand haben. Menschen, die sich freiwillig dazu entscheiden, an PPIs teilzunehmen, fühlen sich am Ende besser als diejenigen, denen die Übungen nahegelegt wurden. Wir sind außerdem erfolgreicher, wenn wir den Nutzen einer Sache für uns selbst entdecken. Einer Studie zufolge schienen Menschen, die durch Verordnung oder durch die Empfehlung anderer von der Dankbarkeitsübung hörten, an Anreiz zu verlieren, sie selbst durchzuführen.

• **Vielfalt**: Abwechslung ist gut für ein erfülltes Leben. Wer jede Woche unterschiedliche gute Taten vollbringt, fühlt sich Studien zufolge besser als jemand, der immer die gleichen Wohltaten unternimmt.

• **Soziale Unterstützung**: Wir wollen die Dinge auf unsere Art und Weise tun, aber wenn wir erst einmal angefangen haben, kann die Unterstützung von Gleichgesinnten unsere Entschlossenheit stärken. Dies gilt für den Zuspruch von Freunden ebenso wie für den innerhalb der sozialen Medien.

Positive Interventionen wirken, indem sie positive Emotionen, Gedanken und Verhaltensweisen stärken – und all dies fördert das Glücksempfinden. Was ist der Grund dafür?

Unter anderem scheinen diese Übungen einige grundlegende menschliche Bedürfnisse zu befriedigen, einschließlich dem Wunsch nach Autonomie, Verbundenheit und Kompetenz (siehe Kapitel 6, Seite 183). Diverse neurologische Studien lassen vermuten, dass positive Emotionen Neurotransmitter im Gehirn anregen (speziell Dopamin), was mit einem Gefühl der Belohnung, mentaler Flexibilität und Weltoffenheit verbunden ist. Es hat sich gezeigt, dass die Durchführung positiver Interventionen auch in anderen Lebensbereichen zu gesunden Nebeneffekten führt. Beispielsweise verbrachten Probanden, die Dankbarkeitsübungen absolvierten, mehr Zeit mit Sport und schliefen sogar besser. PPIs scheinen die allgemeine Weltsicht einer Person aufzuhellen und ihre Einstellung gegenüber zukünftigen naturgegebenen Ereignissen zu verbessern. Wie bei jeder Aktivität müssen PPIs auf den Einzelnen zugeschnitten sein. Denn wenn man es hasst, Briefe zu schreiben, hat man

höchstwahrscheinlich wenig Aussicht darauf, beim Verfassen von Dankbarkeitsbriefen Ausdauer an den Tag zu legen und von ihnen zu profitieren. Für ältere Menschen scheinen die Übungen besonders gut geeignet zu sein, möglicherweise weil sie mehr Freizeit haben und eher dazu bereit sind, sich ihnen mit Muße zu widmen; Probanden mit eher hedonistischem westlichem Hintergrund beobachteten größere Verbesserungen ihres Wohlfühllevels als die aus östlichen Kulturen.

» **Unsere Stärken nutzen**
Positive Interventionen können auch darin bestehen, dass wir auf unsere Charakterstärken bauen. Unsere Stärken sind die Eigenschaften, die uns den größten Erfolg im Umgang mit anderen und der Welt um uns herum ermöglichen. Wir alle haben unsere individuellen Fähigkeiten und Talente, die für uns typisch sind – die für uns charakteristischen Haupttugenden sozusagen. In der Theorie werden die Tugenden unter anderem in sechs große Kategorien eingeteilt, denen jeweils bestimmte Charakterstärken zugeordnet werden:

• **Weisheit und Wissen** – mit den Charakterstärken Kreativität, Neugier, Urteilsvermögen, Freude am Lernen, Offenheit Neuem gegenüber.

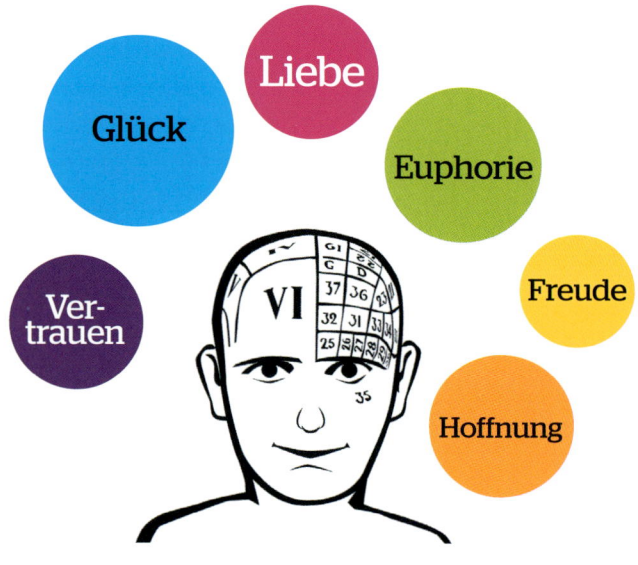

wiederum Aufschluss darüber gibt, wie sehr er seinem Untergebenen vertraut.

Charakterstärken äußern sich in Gewohnheiten und Handlungen, nicht in Absichten, und sie sind je nach Situation unterschiedlich stark wirksam. Beispielsweise sind effektive Stärken am Arbeitsplatz Teamfähigkeit, Urteilsvermögen, Optimismus, Fairness und Ausdauer. Weniger nützlich bei der Arbeit sind vermutlich Spiritualität, Intimität und Bescheidenheit.

Stärken liegen brach, wenn sie nicht aktiv genutzt werden. Wenn Sie eine kreative Person sind, können Sie nur dann diese Stärke ausbauen, wenn Sie sie bei der Arbeit oder zu Hause ausleben können. Es ist außerdem sinnvoll, situationsabhängig unterschiedliche Stärken einzusetzen. Kreativität wird beispielsweise bei der Gestaltung eines Newsletters hilfreich sein, während bei der Betreuung der Autoren des Newsletters Führungsvermögen und soziale Intelligenz im Vordergrund stehen. Um Ihr Wohlbefinden zu steigern, könnten Sie die einfache, aber effektive Taktik einsetzen, einen neuen Weg zu finden, um Ihre größte Stärke jeden Tag zu nutzen.

»» Weise Interventionen
Im Jahr 2008 füllten zwei

• **Mut** – mit den Charakterstärken Ausdauer, Tapferkeit, Integrität, Begeisterungsfähigkeit, Energie.

• **Liebe** – mit den mit den Charakterstärken Intimität, Bindungsfähigkeit, Güte, soziale Intelligenz.

• **Gerechtigkeit** – mit den Charakterstärken Teamfähigkeit, Fairness, Führungsvermögen, Verantwortungsbewusstsein.

• **Mäßigung** – mit den Charakterstärken Vergebungsbereitschaft, Bescheidenheit, Umsicht, Selbstregulation.

• **Transzendenz** – mit den Charakterstärken Sinn für das Schöne, Dankbarkeit, Optimismus, Humor, Spiritualität.

Charakterstärken, die besonders eng mit persönlichem Wohlbefinden verbunden sind, sind Intimität, Dankbarkeit, Hoffnung, Lebensfreude und Neugier. Ausdauer, Freude am Lernen, Dankbarkeit und Optimismus sind Qualitäten, die auf gute schulische oder akademische Leistungen schließen lassen. Gute Lehrer oder Ausbilder verfügen über ein hohes Maß an sozialer Intelligenz, Enthusiasmus und Humor. Ausdauer und Sinn für das Schöne können bei der Genesung von Krankheit helfen. Eine gute Tugend für einen erfolgreichen militärischen Anführer ist, vielleicht etwas überraschend, ein hohes Maß an Liebe. Humor lässt darauf schließen, in welchem Maß die Untergebenen ihrem Anführer vertrauen, während dessen Optimismus

Gruppen kalifornischer Wahl-
berechtigter ähnliche Frage-
bögen aus. In einem wurden
sie gefragt: »Wie wichtig ist es
Ihnen, bei der morgigen Wahl
Wähler zu sein?« Die andere
Gruppe wurde gefragt: »Wie
wichtig ist es Ihnen, bei der
morgigen Wahl zu wählen?«

Am Wahltag gingen deutlich
mehr Probanden der Substan-
tiv-orientierten Gruppe (»ein
Wähler zu sein«) zur Wahl
als von der Verb-orientier-
ten Gruppe (»zu wählen«). Ein
paar Buchstaben in der Formulierung erhöhten die Wahl-
beteiligung um elf Prozent.

Kleinste Veränderungen
der Denkmuster können folg-
lich enorme Auswirkungen
haben, und auf diese Tatsache setzt die Methode der
»weisen Intervention«. »Weise« aus dem Grund, da sie
gezielt auf sehr spezifische
Prozesse abzielt. Weise Interventionen sind kurze, unkomplizierte Übungen, die es zum
Ziel haben, schädliche Muster
im täglichen Leben zu durchbrechen und ins Positive zu
verändern. Im Falle der Wahl-
berechtigten hatte die simple
Veränderung der Formulierung
offenbar den Blick der Probanden auf ihre eigene Identität
verändert. Der Ausdruck »ein
Wähler zu sein« assoziierte
die Möglichkeit, eine erstre-
benswerte Art von Person zu
sein, ein verantwortungsvol-
ler Bürger.

Weise Interventionen kön-
nen in einem breiten Spektrum von Situationen Erfolge
erzielen, innerhalb der politischen Haltung, wie in der

Wählerbefragung zu sehen,
bis hin zu Bildung, Gesundheit
und Beziehungen.

Weise Interventionen ar-
beiten der Theorie nach mit

SELBSTTEST

NUTZEN SIE IHRE STÄRKEN?

**Finden Sie heraus, in welcher Form Sie Ihre Stärken im täg-
lichen Leben nutzen. Beantworten Sie alle Fragen mit einer
Sieben-Punkte-Skala von 1 (»Ich stimme gar nicht zu«) bis 7
(»Ich stimme vollkommen zu«).**

1. Ich kann regelmäßig das tun, was mir am meisten liegt.

2. Ich setze meine Stärken immer ein.

3. Ich versuche immer, meine Stärken zu nutzen.

4. Ich erreiche, was ich will, indem ich meine Stärken einsetze.

5. Ich nutze meine Stärken jeden Tag.

6. Ich nutze meine Stärken, um das zu erreichen, was ich vom
   Leben erwarte.

7. Meine Arbeit gibt mir viele Möglichkeiten, meine Stärken zu
   nutzen.

8. Mein Leben bietet mir viele Möglichkeiten, meine Stärken zu
   nutzen.

9. Die Nutzung meiner Stärken ist für mich selbstver-
   ständlich.

10. Ich finde es einfach, meine Stärken in den Dingen zu
    nutzen, die ich mache.

11. Ich kann meine Stärken in vielen verschiedenen
    Situationen einsetzen.

12. Die meiste Zeit verbringe ich
    damit, Dinge zu tun, die ich gut
    kann.

13. Ich bin damit vertraut, meine
    Stärken einzusetzen.

14. Ich kann meine Stärken auf viele
    verschiedene Arten nutzen.

**Auswertung: Die Punktzahlen liegen
zwischen 14 und 98, wobei höhere
Punktzahlen anzeigen, dass Sie Ihre
Stärken gut nutzen.**

Probanden handelten aktiver, wenn sie sich selbst als Wähler wahrnahmen.

einem spezifischen, wissenden Hintergrund, der auf die Motivationen und Bedürfnisse der Adressaten zugeschnitten ist. Aufgabe der Interventionen ist es, einen sich wiederholenden Prozess, einen sich selbst verstärkenden Verhaltenskreislauf, zu unterbrechen, um langfristig wirken zu können.

Beispielsweise wurden im Rahmen einer Studie verheiratete Paare mit Beziehungsproblemen gebeten, alle vier Monate aufzuschreiben, wie eine unparteiische dritte Person ihre Streitfragen beurteilen würde. Die Tatsache, dass die Partner ihre Probleme auf diese Weise in eine objektive Perspektive überführten, half ihnen dabei,

in Streitsituationen weniger wütend zu reagieren, was ihnen wiederum ermöglichte, mit späteren Konfliktsituationen besser umzugehen. Die Paare stellten fest, dass ihr Stress nachließ und ihre Ehen sich stabilisierten. Im Gegensatz dazu ging es mit den Ehen der Kontrollgruppe, die die Übung nicht machte, weiterhin bergab.

Schlaf nach dem Erlernen einer neuen Fähigkeit festigt das Erlernte.

Gut ausgearbeitet kann die Technik der weisen Intervention ausgesprochen hilfreich sein. Um beispielsweise frischgebackene gefährdete Mütter zu testen, bei denen Verdacht bestand, dass sie ihre Kinder misshandeln könnten, sprachen die Interviewer mit den Frauen, bis diese als Gründe für ihre Schwierigkeiten nicht mehr sich selbst oder die Kinder angaben. Unter dieser neu gewonnenen Perspektive baten die Interviewer die Mütter dann, mögliche Lösungen zu entwickeln. Verglichen mit einer Kontrollgruppe, erging es den Müttern, die an dieser Reflexionsübung teilgenommen hatten, wesentlich besser, und den Kindern ebenso (mit einer Misshandlungsrate von vier Prozent, verglichen mit 25 Prozent in der Kontrollgruppe).

»» Wertefindung

Die Technik der Intervention ist als das Durchbrechen eines schädlichen Musters eine sinnvolle Sache – die Stärkung positiver Einstellungen und Werte ist es ebenso. Wir alle folgen, ob bewusst oder unbewusst, einer Reihe von Werten und Überzeugungen, die uns dazu motivieren, auf bestimmte Art und Weise zu handeln. Dabei stufen wir diese Werte, bewusst oder unbewusst, in Form einer persönlichen Hierarchie ein. Wir könnten beispielsweise Konformität über Unabhängigkeit oder über Sicherheit stellen. Dabei können widersprüchliche Werte in uns miteinander in Konflikt geraten.

Der Sozialpsychologe und interkulturelle Forscher Shalom Schwartz fand heraus, dass bestimmte Werte in allen Kulturen auszumachen sind, obwohl ihre Rangfolge je unterschiedlich aussehen kann:

• **Leistung**: Persönlicher Erfolg durch nachgewiesene Kompetenz.

• **Wohltätigkeit**: Sich einsetzen zur Erhaltung und Verbesserung des Wohlergehens anderer.

• **Konformität**: Unterlassen von Handlungen, Neigungen und Impulsen, die andere stören oder schädigen können.

• **Hedonismus**: Vergnügen oder sinnlicher Genuss.

• **Macht**: Sozialer Status und Prestige, Kontrolle oder Dominanz.

• **Sicherheit**: Soziale Ordnung, Harmonie und Stabilität, verlässliche Beziehungen und Wahrung der Privatsphäre.

• **Selbstbestimmung**: Unabhängiges Denken und Handeln.

• **Stimulation**: Aufregung, Neuheiten und Herausforderungen.

• **Tradition**: Respekt, Engagement und Akzeptanz der Bräuche und Ideen, die die eigene Kultur oder Religion bietet.

• **Universalismus**: Toleranz, Wertschätzung und Schutz aller Menschen und der Natur.

Im Allgemeinen werden die Rankings je nach Kultur und Geschlecht unterschiedlich ausfallen. Männer schätzen oft Leistung, Erfolg, Hedonismus, Stimulation und Selbstbestimmtheit mehr als Frauen. Eine zu große Abweichung zwischen den Wertvorstellungen kann eine schlechte Grundvoraussetzung für eine Partnerschaft darstellen. Ähnliche Werte zu haben ist für eine Liebesbeziehung sogar noch wichtiger, als ähnliche Charaktere zu haben.

Weise Interventionen verbessern unter anderem die Eltern-Kind-Beziehung.

UNIVERSELLE WERTE

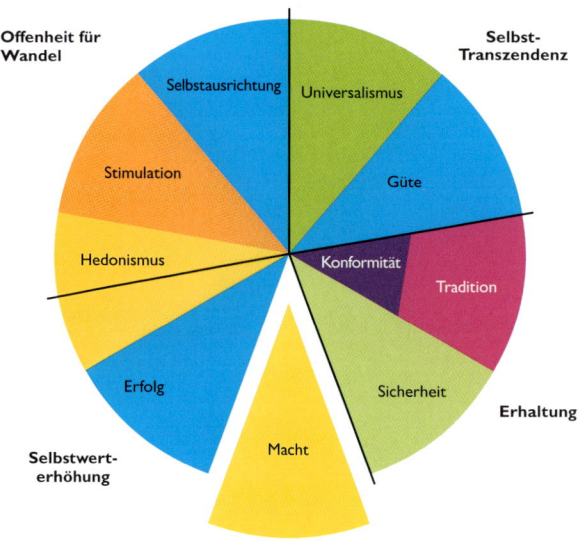

Offenheit für Wandel

Selbst-Transzendenz

Selbstausrichtung

Universalismus

Stimulation

Güte

Hedonismus

Konformität

Tradition

Erfolg

Sicherheit

Erhaltung

Macht

Selbstwert-erhöhung

Viele Eltern möchten ihre Werte an ihre Kinder weitergeben. Es gilt als ein Kennzeichen erfolgreicher Elternschaft, die Familienidentität von Generation zu Generation zu übertragen. Studien lassen darauf schließen, dass, wenn Kinder die Werte ihrer Eltern übernehmen, ihre familiären Beziehungen reibungsloser verlaufen können. Der beste Weg, diese Werteübernahme zu erreichen, besteht darin, es den Kindern zu überlassen, ihre eigenen Schlüsse zu ziehen und diejenigen Werte zu übernehmen, die sie als wertvoll erachten. Im Allgemeinen schätzen Jugendliche Werte wie Offenheit und Wachstum, neigen aber dazu zu glauben, dass ihre Eltern konservativer sind und diese Werte weniger stark

vertreten. Kinder, deren Eltern Autonomie fördern, stimmen jedoch nicht nur auf lange Sicht in größerem Maße mit den Werten ihrer Eltern überein, sondern fühlen sich damit auch wohler. Sie stimmen Aussagen zu wie: »Wenn meine Eltern Entscheidungen treffen, versuchen sie, dabei auf meine Wünsche einzugehen«, oder »Meine Eltern versuchen, mir die Fragen, die ich bezüglich ihrer Prinzipien habe, ernsthaft zu beantworten«. Eltern, die die Entscheidungen ihrer Kinder unterstützen, stellen meist fest, dass ihre Kinder (auf lange Sicht gesehen) auch ihr eigenes Handeln unterstützen.

Für Menschen aller Altersgruppen können Werte eine Quelle der Kraft in einer beängstigenden Welt sein. Dabei scheint die bewusste

Affirmation unserer Werte deren stärkende Wirkung noch zu intensivieren. Beispielsweise hatten Menschen, die ihre wichtigsten Werte auflisteten und dann einen Aufsatz darüber schrieben, eine bessere Selbstregulierung, wenn sie sich mit schwierigen Aufgaben oder sogar Schmerzen konfrontiert sahen. In einer Studie zeigte sich, dass College-Studentinnen, die 10–15 Minuten lang schriftlich über die für sie persönlich relevanten Werte reflektierten, ihre Noten in naturwissenschaftlichen und mathematischen Seminaren verbesserten. Angehörige von Minderheiten sind (wie wir bereits zu Beginn des Kapitels gesehen haben), besonders gefährdet durch die selbstzerstörerischen Auswirkungen von Stereotypen, wenn es um schulische Leistungen geht.

Wertefindung kann dazu beitragen, diesen negativen Effekt ins Positive zu verändern. Im Rahmen einer Intervention konnten afroamerikanische Schüler beobachten, wie sich ihr Notendurchschnitt verbesserte, nachdem sie eine Reihe von Aufsätzen über ihre persönlichen Wertvorstellungen geschrieben hatten. Noch zwei Jahre nach der Intervention waren die positiven Auswirkungen zu beobachten. Die Notendurchschnitte aller afroamerikanischen Schüler, die an der Intervention teilgenommen hatten, waren um durchschnittlich 0,24 Punkte gestiegen; die der anfangs schwächsten Schüler um 0,41 Punkte. Und im Vergleich zur Kontrollgruppe mussten die vormals leistungsschwachen Schüler seltener eine Klasse wiederholen. Die Interventionen schienen ein Muster durchbrochen zu haben, bei dem eine niedrige Erwartungshaltung eine schwache Leistung zur Folge gehabt hätte, was sich dann in einer Abwärtsspirale verstärkt hätte.

Die Affirmation von Werten hilft sogar bei einem der größten Probleme, mit denen wir Menschen uns konfrontiert sehen: dem Akzeptieren unserer Sterblichkeit. Studien haben gezeigt, dass Menschen, die sich ihre eigenen Werte vor Augen halten, weniger dazu neigen, sich Gedanken über den Tod zu machen. Werte können unserer Existenz Ordnung verleihen, unser Leben mit Bedeutung füllen und es uns ermöglichen, uns als Teil eines kulturellen Gefüges zu betrachten, das nach unserem Tod weiterexistiert,

Gute Taten befriedigen unser Bedürfnis nach zwischenmenschlichem Kontakt.

wodurch wir eine Art von Unsterblichkeit erlangen. Wertvorstellungen können allerdings auch negative Aspekte haben, wenn wir durch die Bestärkung unserer Weltsicht andere Perspektiven außer Acht lassen. Menschen, die sich auf ihre Wertvorstellungen versteifen, bevor sie andere Sichtweisen

objektiv geprüft haben (wie beispielsweise andere politische Ansichten) sind weniger aufgeschlossen und weniger gut dazu befähigt, neue Informationen in ihr Weltbild zu integrieren.

Werte, so scheint es, funktionieren also am besten als Basis und nicht als Mauer.

»Psychoanalyse ist im Wesentlichen Heilung durch die Liebe.«

SIGMUND FREUD, PSYCHOANALYTIKER

BILDNACHWEIS

Vorderseite: (Yoga Pose) Vinogradov Illya/Shutterstock; (Gehirn) Sebastian Kaulitzki/Shutterstock.

Rückseite: (Tafel) David Malan/Getty Images; (Köpfe) Lightspring/Shutterstock.

2-3 Jimmy Anderson/Getty Images; 4 Mikey Schaefer; 7 Bertrand Demee/Getty Images; 8 Dwight Smith/Shutterstock; 12 Matt Propert/National Geographic Image Collection; 14 De Visu/Shutterstock; 15 Robert Leighton The New Yorker Collection/The Cartoon Bank/The Condé Nast Publications Ltd; 17 Darren Ashcroft; 18 Analytic couch in Sigmund Freud's study (photo)/Freud Museum, London, UK/Bridgeman Art Library; 19 Corbis UK Ltd; 20-21 bikeriderlondon/Shutterstock; 22 Vincent J. Musi; 23 (UPRT) jmcdermottillo/Shutterstock; 23 (LORT) Serg64/Shutterstock; 24 Blue Lantern Studio/Corbis UK Ltd; 25 Ariel Skelley/Blend Images/Corbis UK Ltd; 26 LWA/Dann Tardiff/Getty Images; 28 andresr/iStockphoto; 29 stevanovicigor/Deposit Photos; 30 yaruta/iStockphoto; 31 Gyvafoto/Shutterstock; 33 Official White House Photo by Pete Souza/White House; 34 Jiri Hera/Shutterstock; 35 rollover/iStockphoto; 36 David Malan/Getty Images; 37 Brand New Images/Getty Images; 38 Evgeny Atamanenko/Shutterstock; 40 Mehau Kulyk/SPL/Getty Images; 41 Fernando Da Cunha/ BSIP/Corbis UK Ltd; 42 (UP) Gill Button; 42 (LO) maniaroom/Shutterstock; 43 Jeff Vanuga/Corbis UK Ltd; 44 yulkapopkova/iStockphoto; 45 Davis Meltzer/National Geographic Image Collection; 46 CGinspiration/iStockphoto; 47 RTimages/iStockphoto; 48 Daily Herald Archive/SSPL/Getty Images; 49 Mike Baldwin/www.CartoonStock.com; 50 Eric Isselee/Shutterstock; 51 Katia Platonova & Andrey Kazakov/Photostudio; 52 shapecharge/iStockphoto; 53 @erics/Shutterstock; 54 Maggie Steber; 55 PM Images/Getty Images; 56 ImageZoo/Alamy; 57 SensorSpot/Getty Images; 58 (UP) Beau Lark/Corbis UK Ltd; 58 (LO) Joe Belanger/123RF; 59 Vasja-Koman/iStockphoto; 60 Jannoon028/iStockphoto; 61 Radius Images/Corbis UK Ltd; 62 Luis Louro/Shutterstock; 63 SpeedKingz/Shutterstock; 64 (LE) Lili-Graphie/Shutterstock; 64 (RT) Elzbieta Sekowska/Shutterstock; 65 aletia/Deposit Photos; 66 stockillustration/Shutterstock; 67 ArtFamily/Shutterstock; 68 Brian Snyder/Reuters/Corbis UK Ltd; 69 skeeg/Getty Images; 71 Kaponia Aliaksei/Shutterstock; 72 bikeriderlondon/Shutterstock; 74 Classic Image/Alamy; 75 GlobalP/iStockphoto; 76 Gary Brown/Science Photo Library; 77 Sam Falk/Science Photo Library; 78 Image Source/Getty Images; 80 (LE) opicobello/Shutterstock; 80 (RT) Shelepov Stanislav/Shutterstock; 81 Science Photo Library/ Alamy; 82 Margot Hartford/Alamy; 83 Inara Prusakova/Shutterstock; 84 Lagui/Shutterstock; 85 Lemon Tree Images/Shutterstock; 86 Grischa Georgiew/Shutterstock; 87 Andrea Danti/Shutterstock; 88 David McLain/Getty Images; 89 narokzaad/iStockphoto; 90 Image Source/Getty Images; 91 Maydaymayday/Getty Images; 92 GlobalP/iStockphoto; 93 xPACIFICA/National Geographic/Corbis UK Ltd; 94 Hagen/www.CartoonStock.com; 95 BraunS/iStockphoto; 96 Johnny Greig/Getty Images; 97 Associated Press Contributors/Press Association Images; 98 Lightspring/Shutterstock; 99 benchart/Shutterstock; 100 Associated Press/Press Association Images; 101 Kelly-Mooney Photography/Corb/Corbis UK Ltd; 102 Art-Marie/iStockphoto; 103 Roy Scott/Ikon Images/Corbis UK Ltd; 104 Kazlova Iryna/Shutterstock; 105 BLOOM Image/Getty Images; 108 Henrik Sorensen/Getty Images; 110 Picsfive/Shutterstock; 111 FineArt/Alamy; 112 James Francis/Shutterstock; 113 Mandy Godbehear/Shutterstock; 115 vita khorzhevska/Shutterstock; 116 MaDedee/Shutterstock; 117 Deshakalyan Chowdhury/Getty Images; 118 Baloo/www.CartoonStock.com; 119 Bettmann/Corbis UK Ltd; 120 DEA/G. Nimatallah/Getty Images; 121 dutchkris/iStockphoto; 122 Frans Lanting Photography; 123 hermione13/123RF; 124 Stephen Rees/Shutterstock; 125 Alberto

Ruggieri/Illustration Works/Corbis UK Ltd; 126 Hagen/www.CartoonStock.com; 127 Photographic Art Viet Nam/Shutterstock; 129 Robert Churchill/iStockphoto; 130-131 Jules_Kitano/Shutterstock; 132 -nelis-/iStockphoto; 133 Associated Press/Press Association Images; 134 marekuliasz/Shutterstock; 135 Titova E/Shutterstock; 136 Mitchell Funk/Getty Images; 137 altrendo images/Getty Images; 138 Mike Kemp/Blend Images/Corbis UK Ltd; 140 Bettmann/Corbis UK Ltd; 141 SoRad/Shutterstock; 142 Randy Faris/Corbis UK Ltd; 143 Milles Studio/Shutterstock; 145 (CT) Ljupco Smokovski/Shutterstock; 145 (RT) Chatchawan/Shutterstock; 146 Blue Line Pictures/Getty Images; 148 David Crockett/Shutterstock; 149 Radius Images/Corbis UK Ltd; 150 raywoo/Deposit Photos; 151 Ernesto Víctor Saúl Herrera Hernández/iStockphoto; 152 Stephen Mcsweeny/Shutterstock; 153 lorenzo rossi/Alamy; 154 (UP) Walter Daran/Getty Images; 154 (LO) Ljupco Smokovski/Shutterstock; 155 Ellis Nadler/www.CartoonStock.com; 156 tovovan/Shutterstock; 157 Blasius Erlinger/Corbis UK Ltd; 158 Hero Images/Getty Images; 159 PathDoc/Shutterstock; 160 geopaul/iStockphoto; 161 Sergey Nivens/Shutterstock; 162 Ho Yeow Hui/Shutterstock; 163 Carolyn Iagattuta/Getty Images; 164 Vincent van Gogh/Getty Images; 165 DanielW/Shutterstock; 166 alastar89/Shutterstock; 167 blueenayim/iStockphoto; 168 Cory Richards/National Geographic Creative; 170 John Lund/Blend Images/Corbis UK Ltd; 172 inithings/Shutterstock; 173 Anna Maltseva/Shutterstock; 174 (LE)

Netfalls—Remy Musser/Shutterstock; 174 (RT) aleksandr hunta/Shutterstock; 175 Image Source/Getty Images; 176 lassedesignen/Shutterstock; 177 Richard Peterson/Shutterstock; 178 Diego Cervo/Shutterstock; 179 jmcdermottillo/Shutterstock; 180 Jodi Cobb; 181 akova /iStockphoto; 182 Dave Nagel/Getty Images; 183 Pressmaster/Shutterstock; 184 Dean Mitchell/iStockphoto; 185 joebelanger/iStockphoto; 186 marekuliasz/Shutterstock; 188 amriphoto/iStockphoto; 189 Randy Glasbergen; 190 choreograph/123RF; 193 (LE) Savany/iStockphoto; 193 (RT) Guzel Studio/Shutterstock; 194 Randy Glasbergen; 195 Michelle D. Milliman/Shutterstock; 196 Andrew Innerarity/Reuters/Corbis UK Ltd; 197 Chip Somodevilla/Getty Images; 198 Nicolesa/Shutterstock; 199 Bruce Bennett/Getty Images; 202 Elena Kulikova/Getty Images; 205 Brain light/Alamy; 206 ilyast/Getty Images; 207 Brian Jackson/Alamy; 208 UpperCut Images/Alamy; 209 Jessica Peterson/Getty Images; 210 aetmeister/iStockphoto; 211 Illustration Works/Alamy; 213 Jose Luis Pelaez Inc/Getty Images; 214 Serebryakov Andrei/ITAR-TASS/Corbis UK Ltd; 215 PathDoc/Shutterstock; 216 Alexstar/Deposit Photos; 217 Garry Gay/Alamy; 218 Robin Skjoldborg/Getty Images; 219 Robert Red/Shutterstock; 220 Photo by wili_hybrid/Ville Miettinen; 221 Mark Anderson; 222 4zevar/Shutterstock; 223 Tony Hutchings/Getty Images; 225 Ira Block Photography; 226 MTMCOINS/iStockphoto; 228 Peter Dazeley/Getty Images; 229 Patrick Strattner/Getty Images; 231 Yaroslav Seheda/Solent News/Rex Features; 232 Eugene Novikov/

Shutterstock; 234 (LO) mattjeacock/iStockphoto; 234 (UP) Thomas Barwick/Getty Images; 236 Michael Krinke/iStockphoto; 237 Bettmann/Corbis UK Ltd; 238 Blulz60/Shutterstock; 239 JGI/Jamie Grill/Getty Images; 240 Picsfive/Shutterstock; 241 Jason Hosking/Corbis UK Ltd; 242 (LO) Isantilli/Shutterstock 242 (UP) Hugh Sitton/Corbis UK Ltd; 243 Eye-Stock/Alamy; 244 David Lee/Shutterstock; 245 All Over Sweden/Splash News/Corbis UK Ltd; 246 William Berry/Shutterstock; 247 Subhadeep Mukherjee; 248 Iamnee/Shutterstock; 249 hcchoo/Getty Images; 251 Kirklandphotos/Getty Images; 252 William Andrew/Getty Images; 254 (LE) Universal History Archive/Universal Images /Rex Features; 254 (RT) Universal History Archive/Universal Images/Rex Features; 255 DesignPrax/Shutterstock; 256 bookzaa/Shutterstock; 257 Gahan Wilson The New Yorker Collection/The Cartoon Bank/The Condé Nast Publications Ltd; 258 Imagezoo/Corbis UK Ltd; 259 enviromantic/iStockphoto; 261 Ljm Photo/Design Pics/Corbis UK Ltd; 262 Sean Gallagher/National Geographic Creative/Corbis UK Ltd; 264 lushik/Getty Images; 265 Ryan McVay/Getty Images; 266 Superstock/Corbis UK Ltd; 267 johnkworks/Shutterstock; 268 Image Source/Getty Images; 269 Chaiwat Subprasom/Reuters/Corbis UK Ltd; 277 Photawa/iStockphoto; 272 Jiri Flogel/Shutterstock; 275 Gary Bass/Shutterstock; 274 Graham Denholm/Getty Images; 275 Cassandra Hannagan/Corbis UK Ltd; 280 Jeremy Woodhouse/Getty Images; 281 Ji í Truba /123RF; 282 Kamala Kannan.

Verantwortlich: Pamela Scholz
Übersetzung: Daniel Benedikt Schmidt
Satz & Redaktion: Verlagsservice
Dietmar Schmitz GmbH
Korrektorat: Gabriele Rieth-Winterherbst
Umschlaggestaltung: Claudia Geffert
Repro: LUDWIG:Media
Herstellung: Alexander Knoll
Printed in Slowenia by Florjančič

Titel der Originalausgabe:
*MIND – A SCIENTIFIC GUIDE TO Who You Are, How You
Got That Way, and How to Make the Most of It*

Deutsche Ausgabe veröffentlicht von:
NG Buchverlag GmbH, München 2019
Lizenznehmer von: National Geographic Partners, LLC

Die Deutsche Nationalbibliothek verzeichnet diese
Publikation in der Deutschen Nationalbibliografie;
detaillierte bibliografische Daten sind im Internet
über http://dnb.d-nb.de abrufbar.

ISBN 978-3-86690-683-9

Sind Sie mit diesem Titel zufrieden? Dann würden wir uns über Ihre
Weiterempfehlung freuen. Erzählen Sie es im Freundeskreis, berichten
Sie Ihrem Buchhändler, oder bewerten Sie bei Onlinekauf. Und wenn
Sie Kritik, Korrekturen, Aktualisierungen haben, freuen wir uns über
Ihre Nachricht an: NG Buchverlag, Postfach 40 02 09, D-80702
München oder per E-Mail an info@nationalgeographic-buch.de.

Unser komplettes Buchprogramm finden Sie unter:

 www.nationalgeographic-buch.de

Alle Angaben dieses Werkes wurden vom Autor sorgfältig recherchiert und auf
den neuesten Stand gebracht sowie vom Verlag geprüft. Für die Richtigkeit der
Angaben kann jedoch keine Haftung übernommen werden, weshalb die Nutzung auf eigene Gefahr erfolgt. Insbesondere bei GPS-Daten können Abwei-
chungen nicht ausgeschlossen werden. Sollte dieses Werk Links auf Webseiten
Dritter enthalten, so machen wir uns die Inhalte nicht zu eigen und übernehmen
für die Inhalte keine Haftung.

Seit ihrer Gründung 1888 hat sich die National Geographic Society weltweit an
mehr als 12 000 Expeditionen, Forschungs- und Schutzprojekten beteiligt. Die
Gesellschaft erhält Fördermittel von National Geographic Partners LLC, unterstützt unter anderem durch Ihren Kauf. Ein Teil der Einnahmen dieses Buches
hilft uns bei der lebenswichtigen Arbeit zur Bewahrung unserer Welt. Das legendäre NATIONAL GEOGRAPHIC-Magazin erscheint monatlich. Darin veröf-
fentlichen namhafte Fotografen ihre Bilder und renommierte Autoren berichten aus nahezu allen Wissensgebieten der Welt. National Geographic im TV
ist ein Premium Dokumentations-Sender, der ein informatives Programm rund
um die Themen Wissenschaft, Technik, Geschichte und Weltkulturen bereithält.
Falls Sie mehr über National Geographic wissen wollen, besuchen Sie unsere
Website unter www.nationalgeographic.de.